高等职业教育“互联网+”新形态一体化教材

飞机系统与部件维护

（活页式）

主　编　高春瑾　王　钢
副主编　黄嘉伟　王晓宇　赵　勇
参　编　尚棉棉　薛建海　孔　磊　李　磊
主　审　田　巨

机械工业出版社

本书以空客A320飞机为载体，按照不同职业能力阶段设置不同复杂程度和思维深度的虚拟实训项目。书中的所有实践项目均来自飞机维修的真实任务，包括日常勤务、绕机检查、系统测试、故障排除及M项放行维护。本书内容涵盖飞机上几个重要的子系统，包括飞机液压系统、飞机起落架系统、飞行操纵系统、飞机空调系统、飞机燃油系统等。每项典型工作任务都遵循“工作情境与任务—学习目标—任务分组—工作准备—工作程序与标准—学习检验与反思—业内延伸”的学习顺序，并将素质教育元素有机融入。

本书适合作为高等职业院校航空运输类的飞机机电设备维修及其相关专业的教材，也可作为企业相关培训的培训用书。

本书配套立体化教学资源，凡购买本书作为授课教材的教师可登录www.cmpedu.com注册并免费下载。

图书在版编目（CIP）数据

飞机系统与部件维护 ：活页式 / 高春瑾，王钢主编. 北京 ：机械工业出版社，2025. 2. --（高等职业教育“互联网+”新形态一体化教材）. -- ISBN 978-7-111-78062-5

Ⅰ. V267

中国国家版本馆CIP数据核字第2025KW5462号

机械工业出版社（北京市百万庄大街22号　邮政编码100037）
策划编辑：赵红梅　　　　责任编辑：赵红梅　苑文环
责任校对：樊钟英　李　婷　　封面设计：张　静
责任印制：单爱军
中煤（北京）印务有限公司印刷
2025年7月第1版第1次印刷
210mm×285mm · 12.75印张 · 375千字
标准书号：ISBN 978-7-111-78062-5
定价：47.00元

电话服务
客服电话：010-88361066
　　　　　010-88379833
　　　　　010-68326294

网络服务
机　工　官　网：www.cmpbook.com
机　工　官　博：weibo.com/cmp1952
金　　书　　网：www.golden-book.com
机工教育服务网：www.cmpedu.com

前　言

本书是2022年教育部科技发展中心“虚拟仿真技术在职业教育教学中的创新应用”专项课题“国家级虚拟仿真实训中心飞机机电设备维修专业指向深度学习的教学设计与效果评价研究”的标志性成果。

一、本书特色

本书是基于飞机机电设备维修专业群的人才培养要求，结合国家级飞机维修虚拟仿真中心的实训项目，为培养未来机务人员维修实战能力而开发的一本“产教融合·融媒体·活页式”教材，可作为飞机机电设备维修专业相关课程的配套教材。可利用飞机机电设备维修专业群国家级教学资源库的同名线上课程进行线上线下混合式学习。

本书以空客A320飞机为载体，可在真实飞机或飞机维修模拟平台进行实践训练，如使用其他机型维修模拟平台，也可以参考本书。在本书编写过程中，编者们尽力平衡教师教学的内容与学生实践学习的内容，努力使本书既可以作为教师教学的“教材”，同时也可以作为学生学习的“学材”。

本书以二维码形式链接各类融媒体素材，除配套原理讲解视频及PPT、工作演示视频及PPT、工作情景视频、问题答案等资源外，还有深圳航空的工程师在工作现场拍摄的A320飞机的VR全景资源，可供相关院校作为部件识别、绕机检查的教学资源。

适用专业：飞机机电设备维修，飞机部件修理，飞机电子设备维修等

技能岗位：航线机电维修员、大修机电维修员、系统工程师

建议课时：70学时

二、本书主要内容

本书打破传统学科体系编写的惯例，以飞机维修典型工作过程为编写体例，试图为学生创设工作场景，为学生提供基于工作的知识，为学生在“做中学”提供科学且丰富的支持。

本书为帮助学生提升机务岗位工作能力，提出了“见习机务员－机务学徒工－机务工程师”三个职业能力发展阶段，并匹配对应能力发展的工作任务。在学习任务所需的理论知识后，通过配套实操工作单，按照飞机维修人员的职业标准，严格遵照手册和工作单进行实施，在维护过程中或维护后进行质量检查。由于飞机维修工作重协作与交流，因此书中加入了小组角色分配及任务完成后的学习检验与反思环节。

三、本书编写团队

本书的编者团队由民航局直属院校——广州民航职业技术学院飞机维修专业经验丰富的教师和飞机维修龙头企业——深圳航空有限责任公司的资深工程师共同组成。编者团队经过多次教研和走访，反复对飞机机电设备维修的岗位能力匹配、实践任务选择、学习目标确定、培训方法和

效果评价等方面进行探讨，使本书最终得以定稿。

本书具体编写分工如下：高春瑾编写模块 1；王晓宇编写模块 2；王钢编写模块 3；赵勇编写模块 4；尚棉棉编写模块 5；黄嘉伟编写模块 6；薛建海编写附录、参考文献、致老师 / 同学们的一封信等内容；孔磊编写前言、目录部分；李磊提供大量虚拟仿真视频素材。高春瑾对本书进行了统稿，田巨进行了全书审读工作。

由于编者水平有限，且各院校实际情况不同，书中难免有不当或疏漏之处，敬请广大读者提出宝贵意见，在此深表感谢。

编　者

致同学们的一封信

亲爱的同学们：

大家好！欢迎使用《飞机系统与部件维护（活页式）》这本书。

与大家过去使用的传统教材相比，这是一种全新的学习材料，它能帮助你更好地了解未来的工作及其要求。通过这本活页式教材学习如何完成飞机机电设备维修领域中重要的、典型的工作，促进你的综合职业能力发展，使你有可能在短时间内成为飞机机电维修领域的技术能手。

在正式开始学习之前，请仔细阅读以下内容，了解即将开始的全新教学模式，做好相应的学习准备。

（1）主动学习

在学习过程中，你将获得与以往完全不同的学习体验。你会发现与传统课堂讲授为主的教学有着本质的区别——你是学习的主体，自主学习将成为本课程的主旋律。工作能力只有通过亲自实践才能获得，而不是依靠教师的知识传授与技能指导。在工作过程中获取的知识最为牢固，而教师在你的学习和工作过程中只是对你进行方法指导，为你的学习与工作提供帮助。比如说，教师可以向你传授燃油传输的原理，给你解释应该先打开哪个活门，再打开哪个泵，教你如何运用手册和工作单，提醒你工作时要注意的事项等。但在学习中，这些都是外因，主动学习与工作才是内因，外因只能通过内因起作用。你想成为飞机机电维修领域内的技术能手，必须主动积极、亲自去完成从阅读手册到正确维护程序的整个过程，通过完成工作任务学会工作。主动学习将伴随你的职业生涯成长，它可以使你快速学习新技术，适应新要求。

（2）用好工作活页

首先，你要深刻理解学习情境的每一个学习目标，利用这些目标指导自己的学习并评价自己的学习效果；其次，你要明确学习内容的结构，在引导问题的帮助下，尽量独自学习并完成包括填写工作活页内容等整个学习任务，同时，你可以在教师和同学的帮助下，通过查阅《飞机维修手册》《飞机原理图手册》《故障排除手册》《飞机放行手册》等资料学习重要的工作过程知识；再次，你应当积极参与小组讨论，尝试解决复杂和综合性的问题，进行工作质量的自检和小组互检，并注意操作规范和安全要求，在多种技术实践活动中形成自己的技术思维方式；最后，在完成一个工作任务后，反思是否有更好的方法或更少的时间来完成工作目标。

（3）团队协作

课程的每个学习情境都是一个完整的工作过程，大部分的工作需要团队协作才能完成，要求各小组成员在组长的带领下，制订可行的学习与工作计划，并能合理安排学习与工作时间，分工协作，互相帮助，互相学习，广泛开展交流，大胆发表你的观点和见解。你是小组中的一员，你的参与和努力是团队完成任务的重要保证。为了帮助同学们领会团队协作，我们提供了团队角色分工表（见表 1），在每次任务前，给团队的每一个人分配一个角色，然后按照表中的描述为团队做出贡献，任务完成后，请反思一下在完成任务的过程中是否做出了相应的贡献。

表 1 团队角色分工表

角色名称	角色说明
总结者	向小组叙述主要的结论，征求小组成员意见，为小组在全班面前进行展示做准备
检查者	对照手册、工作单检查有争议的陈述和操作，确保小组没有使用不充分的事实，或不精确的数据
研究者	在需要更多的材料时，阅读参考文件，并获得背景信息。研究者与检查者的不同之处在于，前者为小组完成任务提供关键信息，后者则证实活动进展和完成结果的精确性
经营者	获得小组完成任务所需的所有物品：材料、设备、参考资料。该角色绝不是一个附属或无关紧要角色，而是需要有创造力，甚至要有意识地寻找必需的资源
记录员	承担撰写该组主要成果的任务。记录员要求各成员写出各自的结论。在这种情况下，记录员要比较、拼接、提炼小组成员所写的内容，并将其整理为逻辑连贯的内容
支持者	支持者通常乐观而积极，在个体成员完成任务时赞扬他们，面对成员泄气时要给予鼓励。他们用图表记录每个重要环节供全组查看，记录取得的成绩，鼓励每位成员做出努力，尤其是那些在完成任务上存在一定困难的组员，以此推动小组的进展
观察者 / 疑难解答者	负责记笔记和记录小组进展方面的信息，这对在全班讨论或汇报小组工作时有所帮助。当小组或个体成员遇到无法克服的困难时，该角色可向班长或教师报告

（4）把握好学习过程和学习资源

学习过程是由学习准备、计划与实施和评价反馈所组成的完整过程。你要养成理论与实践紧密结合的习惯，教师引导、同学交流、学习中的观察与独立思考、动手操作和评价反思都是专业技术学习的重要环节。

学习资源可以参阅每个学习任务结束后所列的相关知识点。此外，你也可以通过图书馆、互联网等途径获得更多的专业技术信息，这将为你的学习与工作提供更多的帮助和技术支持，拓展你的学习视野。

你在职业院校的核心任务是在学习中学会工作，这要通过在工作中学会学习来实现。学会学习和学会工作是我们对你的期待。同时，也希望把你的学习感受反馈给我们，以便我们能更好地为你提供教学服务。

预祝你学习取得成功，早日成为飞机维修领域的技术能手。

致老师们的一封信

尊敬的各位老师：

您好！感谢您选择《飞机系统与部件维护（活页式）》这本书！

本书是针对飞机机电设备维修过程中的典型工作任务开发的活页式教材，是一本强调学生主动学习和有效学习的新教材。它的特点是在学习与工作一体化的情境下，引领学生体验并完成完整的学习与工作过程，在培养专业能力的同时，促进其关键能力和综合素质的提升，从而培养学生的综合职业能力。

为对您的教学有所帮助，在教学实施过程中，给出如下建议：

（1）教师作用与有效教学

在教学组织与实施方面，需要您去组建教学团队，构建和改善教学环境，以实现工作过程系统化的教学；在指导学生学习时，请尽量改善学生的学习环境，为学生提供学习资源，充分调动学生学习的主动性，让学生在小组合作与交流的氛围中尽可能通过亲自实践来学习，并加强学习过程的质量控制。您的耐心指导和有效的管理将使学生的学习更加有效。

（2）学习目标与学业评价

学习目标反映学生完成学习任务后预期达到的能力和水平，含专业能力与关键能力，既有针对本学习任务的过程和结果的质量要求，也有对今后完成任务类似工作任务的要求。每个学习目标都要落实到具体的教学活动中，对学生的学业评价要在学习过程中体现，您可以通过学生自评、小组同学互评及您的检查与评价来实现对学生学业的综合评价。

（3）学习内容与活动设计

本课程的学习内容是一体化的学习任务。在教学时，教师可以根据当前的实际情况自行设计或从企业引进一个真实的工作情境与工作任务作为教学的载体。重要的是要建立任务完成与知识学习之间的内在联系，将完成工作任务的整个过程分解为一系列可以让学生独立学习和工作的相对完整的教学活动，这些活动可以依据实际教学情况来设计。在实施时，要充分相信学生并发挥学生的主体作用，与他们共同进行活动过程的质量控制。

（4）教学方法与组织形式

本课程倡导行动导向的教学，通过问题的引导，促进学生主动思考和学习。请根据学习情境所需的工作要求组建学生学习小组。要求学生在合作中共同完成工作任务。分组时，请注意兼顾学生的学习能力、性格和态度等个体差异，以自愿为原则。

（5）其他建议

本活页式教材的教学须在工学结合一体化的真实环境或仿真环境里完成。建议您在教学过程中加强对教学环境的管理，强调必须严格按照手册或工作单操作。

预祝这本活页式教材使您的教学更加有效。

二维码索引

页码	名称	图形	页码	名称	图形
2	资源　A320 飞机全景展示		83	微课　A320 飞机起落架正常收放功能测试	
25	微课　接通、断开 A320 飞机外部电源		98	微课　飞行操纵系统部件识别与检查	
29	微课　APU 火警测试		111	微课　A320 飞机主飞行操纵舵面操作测试	
34	微课　APU 的启动与关断		120	微课　A320 飞机辅助飞行操纵舵面操作测试	
51	微课　PTU 测试		146	微课　A320 飞机空调组件温度控制系统操作测试	
56	微课　A320 飞机蓝液压系统操作测试		174	微课　A320 飞机自动控制压力加油	
60	微课　PTU 故障隔离		180	微课　A320 飞机油箱间的燃油传输	
77	微课　人工打开 A320 飞机起落架舱门		185	微课　A320 飞机左 1 号燃油泵低压故障排除	

（续）

页码	名称	图形	页码	名称	图形
6	题库　模块一　必备知识 1　A320 系列飞机总体概述		79	题库　模块三　典型工作 2　起落架舱门人工方式打开与安全装置安装	
10	题库　模块一　必备知识 2　初识飞机驾驶舱控制面板		86	题库　模块三　典型工作 3　起落架系统收放测试	
20	题库　模块一　必备知识 3　熟悉飞机维修手册的查询方法		92	题库　模块三　典型工作 4　起落架舱门选择活门故障排除	
26	题库　模块一　典型工作 1　接通 / 断开飞机外部电源		103	题库　模块四　典型工作 1　飞行操纵系统部件识别与检查	
30	题库　模块一　典型工作 2　APU 火警测试		114	题库　模块四　典型工作 2　A320 飞机主飞行操纵舵面操作测试	
37	题库　模块一　典型工作 3　APU 的启动与关断		123	题库　模块四　典型工作 3　A320 飞机辅助飞行操纵舵面操作测试	
47	题库　模块二　典型工作 1　液压系统部件识别与检查		130	题库　模块四　典型工作 4　襟缝翼系统故障排除	
52	题库　模块二　典型工作 2　液压动力转换组件（PTU）测试		141	题库　模块五　典型工作 1　空调系统部件识别与检查	
57	题库　模块二　典型工作 3　蓝液压系统电动泵操作测试		147	题库　模块五　典型工作 2　空调组件温度控制系统操作测试	
62	题库　模块二　典型工作 4　液压系统故障排除		152	题库　模块五　典型工作 3　飞机座舱增压系统功能测试	
73	题库　模块三　典型工作 1　起落架系统部件识别与检查		159	题库　模块五　典型工作 4　增压系统外流活门电气组件故障排除	

（续）

页码	名称	图形	页码	名称	图形
170	题库　模块六　典型工作 1　燃油系统部件识别与检查		182	题库　模块六　典型工作 3　油箱间的燃油传输	
176	题库　模块六　典型工作 2　自动控制压力加油		189	题库　模块六　典型工作 4　左 1 号燃油泵低压故障排除	

目　录

模块一

飞机维护必备知识与基础工作

必备知识 1　A320 系列飞机总体概述

一、学习情境

工作情境： 作为一名飞机维修小白，暂时没有被授权任何的维修资质。首先要总体认识一下 A320 飞机，接下来请同学们在教师的带领下了解飞机的基本情况。

任务难度： ★★★☆☆

工作类型： ☑日常检查　☑日常勤务　☑系统测试　☑故障排除　☑ M 项放行维护

技能岗位： 航线机电维修员、大修机电维修员、系统工程师

任务内容： 这节课我们要一起学习 A320 飞机的基本情况，包括 A320 飞机的发展与基础型号、技术创新与改型及 A320NEO 与 B737MAX 飞机在全球市场竞争中的表现。然后了解国产大飞机 C919 的基本情况，一起探讨国产大飞机面临的挑战。

二、学习目标

知识目标： 能说出 A320 系列飞机的机型发展总体脉络。

能力目标： 能说出 A320 系列飞机性能与技术创新的核心特点。

素质目标： 能说出国产大飞机 C919 与 A320NEO 飞机和 B737MAX 飞机竞争中的优势。

引导问题 1： 你是否完全理解本任务的内容及学习过程中需要达到的学习目标？

已完全理解 □　　→→→请继续完成后面的内容。

未完全理解 □　　→→→请重新阅读任务内容与学习目标。

三、A320 系列飞机总体介绍

1. A320 系列飞机的发展与基础型号

通常所说的 A320 系列飞机是指 A320CEO 系列，“CEO” 代表现款发动机选型（Current Engine Option）之意，可选装 “CFM56-5B” 和 “IAE V2500” 两款发动机。空中客车公司（简称“空客”）在其研制的 A300/310 宽体客机获得市场肯定，打破美国垄断客机市场的局面后，决定研制与波音 737 系列和麦道 MD80 系列进行竞争的机型。1979 年空中客车公司宣布 A320 客机方案；1983 年，A320 计划正式上马；1987 年，第一架飞机首飞；1988 年，获得型号合格证并交付使用。

A320 飞机全景展示

空中客车 320 系列包括 150 座的 A320、186 座的 A321、124 座的 A319 和 107 座的 A318 四种基本型号，如图 1-1 所示。这四种型号的飞机拥有相同的基本座舱配置，飞行员只要接受相同的飞行训练，就可驾驶以上四种不同的客机。同时，这种共通性设计也降低了维修的成本及备用航材的库存，大大增强了航空公司的灵活性，深受用户的欢迎。这些不同型号的飞机在载客量、航程和性能方面略

有差异，但都旨在满足航空公司低成本运营中短程航线的需求。

图 1-1　空客 A320 系列飞机大小对比

A320 系列飞机的出现，为运营商提供了 100~220 座级飞机中最大的共通性和经济性。自 1988 年投入运营以来，A320 飞机迅速在中短程航线上设立了舒适性和经济性的行业标准。其座舱舒适而宽敞是当前最受欢迎的 150 座级的单通道双发（双发动机，以下简称“双发”）中短程客机，采用双人制驾驶舱和典型座舱布局，即 3 排头等舱座椅，每排 4 座；其余每排 6 座的经济舱有 138 个座椅，总共载客 150 人，高密度全经济舱布局可载 179 人。

如今，空客 A320 系列飞机已经成为全球航空公司的主流机型之一，2021 年，A320 系列飞机累计交付达到 8000 架，其在安全性、可靠性和经济性等方面都表现出了出色的性能。同时，该系列飞机还在不断改进和升级，以满足不断变化的航空市场需求。

2. 空客 A320 系列飞机的技术创新与改型

A320 系列飞机在技术上具有多项创新，包括电传飞控系统、发动机和气动设计、数字化航空电子设备、环保和经济性等。这些创新使得 A320 系列飞机在安全性和经济性方面得到提升，并且成为现代民航客机的一个重要里程碑。

首先，A320 系列飞机采用了以电传飞控方式为主的飞机设计理念，是世界上第一款使用数字电传操纵飞行控制系统的商用飞机。飞机的飞行计算机会对驾驶员通过电子控制操纵杆发出的控制命令进行评估，确认安全后再驱动飞机的相关机械部件进行相应的动作。这种创新设计一方面更好地保障了飞机的飞行安全，另一方面降低了飞行员的体能消耗。

此外，该型飞机采用了最新的数字航空电子设备，包括更加先进的飞行管理系统和机载信息系统，以提高飞行效率和安全性。飞行管理系统一方面可以使飞行员更加准确地掌握飞行数据，包括飞行高度、速度、航向、位置等信息。这些数据可以通过数字航空电子设备实时监测和显示，使飞行员能够更加全面地了解飞行状况，及时发现潜在问题并采取相应的措施。另一方面，飞行管理系统还可以根据预设的飞行计划和参数自动控制飞机的飞行轨迹和姿态，提高飞行效率和安全性。

机载信息系统集成了飞机上各个系统的信息，包括导航、通信、座舱管理、维护等多方面。通过机载信息系统，飞行员可以方便地获取各个系统的运行情况和数据，以进行相应的控制和操作。另外，机载信息系统还可以与地面信息系统进行实时数据交换，提供包括航班状态、目的地天气、机场交通情况等在内的各种信息，帮助飞行员做出更加明智的决策。

2010 年，空客公司宣布了 A320neo 计划，即在 A320 系列飞机基础上又推出了最新的型号——A320NEO，其中，“NEO”代表新发动机选型（New Engine Option）之意。A320NEO 飞机采用了新型的发动机——普惠公司的 PW1100G 静洁动力发动机和 CFM 国际公司的 LEAP-1A 发动机，A320NEO 与 A320CEO 形象对比如图 1-2 所示。这两款发动机更加环保和经济，使得 A320NEO 飞机的油耗降低了 15%，同时减少了噪声和排放。2014 年，首架 A320NEO 飞机成功试飞，2016 年，A320NEO 飞机开始投入商业运营，成为世界上首款投入商业运营的搭载新一代发动机的客机。

图 1-2　A320NEO 与 A320CEO 形象对比

引导问题 2：请同学们查询相关资料，说一说空客 A320 飞机除了书中提到的技术创新，还有哪些新技术？

____

____

3. A320NEO 飞机与 B737MAX 飞机在全球市场竞争中的表现

A320NEO 飞机和 B737MAX 飞机在市场上存在一定的竞争关系。它们都是窄体客机市场上的重要机型，并且都采用了先进的发动机和设计，以提高燃油效率、减少噪声和排放。

总体来说，A320NEO 飞机在市场上的表现相对较好，尤其是在欧洲市场。这主要是因为欧洲是空客公司的总部所在地，同时，空客公司在单通道客机市场上占据了较大的份额。此外，A320NEO 飞机的鲨鳍小翼设计和先进的飞行管理系统也得到了许多航空公司的青睐。相比之下，B737MAX 飞机在市场上受到了一些挫折。由于安全问题和信任危机，该机型的交付量一度暂停，并且在全球范围内受到了一定程度的影响。此外，B737MAX 飞机还面临着一些技术问题和设计变更的需求，这可能会影响其市场表现。不过，需要注意的是，市场竞争情况不仅仅取决于机型本身的技术和性能，还受到多种因素的影响，如航空公司的品牌形象、市场策略、价格等。因此，在选择机型时，航空公司需要根据自身的情况和市场趋势进行综合考虑。

四、知识迁移与应用——国产大飞机 C919 的优势、劣势与挑战

1. C919 飞机的基本情况

C919 飞机全称 COMAC C919，是我国按照国际民航规章自行研制、具有自主知识产权的大型喷气式民用飞机，座级为 158~168 座，航程为 4075~5555km。如果以单趟航程计算，C919 飞机一旦投入使用，可以完全覆盖国内所有的航线。

从 2007 年 C919 项目正式立项，科研、设计、工程人员历经十年的艰苦攻坚，到 2015 年，首架 C919 飞机总装下线，2017 年成功首飞，进入试验试飞阶段。经过无数次的试验和改进，C919 飞机终于在 2022 年 9 月获得了中国民用航空局型号合格证，这张证书意味着 C919 飞机已经具备了投入市场的条件。同年 12 月，C919 交付全球首家用户——中国东方航空公司。2023 年 5 月，C919 飞机正式开启商业飞行，从此，中国人的天空终于有了自己的大型商用飞机。

2. C919 飞机的优势

C919 飞机与波音 737-800 飞机在尺寸外观上非常相似，且性能设计丝毫不逊色于波音 737 机型。C919 飞机的机身结构采用了大量的复合材料和新设计，使得飞机在飞行时的噪声和油耗都能得到很好的控制。有关数据显示，C919 飞机独特的环保设计有望让 C919 飞机的碳排放相比同类型飞机下降 50% 以上。

在 C919 飞机的研制过程中，我国的高新技术企业发挥了重要作用。C919 飞机的研制验证了中国大飞机事业带动国内现代高新技术发展的事实，涵盖了新材料、先进动力、电子信息、自动控制、现代制造、计算机等领域，带动了大量高技术企业在中国流体力学、计算数学、固体力学、热物理、化学、信息科学、环境科学等方面产生了极佳的促进效果。这就是为什么大飞机是一个国家工业皇冠上的明珠，是一个国家航空水平的核心标志，也是一个国家工业实力的关键标志之一。

C919 飞机的自主创新主要涉及总体设计方案自主，没有任何外国企业涉足，气动设计自主完成，并自行组织计算机模拟与风洞试验。同时，C919 飞机的机体从设计到计算，从试验到制造完全自主完成，集成来自世界 16 个跨国企业的各种系统，并在此过程中打造了具有中国特色的综合管理体系与团队。

3. C919 飞机当前存在的劣势

从 C919 飞机的成功研制和投入运营可以看出，我国在航空工业领域的自主创新能力得到了显著提升。同时，C919 飞机的研制成功也为中国带来了巨大的经济效益和市场机会。未来，随着技术的不断进步和市场需求的增加，我们有理由相信中国的大飞机事业将继续迎来新的发展机遇并取得更大的成功。同时，我们也应正视 C919 飞机当下面临的一些困境，首先，是品牌认知度低，目前 C919 飞机刚刚投入商业运营，在国际市场上的品牌认知度相对较低，需要逐步建立信任和认可。另外，与 A320NEO 和 B737MAX 相比，C919 飞机在运营和维护方面的经验相对较少，需要在实践中逐步积累。最后，目前窄体客机市场竞争非常激烈，A320NEO 和 B737MAX 已经占据了一定的市场份额，C919 飞机需要面对激烈的市场竞争。

4. C919 飞机面临的挑战

当前 C919 飞机面对的是竞争最激烈的窄体民机市场，再加上国际形势的错综复杂，国产大飞机正面临着巨大的挑战。首先就是提高安全性，安全性是飞机市场竞争的核心因素之一。C919 飞机需要不断在运行过程中找出问题，持续改进产品和服务，提高自身的安全性能，确保飞行安全和可靠性，才能逐步建立知名度和品牌形象，吸引更多的航空公司选择 C919 飞机。其次是进一步优化机舱布局和设计，提高乘客的舒适度和满意度。例如，可以引入更宽敞的座椅，提高舱内空气质量，优化机上娱乐系统等。再次，降低运营成本，继续增加飞机零部件、系统的国产率，避免“卡脖子”的危机，同时，进一步降低油耗和维修成本，提高 C919 飞机的运营效率和经济性。

引导问题 3： 请同学们根据以上内容讲一讲国产大飞机 C919 在国际市场竞争中的优势和劣势。

____

____

五、学习检验与反思

引导问题 4： 请同学们扫描下面的二维码，通过答题检验此次学习任务的学习效果。

引导问题 5： 请每位同学撰写学习反思，填在表 1-1 中，并与小组成员进行交流，看看是否达成学习目标。

表 1-1　学习反思清单

学习成就
1）请说说这节课你学习到了哪些让你觉得有用或印象深刻的内容。 2）你认为你已经达成了本节课的学习目标了吗？如果没有，还差在哪里？打算如何补足呢？
学习体验
1）你对自己在本节课的学习情绪或状态满意吗？是否要做一些改变呢？ 2）你对于学习这门课有信心吗？为什么？

六、业内延伸

空客在中国建总装厂

2023 年 9 月 28 日，空客在天津港保税区空港区域启动了 A320 系列飞机第二条总装线项目。该项目以现有空客天津总装公司厂区为基础，主要生产 A320 型和 A321 型飞机。预计该项目将于 2025 年年底竣工并投入运营。届时，天津将拥有两条单通道和一条双通道飞机总装线，以更好地满足空客飞机市场需求。

这个项目的投产意味着全球范围内空客将拥有 10 条 A320 系列飞机总装线。其中，中国天津、法国图卢兹、美国莫比尔各有两条，德国汉堡有 4 条。自 2008 年空客天津亚洲总装线启用以来，空客天津工厂的总装能力不断扩大。2017 年 9 月，空客在天津启用了首个欧洲以外的 A330 宽体机完成及交付中心。2021 年 11 月，空客将空客天津总装线的生产能力扩展至 A321 飞机。截至 2023 年 3 月，空客天津总装线已交付了首架 A321 飞机给吉祥航空。

在过去的 15 年，空客天津总装线已经完成并交付了超过 630 架单通道飞机。这意味着中国机队中大约 30% 的空客飞机来自空客天津。截至 2023 年 3 月底，空中客车在中国内地的在役机队数量已增至 2100 多架，市场份额超过 50%。空客在中国市场的稳健增长和持续投入表明了中国是全球民航市场的重要参与者。

必备知识 2 初识飞机驾驶舱控制面板

一、学习情境

工作情境：本节课我们来到飞机的驾驶舱里，初步学习飞机的各类控制面板，因为我们没有被授予任何的维修资质，因此，我们还是只能看，不能触动里面的任何控制电门和操作手柄，请千万不要忘记！

任务难度：★☆☆☆☆

工作类型：☑日常检查 ☑日常勤务 ☑系统测试 ☑故障排除 ☑M 项放行维护

技能岗位：航线机电维修员、大修机电维修员、系统工程师

任务内容：这节课我们要学习驾驶舱里各种控制面板的功能及手柄的使用方法，从而进一步了解飞机都由哪些系统组成，它们彼此之间的关联是怎样的。最后像一个真正的飞机维修人员一样在虚拟仿真平台上寻找并亲自动手操作跳开关。

二、学习目标

知识目标：能说出给定的中央仪表板、中央操纵台和驾驶舱头顶板的名称。

能力目标：1）能说出各控制面板和操作手柄的功能，会判断跳开关的状态，了解跳开关在安全防护方面的意义。

2）能根据跳开关的标识在 3D 飞机上找到位置。

素质目标：培养良好的基本职业素养，在驾驶舱坚决不去操作与自己工作无关或自己不清楚的电门开关。

引导问题 1：你是否完全理解本任务的内容及学习过程中需要达到的学习目标？

已完全理解☐ →→→请继续完成后面的内容。

____

未完全理解☐ →→→请重新阅读任务内容与学习目标。

____

三、部件识别

1. 驾驶舱中央仪表板的识别

引导问题 2：请同学们结合“A320 飞机驾驶舱中央仪表板介绍”的文档，将图 1-3 中飞机上的部件名称填写完整，并与小组其他同学的答案进行比较，说出每个仪表与控制面板的功能。

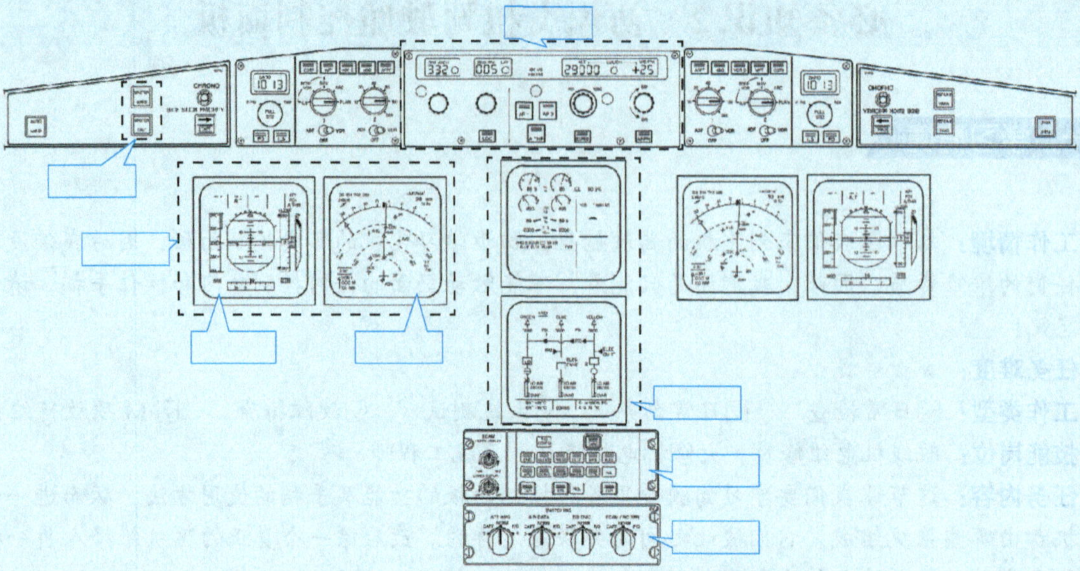

图 1-3 空客 A320 飞机驾驶舱中央仪表板

2. 中央操纵台控制面板与操作手柄的识别

引导问题 3： 请同学们将图 1-4 中中央操纵台上各面板或控制手柄名称填写完整，并与小组其他同学的答案进行比较，说出每个控制面板和操作手柄的功能。

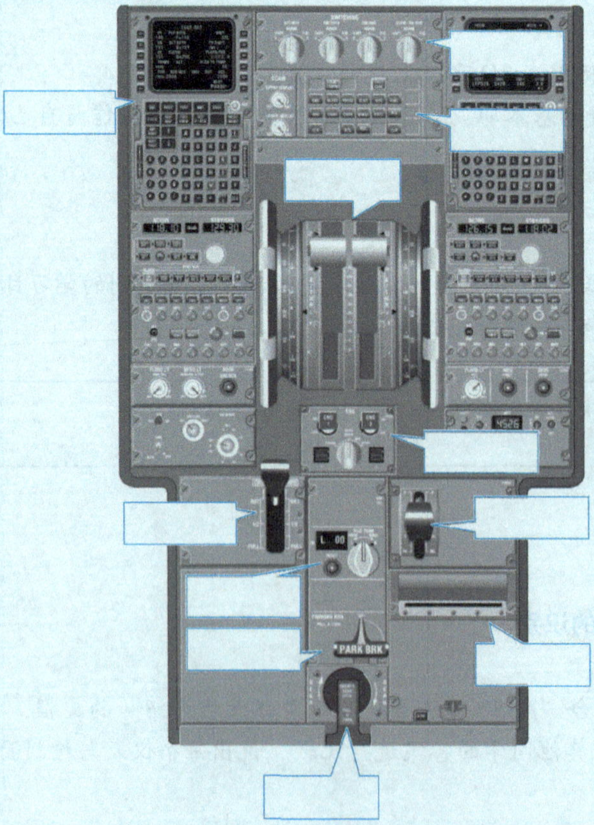

图 1-4 空客 A320 飞机驾驶舱中央操纵台

3. 驾驶舱头顶控制面板的识别

引导问题 4： 请同学们结合“A320 飞机驾驶舱头顶控制面板介绍”的文档，将图 1-5 中的面板名称填写完整，并与小组其他同学的答案进行比较，说出每个控制面板的功能。

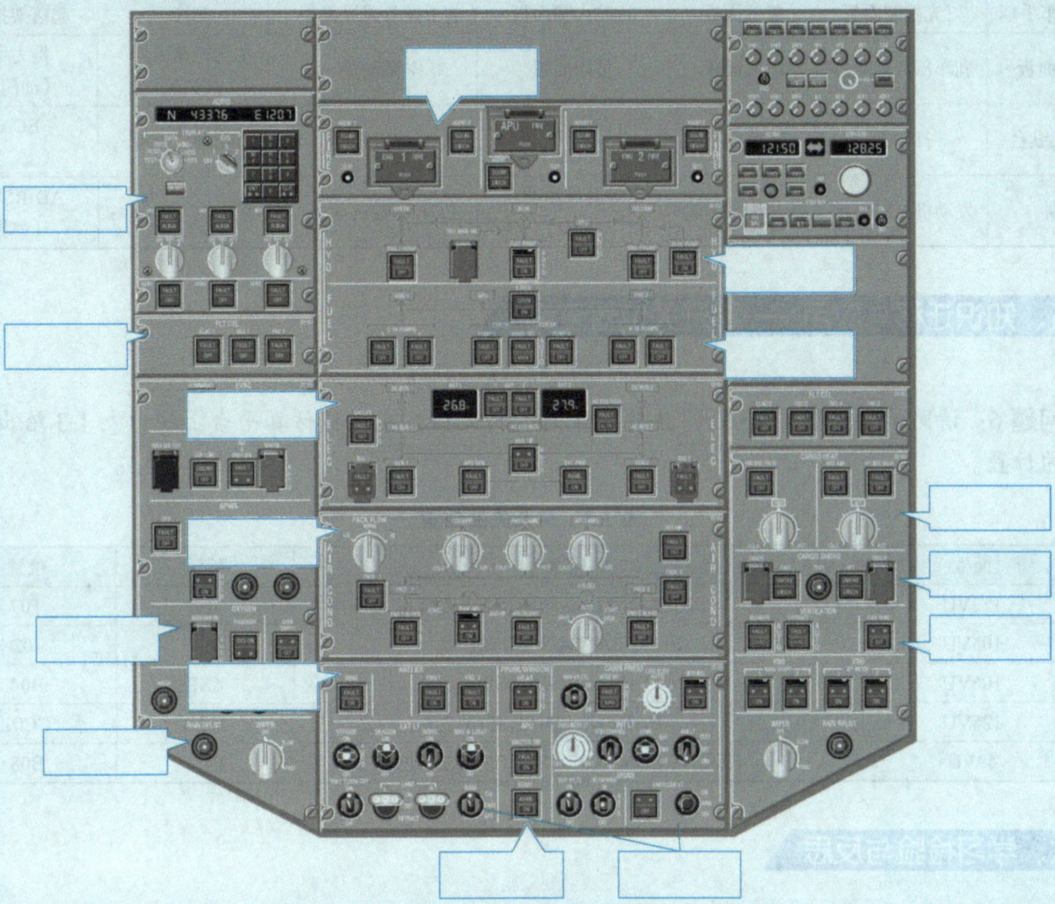

图 1-5 A320 飞机驾驶舱头顶控制面板

四、练一练——寻人 bingo

引导问题 5： 大家一起来玩一个游戏吧！这个游戏的名字叫作“寻人 bingo”。游戏规则如下。

1）请使用表 1-2 所列 bingo 表格，根据表格里面的不同条件寻找符合要求的人（每个人手里都有一张写着驾驶舱面板名字的纸条）。

2）告诉他（或她）这个面板在哪个位置，都有什么主要功能，如果他（或她）确认你说的是对的，就请他（或她）帮忙签名。

3）收集完成任意一横、竖、对角线名字的学员，请大声喊“bingo”，并迅速将表格交给老师。

4）最快完成的 3 名同学为本次游戏的获胜者。

注意： 表 1-2 所示每个同学在同一张表格上最多只能签一个方格，每人只能在一张表格中签名一次，自己的表格中不能有自己的签名。

表 1-2 bingo 表格

火警面板	货舱加温面板	MCDU（多功能控制显示组件）	脚蹬	遮光板	转弯手轮	起落架收放手柄
风挡加温面板	襟翼控制手柄	燃油面板	发动机启动主电门	液压面板	主警告、主告诫灯	飞控计算机面板
停留刹车手柄	灯光控制面板	氧气面板	货舱火警面板	电子设备通风面板	侧杆	起落架指示器
APU 面板	刹车压力指示器	电气面板	排雨面板	空调面板	主飞行显示器（PFD）	推力手柄（油门杆）
中央操纵台	打印机	防冰面板	自动飞行面板（FCU）	减速板手柄	座舱增压面板	ECAM（上、下）
时钟	发动机控制面板	俯仰配平手轮	导航显示器（ND）	ECAM 控制面板	重力放轮手柄	ADIRS 面板（惯导）

五、知识迁移与应用——跳开关位置查询

引导问题 6：请同学们结合“A320 驾驶舱调开关”的文档，在虚拟仿真平台上找出表 1-3 给出的跳开关的位置。

表 1-3 跳开关的位置

面板	名称	标识	位置
122VU	LIGHTING/LANDING LT/R/CTL	4LB	T07
105VU	ELEC/BAT BUS/REF/BCL2	8PB2	J02
106VU	CSM/G/EV/MAN/SPLY	6XE	B04
125VU	BAT BUS SD1PP SPLY	11PB	CC01
49VU	FLIGHT CONTROLS/SEC1 NORM SPLY	2KS1	B08

六、学习检验与反思

引导问题 7：请同学们扫描下面的二维码，通过答题检验此次典型工作的学习效果。

引导问题 8：请每位同学撰写学习反思，填入表 1-4，并与小组成员进行交流，看看是否达成学习目标。

表 1-4 学习反思清单

学习成就
1）请说说这节课你学习到了哪些让你觉得有用或印象深刻的内容。 2）你认为你已经达成了本节课的学习目标了吗？如果没有，还差在哪里？打算如何补足呢？
学习体验
1）你对自己在本节课的学习情绪或状态满意吗？是否要做一些改变呢？ 2）你对于学习这门课有信心吗？为什么？

七、业内延伸

国产大飞机 C919 驾驶舱“以人为本”的设计理念

我国首次按照国际标准研制、拥有自主知识产权的大型客机 C919 的飞行系统处于世界领先水平，航电技术所采用的平台与波音 787 和 777 飞机相似，而飞行操控系统则是采用同空客 A320 系列飞机相似的侧杆操作技术。

随着民用航空技术的发展，人机交互的界面和环境在驾驶舱设计中变得越来越重要。C919 大型客机的驾驶舱设计体现了“以人为本”的理念。过去的驾驶舱设计更注重软硬件的更新换代，而现代的驾驶舱设计更多地考虑了人为因素，将驾驶舱作为一个整体来研制，以满足飞行员的需求。

过去，飞机向着快速、远程和大型化的方向不断发展，机载设备也变得越来越复杂。驾驶舱中安装了近百个独立的机械仪表，每个仪表只能显示一种信息，飞行机组需要人工识别和判断信息的关联性。为了完成飞行任务，一架飞机的机组人员除了驾驶员外，还增设了机械员、报务员、领航员等，形成了 5 人制飞行机组。

随着计算机、信息网络和多媒体技术的广泛应用，驾驶舱开始采用集成显示器，取代了传统的机械仪表界面。集成显示器的使用大大减少了驾驶舱操控器件的数量。数字化的图形显示和高度自动化的控制功能降低了飞行机组的操纵负担，使飞行员能够将注意力更多地集中在监控飞机及其运行环境状态上。因此，现代驾驶舱的机组人员也由 5 人制变成了 2 人制。

然而，尽管驾驶舱集成化和自动化程度越来越高，但目前 70% 以上的飞行事故仍源于人为因素。因此，人为因素在驾驶舱的设计中越来越受到国际航空界的重视。为了解决这个问题，美国联邦航空管理局（FAA）和欧洲航空安全局（EASA）在 20 世纪 90 年代联合组成了协调工作组，致力于驾驶舱人为因素问题的研究。经过近十年的研究，工作组于 2004 年完成了研究报告，提出了驾驶舱人为因素的专门条款建议和草稿。2007 年和 2013 年，EASA 和 FAA 分别在适航标准和修正案中增加了有关人为因素的设计要求。

现在，驾驶舱设计从以技术为导向转变为以人为本的产品导向。C919 飞机的驾驶舱设计充分考虑了人的因素。例如，驾驶舱中的显示系统经过梳理分类，通过逻辑编程，在不同飞行阶段抑制了飞行员不需要关注的信息，优先显示飞行员需要关注的信息，减轻了飞行员的工作量，避免了误操作。另外，在告警系统设计中，根据故障等级的不同，系统使用不同的颜色、灯光和声音告警，引导飞行员进行处理。

为了确保 C919 飞机的驾驶舱设计符合人的需求，中国商飞公司在 2017 年 8 月 17 日邀请了中国东方航空公司的飞行员参与评估工作。评估工作由中国商飞公司驾驶舱集成设计团队牵头进行，评估中充分考虑了飞行员的意见，以完善设计方案。整个设计方案还需要进行大量的试验验证，以确保符合人为因素要求和适航条款的要求。

综上所述，通过优化信息显示系统和告警系统，以及飞行员的评估工作，C919 飞机的驾驶舱设计为飞行员提供了更符合实际驾驶习惯的工作环境，提高了飞行安全性和效率。这一案例彰显了技术在提升民航安全中的重要作用，并强调了“以人为本”设计理念在航空界的广泛应用。

必备知识 3　熟悉飞机维修手册的查询方法

一、学习情境

工作情境： 某飞机修理厂对注册号为 B-9948 的 A320 飞机起落架系统进行维修，维修结束后需要对起落架的收放功能进行测试。为此，需详细了解手册查询程序，找到手册中的标准工作程序。

任务难度： ★★★☆☆

工作类型： ☑日常检查　☑日常勤务　☑系统测试　☑故障排除　☑M 项放行维护

技能岗位： 航线机电维修员、大修机电维修员、系统工程师

任务内容： 请同学们分组在 A320 飞机虚拟维修平台上完成以下任务：

1）跟随学习步骤查询到正确的维修程序。

2）完成书中提供的多种类型的任务内容，进行自主手册查询的练习。

二、学习目标

知识目标： 能记住本课程需要用到的美国航空运输协会（Air Transport Association of America，ATA）章节号，能说出测试、检查等页码段。

能力目标： 学会查询常用手册，能按章节号找到飞机维修手册（Aircraft Maintenance Manual，AMM）对应的位置；能根据驾驶舱显示的故障代码在飞机排故手册（Trouble Shooting Manual，TSM）中找到对应的排故程序。

素质目标： 理解飞机手册有效性的意义，查询手册时能根据飞机选择适用的手册。

引导问题 1： 你是否完全理解本任务的内容及学习过程中需要达到的学习目标？

已完全理解 □　　→→→请继续完成后面的内容。

未完全理解 □　　→→→请重新阅读任务内容与学习目标。

三、认识航线常用手册

手册按其工作性质分为外场航线、结构无损、定检时控、深度维修。内容涉及十分广泛，为了大家快速了解飞机维修常用手册的使用方法，本节课主要介绍空客飞机外场航线中常用的技术手册，重点学习其中的飞机维修手册。

1. 飞机维修手册（Aircraft Maintenance Manual，AMM）

AMM 用于提供航线和定检维护时所需要的详细技术信息，包含系统及部件的工作描述、勤务、修理、更换、调节、测试、检查等必需信息和正常在停机坪或维护机库完成飞机检查所需要的工具设备。

2. 图解零件目录手册（Illustrated Parts Catalog，IPC）

IPC 是针对飞机上各种零部件的购买、装配、储存和生产等编写的一本手册。它在航线维护中用于确认所有航线可更换件的件号，以及用于购买备件、制定备件计划。手册给出零部件装配图及详细零件清单，标注出各个零部件的件号、备件信息、生产厂商、技术规范、使用数量、位置、有效性等信息。

3. 飞机原理图手册（Aircraft Schematic Manual，ASM）

飞机原理图手册是空客手册，手册以系统方块图、系统简图、系统示意图的形式展示了电子、电气部件的工作原理、系统配置、功能、电路操作、逻辑关系，也可用于飞机电子、电气系统的排故及日常维护人员的培训。

波音公司的系统原理图手册（System Schematic Manual，SSM）与空客的ASM在内容上有所不同，SSM 中有液压油路、气路等机械工作原理图，而 ASM 只有电子、电气线路图解。

4. 飞机排故手册（Trouble Shooting Manual，TSM）

飞机排故手册主要供地面维修人员使用，给出了识别和分析飞机故障必要的技术数据和相关资料，并提供了相应的排故程序，帮助维修人员准确、迅速地排除故障，以减少飞机停场时间和降低维修成本。

引导问题 2：根据维修工作内容，请判断起落架的收放功能测试工作应查询哪个手册？

____

四、航空设备编码规范：ATA 100 与 ATA iSpec 2200

世界上那么多型号的飞机，一架飞机上的零件就有上百万个。那么多的零件是如何管理的呢？我们需要制定某种“规则”来指导和规范飞机上系统和部件的划分，技术文件的编写也要遵守这些“规则”才能不产生歧义地说明这些系统和部件的详细信息。

ATA100 的全称是 Air Transport Association of America Specification No.100，于 1956 年由美国航空运输协会和当时各航空公司、航空制造商合作制定的统一技术资料编号，用于统一各种民用航空产品厂商所出版的各种技术资料的编号。这样规范有很多好处，在飞机的设计、制造及以后的维护中比较方便查找手册相关系统，也方便分工，提高工作效率，降低成本。

温馨提示：

同学们如果搜索“Air Transport Association of America”（美国航空运输协会），有可能会搜索不到，因为该组织于 2011 年已更名为“Airlines for America”（A4A）。

我们现在还在使用这个实行近 70 年的标准吗？

是的，但又不完全是。由于信息化技术的不断发展，现在普遍使用的是 ATA iSpec2200——航空维修信息标准，但它是将原来的 ATA100 和 ATA2100（飞机支援数字化资料标准）进行了融合。因此，现在使用的 ATA iSpec2200 依然采用 ATA100 对系统的编码体系。这也是为什么刚刚开始学习飞机维修的人员依然要学习 ATA100 编码规则的原因。

1. ATA100 规范对航空设备的分级

ATA100 规范将航空设备分为三级：

1）类别（groups），相关系统的集合，分为航空器和动力装置。

2）系统（systems），如起落架系统。

3）子系统（sub-systems），如起落架系统内包含的刹车系统。

航空器类别可以细分为三个子类（见表 1-5）。

1）总体类，编码 5~12 章。

2）系统类，编码 20~49 章。

3）结构类，编码 51~57 章。

动力装置类别可以细分为两个子类。

1）螺旋桨和旋翼类，编码 60、61 章。

2）发动机类，编码 70~80 章。

表 1-5　ATA100 规范对航空设备的分级与章节划分

航空器			动力装置
总体（5~12）	系统（20~49）	结构（51~57）	发动机（70~80）
5. 时限 / 维护检查	20. 标准施工 - 机身	51. 结构	70. 标准实施 - 发动机
6. 尺寸和区域	21. 空调	52. 舱门	71. 动力装置
7. 顶起与支撑	22. 自动飞行	53. 机身	72. 发动机
8. 校水平和称重	23. 通信	54. 短舱 / 吊架	73. 发动机燃油和控制
9. 牵引和滑行	24. 电源	55. 安定面	74. 点火
10. 停放和系留	25. 设备 / 装饰	56. 窗	75. 空气
11. 铭牌和标志	26. 防火	57. 机翼	76. 发动机操纵
12. 勤务	27. 飞行操纵		77. 发动机指示
	28. 燃油		78. 排气
	29. 液压源		79. 滑油
	30. 防冰和防雨		80. 起动
	31. 指示 / 记录系统		
	32. 起落架		
	33. 灯		
	34. 导航系统		
	35. 氧气		
	36. 气动系统		
	38. 水 / 废水		
	49. 机载辅助电源		

注：ATA01-04，59，95，98：留给各航空公司编写自己公司的文件和资料；60、61：螺旋桨和旋翼；81：涡轮；83：附件齿轮箱。81 章和 83 章一般不在手册中列出。91：图表和线路图，为杂项图表，单独列出；93：面板；95：专用设备。其余未指定内容的章节是预留日后 ATA 委员会使用的。

引导问题 3：请同学们结合表 1-5 中 ATA100 规范对航空设备的分级与章节划分，判断起落架收放功能测试的程序应该到哪个章节中查询？

____

____

2. ATA100 编号规则

ATA100 规范并未对类别（groups）进行数字编码区分。系统（systems）编码使用 0~100 作为序号，其中，系统分类由两位数字组成，子系统分类由两位数字组成，如图 1-6 所示。编码只规范到子系统起始的数字。更详细的分节编码可以由用户自行安排，如 32 章只编码了 32-00，32-10，…，32-60，32-70，更详细的 32-40-00 或 32-41-00 由用户编码。类似于图书馆索引系统，编码中间会预留空白以备新增修订或用户自行安排使用。

图 1-6 中，XX 代表系统或章，YY 代表子系统或节，ZZ 代表单元或主题。

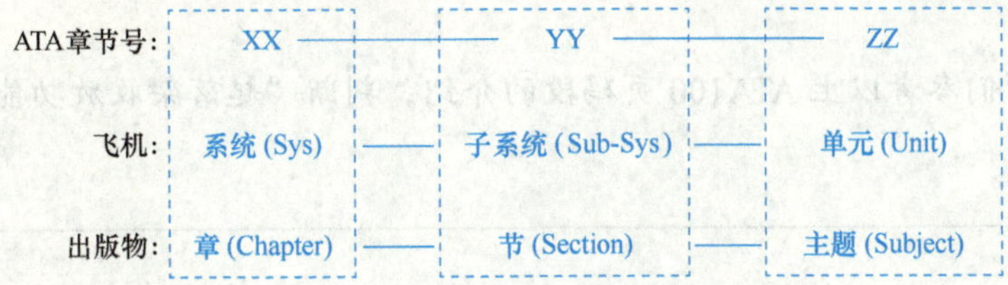

图 1-6　ATA100 编号规则

引导问题 4： 请同学们参考 ATA100 的编号规则，在手册中查询“起落架收放功能测试”的章节号是多少？

____

引导问题 5： 请同学们在 AMM 手册中查询表 1-6 中 ATA 章节号在手册中代表的含义。

表 1-6　ATA 章节号

ATA 章节号	第一位含义	第二位含义	第三位含义
28-21-51	系统：燃油系统	子系统：主燃油泵系统	部件：主油泵
29-11-14			
32-42-36			
76-11-19			

3. ATA100 页码段（Page Block，PB）的定义与应用（见表 1-7）

表 1-7　ATA 页码段

页码段	页码段名称	说明
001~099	概述与操作（Description and Operation，D&O）	提供功能、操作、控制和部件位置的说明，向维护人员提供足够多的信息，以了解系统的构造和功能
101~199	故障隔离（Trouble Shooting，TS）	介绍故障隔离程序
201~299	维护程序（Maintenance Practices，MP）	提供一般维护工艺程序（如飞机顶起，飞机水平测量，电源、气源、液压源的应用）机整流罩、主起落架门的打开和关闭
301~399	勤务（Servicing，S）	提供润滑、加油等勤务工作程序
401~499	拆除 / 安装（Removal/Installation，R/I）或解除 / 恢复（Deactivation/Reactivation，D/R）	拆除 / 安装：提供用于拆卸、安装一个部件的全部必要的数据 解除 / 恢复：解除程序阐述了在一个系统或系统的一个零件失效的情况下，依据 MMEL 和 CDL 的要求允许放行所需要完成的工作程序。恢复程序阐述了在故障部件、系统解除后，使系统恢复到正常所需要完成的工作程序
501~599	调节 / 测试（Adjustment/Test，A/T）	包括操作测试、功能测试、系统试验
601~699	检验 / 检查（Inspection/Check，I/C）	包括原位检查和离位检查
701~799	清洁 / 喷漆（Cleaning/Painting，C/P）	包含需要有特别预防措施的清洁 / 喷漆程序（零件被液压油、电池酸液等污染）
801~899	批准的修理（Approved Repairs，AR）	提供 CMMM/CMMV 或 SRM/NSRM 所涵盖之外的经批准的修理程序

引导问题 6：请同学们参考以上 ATA100 页码段的介绍，判断“起落架收放功能测试”的页码段是多少？

____

引导问题 7：请结合表 1-7，说出表 1-8 编号里的页码段所代表的工作类别，并查询 AMM 验证你的答案。

表 1-8　页码段工作类别

页码段	工作类别（可填英文）
28-11-00 PB001	
28-11-00 PB301	
28-11-00 PB501	
28-11-00 PB601	
28-11-00 PB701	

4. 维修任务编码规则

根据 ATA iSpec 2200 规范对飞机制造商技术资料的标准和指导原则的规定，手册的格式结构、内容划分、页面编排、页码编制等出版及更新任务均有标准化规范。在 ATA100 对章节号和页码段规范的基础上，空客公司拥有其独特的维修任务编码规则，如图 1-7 和表 1-9 所示。

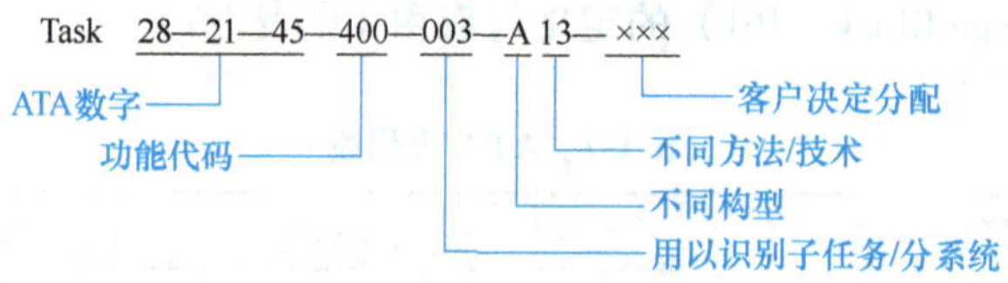

图 1-7　维修任务编码规则

表 1-9　功能代码举例

功能代码	定义	功能代码	定义
120	研磨剂	200	检验 / 检查
130	超声波	210	基本目视检查 / 检验
140	机械	220	详细 / 尺寸检查 / 校验
150	除漆	230	渗透检查
160	其他清洗工作	240	磁力检查
170	冲洗	250	涡电流检查

引导问题 8：请将你查到的“起落架收放功能测试”的任务编码和任务名称写到下面：

____

5. 程序内容的结构组成

一个工作任务技术文件的结构组成包括任务号、任务标题、执行本工作的原因、工作的准备信息、工作准备程序与注意事项、工作程序 6 部分，如图 1-8 所示。其中还会有飞机有效性的标识、对工作中涉及人员安全的警告信息（Warning）、对工作中涉及飞机安全的告诫信息（Caution），以及帮助维修人员提高工作效率的注意信息（Note）。

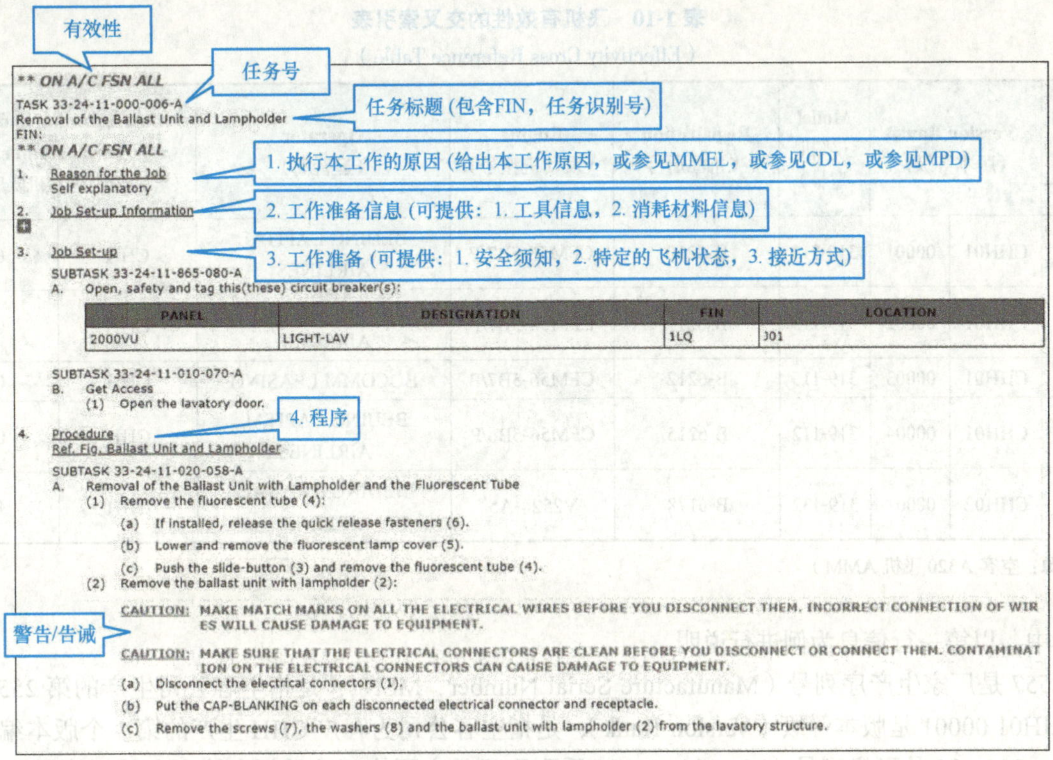

图 1-8　手册中程序内容的结构示例

五、知识迁移与应用——手册查询

1. 判断飞机的有效性

查询空客飞机的 AMM 手册，需要知道飞机运营商代码、飞机型号、飞机注册号（Registration Number）或机队编号（FSN），如图 1-9 所示。这些信息涉及飞机维修手册的有效性。

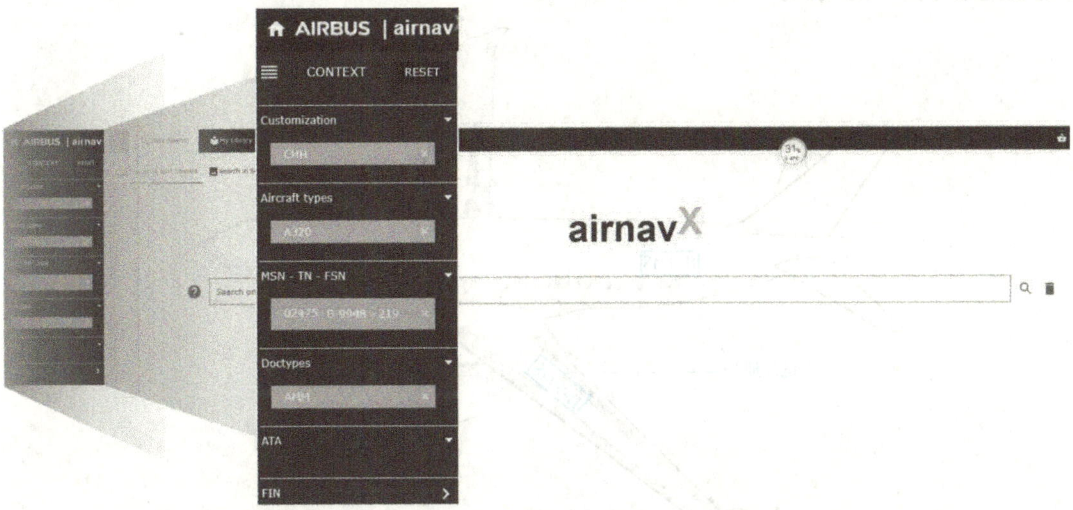

图 1-9　手册查询前需要确定的信息示例

在使用或查阅某型号飞机任何类型的修理手册时，首先应确定该手册的有效性。飞机有效性通常在手册的扉页部分（Manual Front Matter）。通过飞机有效性的交叉索引表（见表 1-10）列出公司所有飞机的有效性信息。如果能查到某注册号的飞机，则说明该手册对此飞机有效。

表 1-10　飞机有效性的交叉索引表

（Effectivity Cross Reference Table）

MSN（厂家生产序列号）	Version Rank（版本等级）		Model（飞机型号）	Registration（飞机注册号）	Engine（发动机型号）	Operator（运营商）	Customization and Fleet Serial Number（客户识别码和机队序列号）	
02557	CHH01	00001	319-115	B-6210	CFM56-5B7/P	BEIJING CAPITAL AIRLINES	CHH	001
02561	CHH01	00002	319-115	B-6211	CFM56-5B7/P	BEIJING CAPITAL AIRLINES	CHH	002
02581	CHH01	00003	319-115	B-6212	CFM56-5B7/P	BOCOMM LEASING	CHH	003
02611	CHH01	00004	319-112	B-6215	CFM56-5B6/P	BEIJING CAPITAL AIRLINES	CHH	051
03548	CHH02	00001	319-132	B-6178	V2524-A5	BEIJING CAPITAL AIRLINES	CHH	101

（来源：空客 A320 飞机 AMM）

其中，以第一行信息为例进行说明。

02557 是厂家生产序列号（Manufacture Serial Number，MSN），是指空客公司生产的第 2557 架飞机。CHH01 00001 是版本等级（Version Rank），是指空客公司为客户 CHH 生产的第 1 个版本编号为 1 的飞机。319-115 是飞机型号（Model），A320 系列飞机的主要构型差异都会体现在机型编码上，其他系统升级方面的差异只有通过操作和维护手册进行描述区分。B-6210 是飞机注册号（Registration），相当于一架飞机的身份证，其更正规的说法为航空器国籍和登记标志，由国籍标志和登记号两部分组成。国际民航组织成员选一个或两个英文字母和数字来代表自己的国家，我国民用航空器的国籍标志为“B”。在航空器上可以看到飞机注册号，如图 1-10 所示。CFM56-5B7/P 是发动机型号（Engine），通常由发动机厂商自主进行编码。BEIJING CAPITAL AIRLINES 是飞机运营商（Operator），代表这架飞机由北京首都航空运营。CHH 001 是客户识别码与机队序列号（Customization and Fleet Serial Number），代表海南航空编号为 1 的飞机。

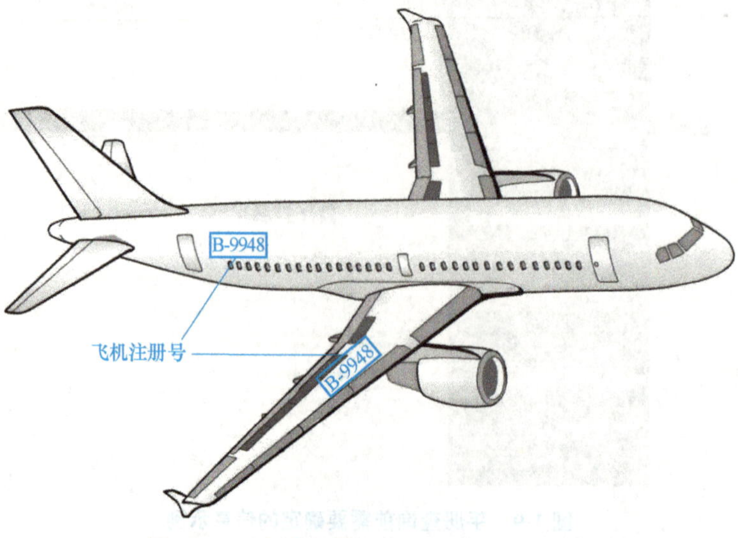

图 1-10　飞机注册号在飞机上的位置示意图

引导问题 9： 请同学们查询 AMM 的扉页部分，找到“注册号为 B-9948 的 A320 飞机”的详细信息，并填在表 1-11 中。

表 1-11　注册号为 B-9948 的 A320 飞机详细信息

MSN	Version Rank		Model	Registration	Engine	Operator	Customization and Fleet Serial Number	
				B-9948				

2. 判断空客飞机的机型特征

空客的机型编码格式为“A3XX-XXX-XX”。命名规则如图 1-11 所示。

其中，A320 系列飞机型号有 A318、A319、A320 和 A321，它们最主要的差异在于机身长度。机型子型号有 100 型、200 型、ACJ 型、P2F 型。A318 和 A319 只有 100 型，A320 和 A321 有 100 型和 200 型。A320-200 型相比 A320-100 型增加了起飞重量和翼梢小翼。A321-200 型相比 A320-100 型增加了起飞重量和油箱容积。ACJ 型是公务机版本（Airbus Corporate Jet），包括 A318、319、320 三款。P2F 型是客改货版本（Passenger to Freighter）。

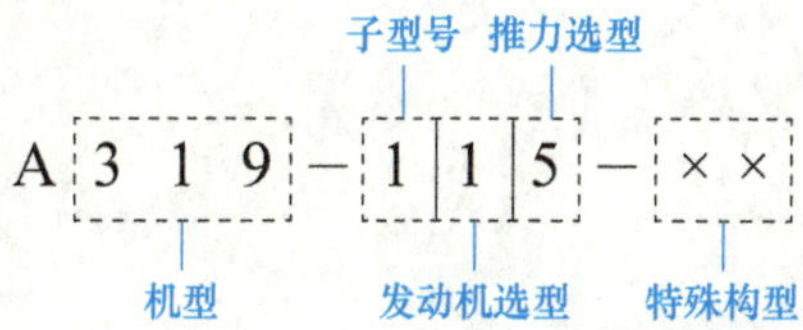

图 1-11　空客机型编码命名规则示意图

发动机选型分为 CEO（CFM56、V2500）和 NEO（LEAP-1A、PW1100G）及 A318（PW6000）。按照发动机厂家来命名，厂家代码见表 1-12。

表 1-12　发动机选型代码含义

序号	代码	含义	序号	代码	含义
0	GE（General Electric）	通用电气	4	RR（Rolls-Royce）	罗尔斯·罗伊斯
1	CFM international	赛峰国际	5	CFM LEAP-1A	
2	PW（Pratt&Whitney）	普拉特·惠特尼	6	Engine Alliance	发动机联盟
3	IAE（International Aero Engines）	国际航空发动机	7	PW 1100G-JM	

推力选型不同是因为同款发动机的推力有不同版本，如 27000lbs 或 33000lbs 等。

特殊构型部分代表着 A320 系列飞机的其他构型差异，例如，增加多个油箱（Additional Centre Tanks，ACT），一般是增加 1~3 个。最高起降机场海拔差异，如 9200ft（1ft=0.3048m）、14100ft 和 14500ft。座舱门差异，为满足紧急撤离的法规要求，根据不同座舱座位布局设置不同的撤离出口。

引导问题 10： 如果一款飞机的编码为“320-232”，请简单说说它的基本特征。

____

____

3. AMM 查询

引导问题 11： 请找出以下任务在手册中的“章 - 节 - 主题”号和任务号，填写在表 1-13 中。

表 1-13　AMM 任务章节号填写

任务内容	“章 - 节 - 主题”号	任务号
APU 防火和过热探测系统的操作测试（Operational Test of the APU Fire and Overheat Detection System）		
燃油传输（Fuel Transfer）		
通过蓄电池启动 APU（APU Start by Batteries）		

六、学习检验与反思

引导问题 12： 请同学们扫描下面的二维码，通过答题检验此次典型工作的学习效果。

引导问题 13： 请每位同学撰写学习反思，填入表 1-14 中，并与小组成员进行交流，看看是否达成学习目标。

表 1-14　学习反思清单

学习成就
1）请说说这节课你学习到了哪些让你觉得有用或印象深刻的内容。 2）你认为你已经达成了本节课的学习目标了吗？如果没有，还差在哪里？打算如何补足呢？
学习体验
1）你对自己在本节课的学习情绪或状态满意吗？是否要做一些改变呢？ 2）你对于学习这门课有信心吗？为什么？

七、业内延伸

国产商用飞机技术手册设计理念与国际接轨

现代飞机维修以可靠性为中心，以保障安全和降低成本为目标。然而，对于飞机制造商来说，赢得航空公司维修工程师的认可至关重要，这需要考虑技术手册的设计理念是否符合维修人员的使用习惯。中国商飞公司在设计 ARJ21 飞机时未认识到技术手册设计的商业价值，而成都航空公司作为首家使用 ARJ21 的航空公司，主动承担改善技术手册设计的责任。在评审 ARJ21 飞机技术手册时，成都航空公司通过对比使用空客飞机手册的经验，针对 ARJ21 飞机维修方法的操作性问题提出了 6000 多条改进建议。国内航空业长期依赖国外制造商的飞机，使得技术人员对于国外飞机维修手册产生依赖。然而，为了打开国际市场，国产飞机需要融入国际惯例与规则，同时树立自己的特色与模式。

在追求技术先进性和经济性的同时，国产飞机必须注重设计与使用者需求的结合，特别是对于技术手册的设计。成都航空公司作为 ARJ21 飞机的使用者，积极参与技术手册的改进工作，体现了国产飞机设计与使用者需求的紧密结合。

典型工作 1　接通 / 断开飞机外部电源

一、工作情境与任务

工作情境：一架航班经停某城市机场，飞机已停至指定停机位，但是停机位为远机位，需使用地面电源车，等待电源车司机将电源车开至飞机附近，现需要由机务人员引导电源车至机头处，给飞机整机上电。请机务人员戴上耳机，通知机组人员将 APU 电源转为外部电源。

任务难度：★★☆☆☆

工作类型：☐日常检查　☑日常勤务　☐系统测试　☐故障排除　☐M 项放行维护

技能岗位：航线机电维修员、大修机电维修员、系统工程师

任务内容：请同学们分组在 A320 飞机虚拟维修平台上完成以下任务：

1）学习飞机外部电源通电的系统原理。

2）完成飞机外部电源通电的程序。

二、学习目标

知识目标：能找到驾驶舱电源控制面板及飞机外部电源面板，并能讲出两个面板上各个按钮电门的功能及指示灯光的含义。

能力目标：能够熟练完成使用外部电源给飞机通电的程序。

素质目标：了解飞机电源系统的工作原理及主要部件，了解并遵守安全用电注意事项。

引导问题 1：你是否完全理解本任务的内容及学习过程中需要达到的学习目标？

已完全理解 ☐　　→→→请继续完成后面的内容。

未完全理解 ☐　　→→→请重新阅读任务内容与学习目标。

三、任务分组

请同学们选择在本次任务中扮演的角色，并填入表 1-15 中。

表 1-15　小组任务分配计划表

班级		组名		组长	
组员及任务分工					
角色	姓名	任务	角色	姓名	任务
总结者			检查者		
研究者			经营者		
记录员			支持者		
观察者 / 疑难解答者					

注：如果不清楚各成员角色的任务内容，请查阅表 1《团队角色分工表》。

四、工作准备

1. 飞机外部电源通电的系统原理

当飞机在地面上使用外部电源时，可以断开发动机和 APU 电源，帮助延长发动机和 APU 的使用寿命，也可以节约燃油。通过交流转换汇流条给整机供电，也可以供电给地面勤务汇流条只为地面勤务供电。在外部电源接入飞机电网的同时，还可以给蓄电池充电器供电，为蓄电池充电。

飞机上的用电类型包括交流电和直流电两种。整体驱动发电机（Integrated Drive Generator，IDG）、APU 发电机和外部电源都可直接为飞机提供三相 115V/400Hz 的交流电。而直流电正常情况下则由变压整流器（TR）将交流汇流条（AC BUS）的交流电转换而来，供给直流汇流条（DC BUS）。

图 1-12 所示为 A320 飞机接通外部电源时的系统工作示意图。

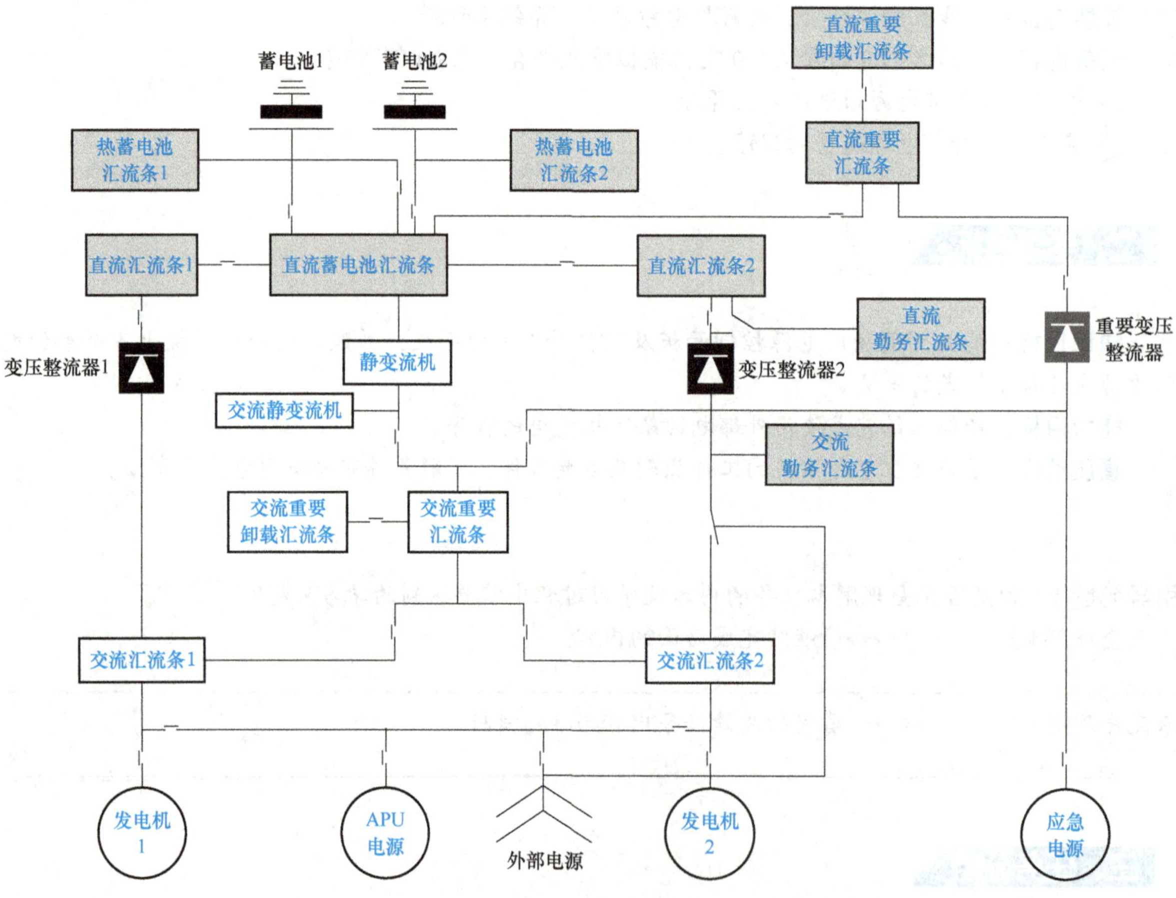

图 1-12　A320 飞机接通外部电源时的系统工作示意图

外部电源为交流汇流条 1（AC BUS 1）和交流汇流条 2（AC BUS 2）供电。每个交流汇流条分别为一个变压整流器（TR）供电，变压整流器（TR）将 115V 的交流电变压整流，输出 28V 的直流电，供向相应的直流汇流条（DC BUS）。

直流蓄电池汇流条（BAT BUS）正常由直流汇流条 1（DC BUS1）供电，可以为蓄电池充电。在没有其他电源供电的情况下，蓄电池也可以为直流蓄电池汇流条供电。每个蓄电池标称电压为 24V，容量为 23Ah。蓄电池充电限制器（BCL）控制着蓄电池与蓄电池汇流条的连接，完成对蓄电池的充电和保护。每个蓄电池均有一个热蓄电池汇流条（HOT BUS），无论 HOT BUS 在何种状态下，只要蓄电池有电，该汇流条就有电。

交流重要汇流条（AC ESS BUS）正常由交流汇流条 1（AC BUS 1）供电，当交流汇流条 1 失电时，交流汇流条 2（AC BUS 2）会向交流重要汇流条供电。直流重要汇流条（DC ESS BUS）正常由直流蓄电池汇流条（DC BAT BUS）供电，应急状态下还可以由 2 号蓄电池或重要变压整流器（ESS TR）供电，大多数重要的关键系统由这两个重要汇流条供电。

引导问题 2： 请在虚拟仿真平台中找到飞机电源控制面板（35VU）、电子舱通风控制面板（22VU）（驾驶舱头顶板上）、电源 ELEC 系统页面（下 ECAM）、外部电源插座和面板（108VU）。

2. 电源控制面板功能

图 1-13 所示为电源控制面板的示意图。

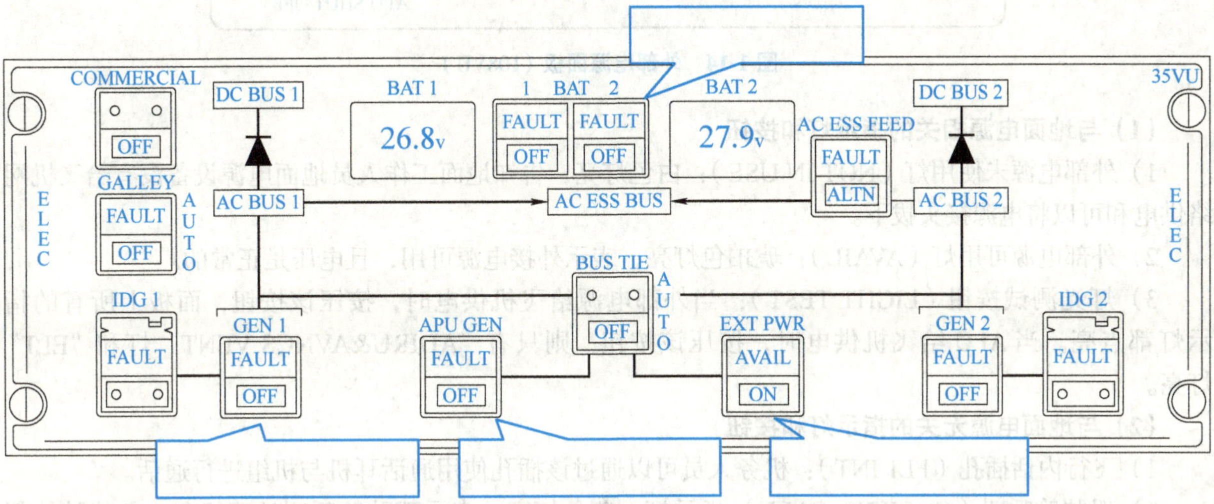

图 1-13　飞机电源控制面板（35VU）

1）外部电源开关（EXT PWR）：当外接电源插上且外接电源参数正常时，AVAIL 绿色灯亮。

2）汇流条连接开关（BUS TIE）：正常情况下，应设置为 AUTO 位，汇流条连接接头会自动断开或闭合，保证给两个交流汇流条都供电。一台发动机的发电机、APU 发电机或外接电源供电时，两个接头都闭合。按压后，OFF 灯亮，两个汇流条连接接头都断开。当一台发动机的发电机给相应的交流汇流条供电，且另一个汇流条由 APU 发电机或外接电源供电时，会出现一个接头闭合的情况。

3）厨房卸载开关（GALLEY）：正常情况下，应设置为 AUTO 位，主厨房和辅助厨房会有电源供应。按压后，OFF 灯亮，主厨房和辅助厨房供电切断。当任一发电机的负荷超过输出功率的 100% 时，琥珀色故障灯（FAULT）亮，伴随有 ECAM 警告提示。当空中仅有一台发电机工作，或在地面只有一台发动机的发电机工作时，主厨房会自动卸载。当 APU 发电机或外接电源供电时，全部厨房供电正常。

4）重要汇流条供电开关（AC ESS FEED）：重要交流汇流条正常供电是由 1 号交流汇流条供给的，也可以通过按压主交流供电开关选择由 2 号交流汇流条供电，备用灯（ALTN）会点亮。当交流主汇流条没有供电时，琥珀色故障（FAULT）灯亮，伴随有 ECAM 告警提示。

引导问题 3： 请在图 1-13 上标注出各按钮的名字并说出它们的功能。

3. 地面电源面板功能介绍

在日常航线工作时，外部电源面板是维修工作中使用频率较高的一个面板。它不仅包括地面电源有关的指示灯和按钮，还包括其他系统的相关内容，如图 1-14 所示。

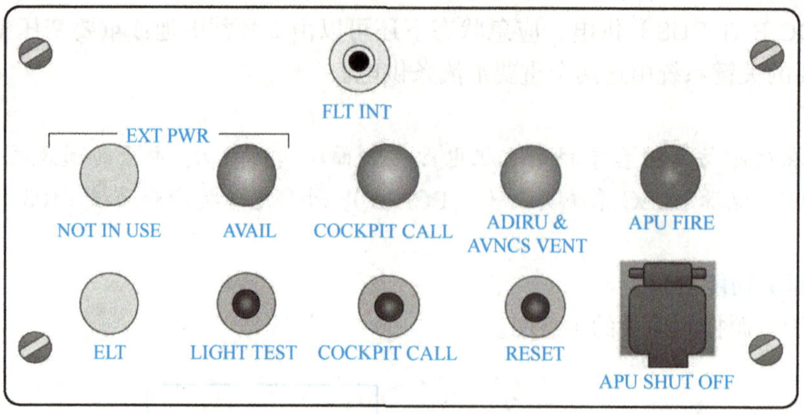

图 1-14　外部电源面板（108VU）

（1）与地面电源相关的指示灯和按钮

1）外部电源未使用灯（NOT IN USE）：白色灯亮，告知地面工作人员地面电源设备没有给飞机网络供电和可以将电源接头拔下。

2）外部电源可用灯（AVAIL）：琥珀色灯亮，表示外接电源可用，且电压是正常的。

3）灯光测试按钮（LIGHT TEST）：当外部电源给飞机供电时，按压该按钮，面板上所有的指示灯都点亮。当 APU 给飞机供电时，按压该按钮，则只有“ADIRU&AVNCS VENT”灯和“ELT”灯亮。

（2）与地面电源无关的指示灯和按钮

1）飞行内话插孔（FLT INT）：机务人员可以通过该插孔使用通话耳机与机组进行通话。

2）驾驶舱呼叫（COCKPIT CALL）指示灯：蓝色灯亮，表示驾驶舱呼叫地面机务，并伴随外部扬声器响，可以通过按压“重置按钮（RESET）”重置该灯。

3）驾驶舱呼叫（COCKPIT CALL）按钮：机务人员可以按压该按钮呼叫机组。在驾驶舱内的 ACP 上，“MECH”字符灯会呈琥珀色并闪亮，同时伴有蜂鸣声。当松开按钮时，蜂鸣声停止，如果机组不在 ACP 上重置，“MECH”字符灯将在 60s 后熄灭。

4）大气数据惯导和电子舱通风（ADIRU&AVNCS VENT）警戒灯：有两种情况此灯会亮并伴有扬声器音响警告，一是至少有一个 ADIRU 由蓄电池供电，二是航空电子设备通风系统发生故障。

5）ELT 状态（ELT）指示灯：当发射应急信号或 ELT 在自动测试时，琥珀色灯亮。

6）APU 火警（APU FIRE）指示灯：当发生 APU 火警时，红色指示灯亮，并伴有音响警告。

7）APU 关断电门（APU SHUT OFF）：打开保护盖，按压按钮，可以紧急关断 APU。

引导问题 4： 请说出外部电源面板上指示灯和控制电门的功能。

____

引导问题 5： 在地面电源面板中，地面电源车与飞机连接后，NOT IN USE 灯和 AVAIL 灯亮分别代表什么？

____

____

五、工作程序与标准

引导问题 6： 请按照下列工作单在虚拟维修仿真平台上完成为飞机通电 / 断电的任务。请担当记录员的同学记录小组在完成任务的过程中出现差错或遇到困难的步骤，小组成员一起分析原因，并找出解决办法。

接通、断开 A320 飞机外部电源

机号		飞机维修工作单 JOB CARD A320 飞机外部电源的接通 / 断开	工作单号	1-1
机型	A320		工作区	模拟机教室
工时	1 课时			

	工作单内容	工作者	检查者
操作步骤			

一、使用外部电源给飞机供电

1. 打开接近盖板 121AL，接近外电源插座和面板 108VU

2. 将地面电源电缆接头连接到飞机的外部电源插座上，并启动地面电源车。如设备及连接都正常

在外部电源面板 108VU 上	EXT PWR/NOT IN USE 指示灯点亮
	EXT PWR/AVAIL 指示灯点亮
在电源面板 35VU 上	EXT PWR 电门上 AVAIL 灯点亮

3. 在电源面板 35VU 上按压 EXT PWR 电门

在电源面板 35VU 上	EXT PWR 电门上 AVAIL 灯熄灭

4. 如飞机电路正常

在电源面板 35VU 上	EXT PWR 电门的 ON 灯点亮
	GEN1 和 GEN2 电门的 FAULT 灯点亮
	BAT1 和 BAT2 电门的 OFF 灯点亮

5. 在面板 22VU 上确保 BLOWER 和 EXTRACT 电门的 FAULT 灯熄灭

注：这意味着电子设备通风工作正常

6. 在面板 35VU 上，按入 BAT1 和 BAT2 电门

在电源面板 35VU 上	BAT1 和 BAT2 电门上的 OFF 灯熄灭

7. 在 ECAM 控制面板上按压 ELEC 键

下 ECAM 显示器	显示 ELEC 页

8. 在 ELEC 页确保 EXT PWR 参数正确

1）电压为（115 ± 5）V

2）频率为（400 ± 10）Hz

二、断开飞机外部电源

1. 在电源面板 35VU 上按压 BAT1 和 BAT2 按钮电门

在电源面板 35VU 上	BAT1 和 BAT2 电门上的 OFF 灯亮

2. 在电源面板 35VU 上按压 EXT PWR 按钮电门

在电源面板 35VU 上	EXT PWR 电门上 AVAIL 灯亮

3. 如飞机电路正确地断电

在电源面板 35VU 上	GEN1 和 GEN2 电门的 FAULT 灯熄灭
	BAT1 和 BAT2 电门的 OFF 灯熄灭
在外部电源面板 108VU 上	EXT PWR/NOT IN USE 指示灯点亮
	EXT PWR/AVAIL 指示灯点亮

4. 关闭外部电源车，拔下电缆，撤走电源车

5. 关闭 121AL 接近盖板

（续）

工作单内容		工作者	检查者
分析	请记录，在完成任务的过程中，哪些步骤出现了差错？请分析原因 1. 步骤： 原因与解决办法： 2. 步骤： 原因与解决办法： 3. 步骤： 原因与解决办法：		

六、学习检验与反思

引导问题 7：请同学们扫描下面的二维码，通过答题检验此次典型工作的学习效果。

引导问题 8：请每位同学撰写学习反思，填入表 1-16 中，并与小组成员进行交流，看看是否达成学习目标。

表 1-16　学习反思清单

学习成就
请说说这节课你学习了哪些让你觉得有用或印象深刻的内容。
合作学习
1）请根据你在团队中的合作表现，按照 1~10 等级为自己打分。 2）谈一谈你在帮助组员完成本次学习任务方面给予了哪些支持。 3）今后你会如何提升自己在小组中的表现？
学习体验
1）你对自己在本节课的学习情绪 / 状态满意吗？是否要做一些改变呢？ 2）你对于学习这门课有信心吗？为什么？

七、业内延伸

飞机通电伤人事件

2016 年 9 月 11 日，法航 A320-200 飞机在法国巴斯蒂亚着陆后，一名地勤人员在尝试连接地面电源时遭到电击并严重受伤。调查发现，这起事故是由地面电源插头短路引起的，可能是由于在移除外电源时未正确处理电缆接头，导致电缆绝缘护套损坏，进而触发插头的三相短路。

尽管此类事故发生的概率较低，但并非例外。事故发生后，Air Corsica 对插头设计进行了修改，安装了热缩护套来连接插头和电缆，并更新了地面电源组件（GPU）使用的连接程序，要求同一名操作员负责 GPU 操作，并禁止在通电时操作电源电缆。

保障民航安全的关键在于维护人员的细致和严谨，即使是看似微小的错误也可能导致严重事故的发生。

典型工作 2　APU 火警测试

一、工作情境与任务

工作情境： 现在有一架飞机等待出港，需要做航前检查，请机务人员上飞机启动 APU。请注意，当接通双蓄电池后，须完成 APU 火警测试且测试结果正常，方可开始启动 APU 程序。

任务难度： ★★☆☆☆

工作类型： □日常检查　☑日常勤务　□系统测试　□故障排除　□M 项放行维护

技能岗位： 航线机电维修员、大修机电维修员、系统工程师

任务内容： 请同学们在 A320，飞机虚拟维修平台上完成“飞机 APU 火警测试”的任务：

1）学习飞机 APU 火警测试的系统原理。

2）完成飞机 APU 火警测试的程序操作。

二、学习目标

知识目标： 能识别并找到 APU 火警控制面板，说出测试时各指示灯亮的含义。

能力目标： 能根据工作单完成 APU 火警测试工作。

素质目标： 在防火系统工作时，能够严格按照工作单实施，做好安全防护措施（如拔出对应跳开关、安装防护堵盖等）。

引导问题 1： 你是否完全理解本任务的内容以及学习过程中需要达到的学习目标？

已完全理解 □　　→→→请继续完成后面的内容。

未完全理解 □　　→→→请重新阅读任务内容与学习目标。

三、任务分组

请同学们选择在本次任务中扮演的角色，并填入表 1-17 中。

表 1-17　小组任务分配计划表

班级			组名		组长
组员及任务分工					
角色	姓名	任务	角色	姓名	任务
总结者			检查者		
研究者			经营者		
记录员			支持者		
观察者 / 疑难解答者					

注：如果不清楚各成员角色的任务内容，请查阅表 1《团队角色分工表》。

四、工作准备

1. APU 火警探测和灭火原理

APU 其实就是一台小型的发动机，它可以为飞机提供交流电和气源，在 APU 运转时必须有火警探测系统持续监控。图 1-15 所示为 APU 火警探测的基本原理示意图。APU 火警和过热探测电路的电源是飞机上的直流电。APU 火警探测组件（FDU）有两个通道（通道 A 和通道 B）可以探测 APU 火警或环路故障，每个通道都有相同的探测逻辑。如果两个环路探测到火警，或一个探测到火警而另一个故障，则火警探测组件会发送火警警告到 APU 的火警面板、外电源面板、MASTER WARNING 主警告灯及 ECAM 显示。APU 火警面板上包含一个火警电门（有红色保护盖保护）、一个 SQUIB/DISCH 灭火电门、一个测试电门。测试电门（TEST）用来检查火警探测器、火警探测组件（FDU）及警告指示的完好情况，也会启动探测环路和灭火环路的探测。火警测试在地面或空中都可以进行。在进行测试的过程中，须按压测试电门并保持，随即会出现火警警告声，且在 APU 火警面板上出现火警标志。

当发生 APU 火警警报时，具体可观察到的现象为：APU 火警电门红灯亮，灭火电门上 SQUIB 和 DISCH 灯亮，MASTER WARNING 主警告灯点亮（红色），上 ECAM 显示 APU 火警信息，驾驶舱会有连续的报警声。在外部电源控制面板上的 APU FIRE 灯会亮，同时，外部扬声器也会发出连续的报警声。

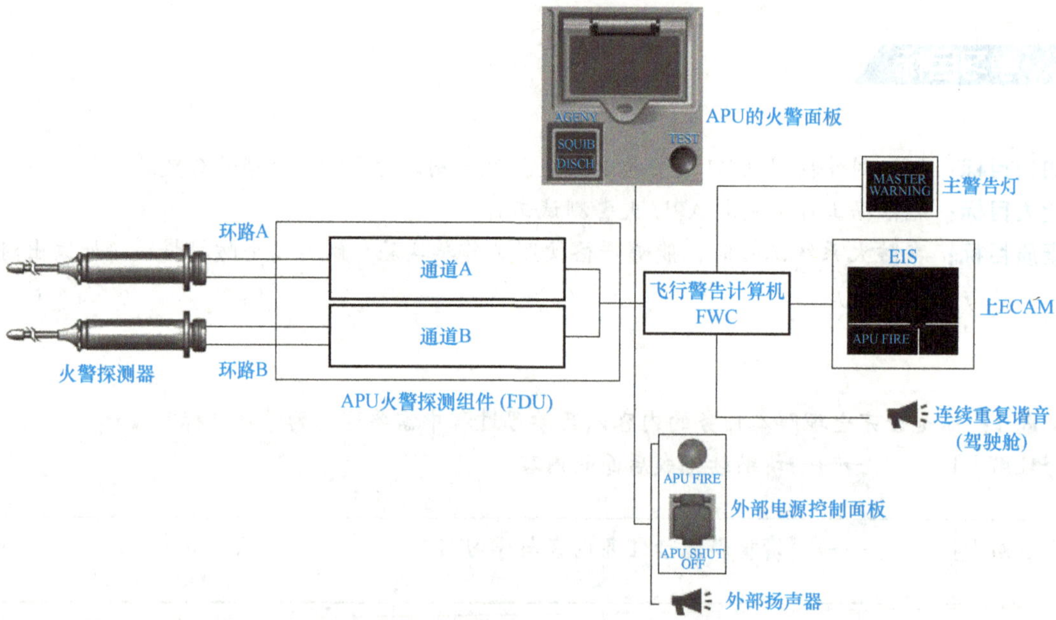

图 1-15 APU 火警探测的基本原理示意图

此时，机组或机务人员可对 APU 的火警电门人工按出。按出后，连续的报警声将消除，燃油低压活门关断，燃油电磁活门（即高压活门）关断，触发 APU 关车。如果 APU 正在向飞机供电和供气，也将切断电源和气源的输出。同时，驾驶舱中单谐音警告出现，MASTER CAUTION 灯亮，APU 主电门上的故障灯亮，如图 1-16a 所示。灭火电门上的 SQUIB 灯亮，表示灭火程序预位，灭火瓶可以释放。

如果确定出现火情，将火警电门按出后，按压灭火电门可启动灭火程序。为减少进入 APU 的气流，增加灭火剂的灭火性能，系统等待 10s 后，灭火瓶中的灭火剂被释放到 APU 舱，同时，DISCH 释放灯亮。当火熄灭后，MASTER WARNING 主警告灯和 APU 火警电门上的灯熄灭。APU 主电门也必须按出，当它按出后，APU 主电门上的故障灯及 MASTER CAUTION 灯熄灭。

当在地面探测到 APU 火警后，APU 会自动关车，灭火瓶会自动释放。APU 灭火瓶安装在 APU 防护墙前面，如图 1-16b 所示。在 APU 启动前，灭火瓶的压力可以通过机身后部左侧的红色超压指示片进行确认。红色超压指示片连接着过压释放管路，如果瓶体内压力过大，则会通过释放管路排出机外以保护机身结构，同时，红色超压指示片也会被吹掉，如图 1-16c 所示。

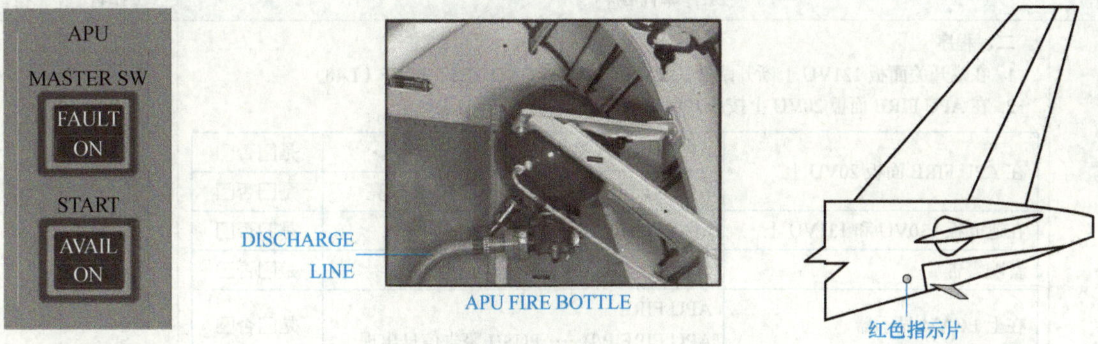

a) APU主电门　　b) APU灭火瓶　　c) 红色超压指示片

图 1-16　APU 主电门、灭火瓶和红色超压指示片

2. APU 防火系统工作注意事项

在拆装灭火瓶或爆炸帽时，必须采取必要的安全措施。灭火瓶警告：灭火瓶的爆炸帽是易爆的，在对灭火瓶进行工作前，必须先拆下爆炸帽。

在灭火瓶拆装前，必须安装保护盖，以免损坏释放膜片，否则可能会造成人员伤害。

爆炸帽警告：在对飞机通电之前，确保电路是断开的。在程序内的工作需要隔离。爆炸帽是 C 类爆炸物，必须由持证人员保管储存。报废时，必须经过批准认可。当爆炸帽电源连接器断开时，爆炸帽电插针必须使用一个厂家提供的保护分流装置进行分流。分流插塞或短路夹将防止灭火瓶释放造成人员伤害及设备损伤。

五、工作程序与标准

引导问题 2： 请按照下列工作单在虚拟维修仿真平台上完成 APU 火警测试的任务。请担当记录员的同学记录小组在完成任务的过程中出现差错或遇到困难的步骤，小组成员一起分析原因，并找出解决办法。

APU 火警测试

<table>
<tr><td>机号</td><td></td><td rowspan="3">飞机维修工作单
JOB CARD
A320 飞机 APU 火警测试</td><td>工作单号</td><td>1-2</td></tr>
<tr><td>机型</td><td>A320</td><td rowspan="2">工作区</td><td rowspan="2">模拟机教室</td></tr>
<tr><td>工时</td><td>1 课时</td></tr>
</table>

<table>
<tr><td colspan="2">工作单内容</td><td>工作者</td><td>检查者</td></tr>
<tr><td>操作步骤</td><td>一、飞机维护状态
1. 给飞机电路供电
2. 确保下列跳开关闭合</td><td></td><td></td></tr>
</table>

面板	名称	标识	位置
121VU	APU/FIRE&OVHT/DET/LOOP B	2WG	L44
	APU/FIRE&OVHT/DET/LOOP A	1WG	L43
	APU/ECB SPLY	1KD	L41
	APU/FIRE EXTIG/SQUIB B	2WF	L39
	APU/FIRE EXTIG/SQUIB A	1WF	L38
	APU/FIRE/LP VALVE/NORM	4WF	M42
	APU/FIRE/LP VALVE/STBY	3WF	M41

（续）

<table>
<tr><th colspan="2">工作单内容</th><th>工作者</th><th>检查者</th></tr>
<tr><td>操作步骤</td><td>
二、程序
1. 在跳开关面板 121VU 上断开跳开关 AUTO EXTIG GND TEST 30WF（L40）
2. 在 APU FIRE 面板 20VU 上按压并保持 APU FIRE/TEST 电门
<table>
<tr><td rowspan="2">在 APU FIRE 面板 20VU 上</td><td>APU FIRE 开关的 APU FIRE 灯亮</td><td>是□否□</td></tr>
<tr><td>AGENT 电门的 DISCH 和 SQUIB 灯亮</td><td>是□否□</td></tr>
<tr><td>在遮光板 130VU 和 131VU 上</td><td>MASTER WARN 灯亮</td><td>是□否□</td></tr>
<tr><td>音响警告</td><td>连续谐音</td><td>是□否□</td></tr>
<tr><td>在上 ECAM 显示器</td><td>APU FIRE
APU FIRE P/B……PUSH 警告信息出现</td><td>是□否□</td></tr>
</table>
3. 在 APU FIRE 面板 20VU 上松开 APU FIRE/TEST 电门
<table>
<tr><td rowspan="2">在 APU FIRE 面板 20VU 上</td><td>APU FIRE 电门的 APU FIRE 灯熄灭</td><td>是□否□</td></tr>
<tr><td>AGENT 电门的 DISCH 和 SQUIB 熄灭</td><td>是□否□</td></tr>
<tr><td>在遮光板 130VU 和 131VU 上</td><td>MASTER WARN 灯熄灭</td><td>是□否□</td></tr>
<tr><td>音响警告</td><td>连续谐音停止</td><td>是□否□</td></tr>
<tr><td>在上 ECAM 显示器上</td><td>APU FIRE
APU FIRE P/B……PUSH
警告信息消失</td><td>是□否□</td></tr>
</table>
4. 在跳开关面板 121VU 上闭合跳开关 AUTO EXTIG GND TEST 30WF（L40）
三、结束
将飞机电路断电
</td><td></td><td></td></tr>
<tr><td>分析</td><td>
请记录在完成任务的过程中，哪些步骤出现了差错，并分析原因
1. 步骤：
原因与解决办法：
2. 步骤：
原因与解决办法：
3. 步骤：
原因与解决办法：
</td><td></td><td></td></tr>
</table>

六、学习检验与反思

引导问题 3： 请同学们扫描下面的二维码，通过答题检验此次典型工作的学习效果。

引导问题 4： 请每位同学撰写学习反思，填入表 1-18 中，并与小组成员进行交流，看看是否达成学习目标。

表 1-18 学习反思清单

学习成就
请说说这节课你学习到了哪些让你觉得有用或印象深刻的内容。

（续）

合作学习
1）请根据你在团队中的合作表现，按照 1~10 等级为自己打分。 2）谈一谈你在帮助组员完成本次学习任务方面给予了哪些支持。 3）今后你会如何提升自己在小组中的表现。
学习体验
1）你对自己在本节课的学习情绪或状态满意吗？是否要做一些改变呢？ 2）你对于学习这门课有信心吗？为什么？

七、业内延伸

APU 起火时，如何紧急灭火？

辅助动力（APU）舱通常具有高温、点火源和可燃液体管路，是防火系统的关键区域。飞机的防火系统能够及时探测火情并灭火，确保飞机和乘客的安全。当需要灭火时，飞机的防火系统会断开动力装置的燃油、液压、电气和气动连接，同时使用灭火剂来扑灭火源。如果防火系统无法使用或灭火失败，消防人员可能需要通过 APU 入口板门进行灭火，但在这之前，必须确保 APU 已关车。在面对 APU 起火时，机组人员应首先尝试使用机载灭火系统。对于其他突发情况，消防人员需要了解飞机关闭程序和外部关闭装置的位置，以确保灭火安全进行。在处理 APU 火灾时需要注意以下几点：

1）直接向 APU 进风口喷射水流或泡沫未必能够有效灭火，因为 APU 是小型发动机，火灾可能扩散到发动机外部核心附件段。

2）选择清洁气体灭火剂是一种较安全的方法，如果没有清洁灭火剂，可以考虑使用泡沫。

3）最安全的灭火方式是通过驾驶舱、外部应急关断手柄或电门来关闭系统并灭火。

典型工作 3　APU 的启动与关断

一、工作情境与任务

工作情境： 现在有一架飞机等待出港，目前飞机停在远机位，没有地面电源和空调供应，因此，机务人员需完成 APU 火警测试后启动 APU，在机组到来之前提前为飞机接通电源和气源。

任务难度： ★★☆☆☆

工作类型： □日常检查　☑日常勤务　□系统测试　□故障排除　□M 项放行维护

技能岗位： 航线机电维修员、大修机电维修员、系统工程师

任务内容： 请同学们分小组在 A320 飞机虚拟维修平台上完成“APU 启动与关断”的任务：

1）学习 APU 启动与关断的系统原理，了解 APU 启动时重要监控参数的含义。

2）完成 APU 启动与关断的程序操作，了解 APU 工作时的危险区。

二、学习目标

知识目标：能识别并找到 APU 启动控制面板，说出面板上电门的功能。

能力目标：能按工作单完成 APU 启动和关闭的任务。

素质目标：了解 APU 在启动或运转过程中可能发生的故障或紧急危险情况，并能快速准确地处理。

引导问题 1：你是否完全理解本任务的内容及学习过程中需要达到的学习目标？

已完全理解 □　　→→→请继续完成后面的内容。

未完全理解 □　　→→→请重新阅读任务内容与学习目标。

三、任务分组

请同学们选择在本次任务中扮演的角色，并填入表 1-19 中。

表 1-19　小组任务分配计划表

班级		组名		组长	
组员及任务分工					
角色	姓名	任务	角色	姓名	任务
总结者			检查者		
研究者			经营者		
记录员			支持者		
观察者 / 疑难解答者					

注：如果不清楚各成员角色的任务内容，请查阅表 1《团队角色分工表》。

四、工作准备

1. APU 启动工作原理

APU 是一台安装在飞机尾部的非增压区的恒速燃气涡轮式发动机，驱动附件齿轮箱和压气机。APU 可为飞机提供电源，以及引气用于空调和增压，在地面可为主发动机启动和地面机翼防冰测试提供气源。

APU 正常操作时，启动和关断是从控制面板触发的，但受到电子控制盒（ECB）的控制和监控，APU 控制面板如图 1-17 所示。

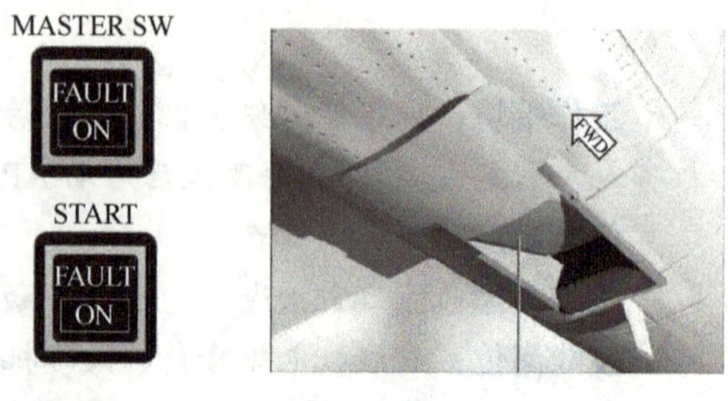

图 1-17　APU 控制面板

当 APU 主电门（MASTER SWITCH）设定到 ON 位时，可以在驾驶舱中观察到 APU 主电门“MASTER SWITCH”上 ON 灯点亮。电子控制盒（ECB）开始上电自检，EBC 给进气门作动筒发送电信号，打开进气门。APU 低压活门（燃油）打开，如果燃油压力低，燃油泵自动工作。

当 APU 控制面板上启动电门（START）接通后，ON 灯点亮。当进气门打开，上电自检完成后，电子控制盒（ECB）发出指令让启动接触器工作。启动接触器控制启动电动机工作，带动 APU 主轴开始转动。同时，点火器开始点火，还会根据滑油 / 燃油温度和高度情况决定是否打开减油电磁活门。

在 APU 的整个启动阶段，55% 转速以前是依靠起动机和涡轮剩余功率共同启动发动机；55% 转速以后，起动机脱开，依靠涡轮剩余功率继续把转速增加到 100%。APU 启动完成后，ECB 终止启动程序，并发出 AVAIL 输出指令，使 APU START 电门中的绿色 AVAIL 灯亮，蓝色 ON 灯熄灭。

引导问题 2：请同学们说一说 APU 启动时，APU 主电门和启动电门的指示灯是如何变化的？

____

____

2. APU 危险区域

在 APU 启动前，应保持 APU 危险区域无外来物和无关人员。APU 的危险区域如图 1-18 和图 1-19 所示，包括：① APU 尾喷管后 25m 以内，离地面 3m 以上，水平安定面轴线左右 1m 宽度以内的桶状区域；②以 APU 进气道中心为圆心，直径 2m 的球形区域；③滑油冷却器出口附近区域。

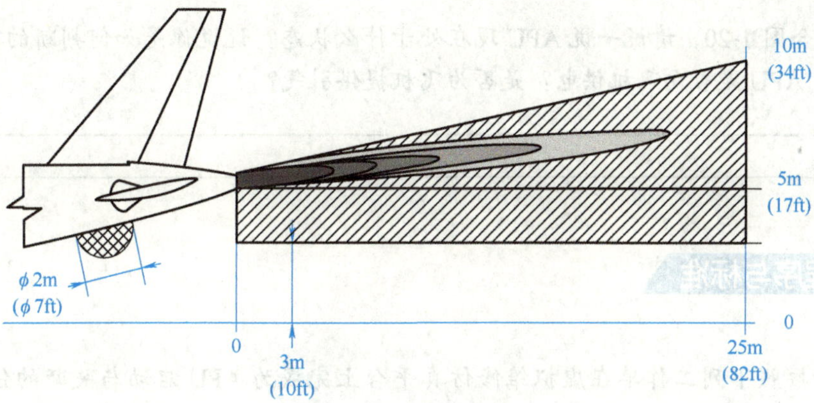

图 1-18　APU 的危险区域侧视图

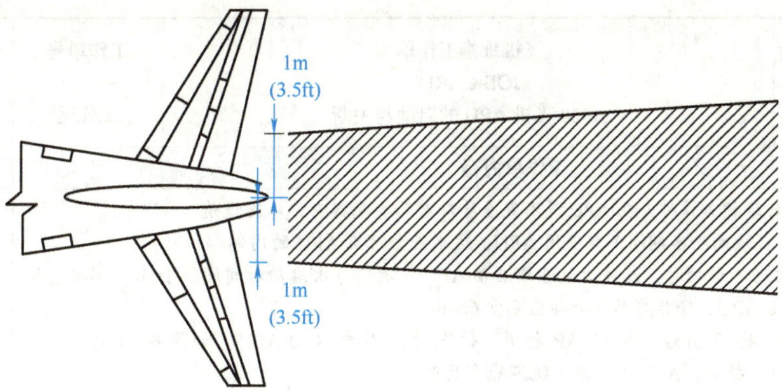

图 1-19　APU 的危险区域俯视图

引导问题 3：请结合工作单中的警告和告诫内容，说一说 APU 启动和关断工作过程中需要注意的危险有哪些。

____

____

3. APU 参数监控

在驾驶舱下 ECAM 的 APU 页面中可监视 APU 参数。如图 1-20 所示，左上角显示 APU 发电机的负载、电压和频率。当 APU 向飞机电网输出交流电时，绿色箭头出现，右上角显示引气活门位置，当引气开关接通，显示压力值，同时绿色箭头出现；当转速达到 95% 时，页面上方显示绿色“AVAIL”字样；中间部分显示 APU 转速和排气温度（EGT），运行正常时显示绿色，超速、超温则变为琥珀色或红色。APU 主电门接通时，进气门打开，绿色“FLAP OPEN”字样出现。当出现低滑油量或燃油低压时，也会出现相应的警告信息，通常以琥珀色显示。

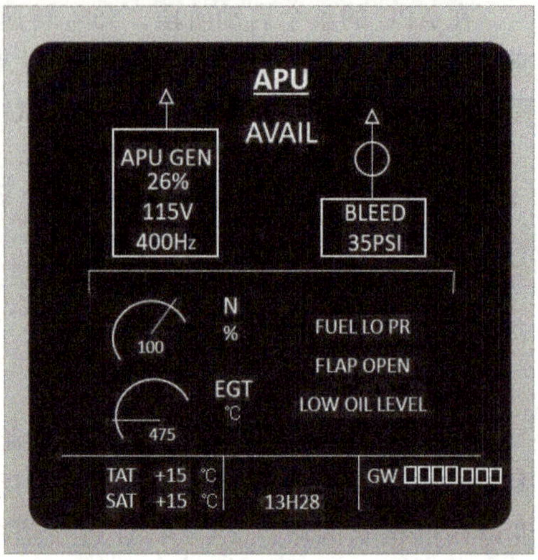

图 1-20　下 ECAM 的 APU 页面

引导问题 4： 结合图 1-20，请说一说 APU 现在处于什么状态？说说你是如何判断的？（**提示：** APU 是否启动完成？APU 是否向飞机供电？是否为飞机提供引气？）

____

____

五、工作程序与标准

引导问题 5： 请按照下列工作单在虚拟维修仿真平台上完成为 APU 启动与关断的任务。请担当记录员的同学记录小组在完成任务的过程中出现差错或遇到困难的步骤，小组一起分析原因，并找出解决办法。

APU 的启动与关断

<table>
<tr><td>机号</td><td></td><td rowspan="3" colspan="2">飞机维修工作单
JOB CARD
A320 飞机 APU 的启动与关断</td><td>工作单号</td><td colspan="2">1-3</td></tr>
<tr><td>机型</td><td>A320</td><td rowspan="2">工作区</td><td rowspan="2" colspan="2">模拟机教室</td></tr>
<tr><td>工时</td><td>1 课时</td></tr>
<tr><td colspan="5">工作单内容</td><td>工作者</td><td>检查者</td></tr>
<tr><td>操作步骤</td><td colspan="4">警告：进行维护工作时，在 APU 没有完全冷却前不要触摸它，以防烧伤
注意：1）在地面除冰期间不要使用 APU，防冰液会污染 APU 的内部
2）APU 启动不成功时，最多尝试连续启动 APU 三次，每次启动时间间隔 1min。不要尝试连续四次启动 APU，除非启动机冷却已至少 60min
3）在 APU 舱门 315AL 和 316AR 打开 / 拆下时，不要启动 APU。如果舱门 315AL 和 316AR 被打开 / 拆卸，APU 灭火瓶系统不能有效灭火
4）APU 自动关闭或 APU 启动失败后，在加油 / 抽油期间不要再次尝试启动 APU，否则可能造成人员受伤或设备损坏
一、工作准备
1. 确保危险区域内无人和设备
警告：当 APU 操作时，不要进入这些区域：
1）APU 排气管后面的区域，即排气管后面 25m 区域与地面上超过 3m 的水平安定面宽度区域范围
2）APU 进气口周围区域。进气口周围 2m（7ft）范围
3）滑油冷却空气出口区域
如在 APU 工作时进入这些区域，可能受到伤害
2. 确保 APU 舱门 315AL 和 316AR 关闭</td><td></td><td></td></tr>
</table>

（续）

<table>
<tr><th></th><th>工作单内容</th><th>工作者</th><th>检查者</th></tr>
<tr><td>操作步骤</td><td>
3. 如果在 APU 运转期间发生紧急状况或故障，立即使用下列电门启动紧急关闭程序：（确定电门位置）
1）在面板 20VU 上的 APU FIRE PUSH 电门
2）在面板 108VU 上的 APU SHUT OFF 电门
注意：如果 APU 着火、冒烟、有异常噪声、燃油或滑油渗漏，则应立即进入紧急关闭程序
二、飞机维护状态
1. 打开电子舱门 811
2. 在打开的电子舱门 811 上放置警告牌，告诉人员不要把门关上
3. 接通地面电源
4. 在 ELEC 面板 35VU 上按压 BAT 1 和 BAT 2 电门
<table><tr><td>BAT 1 和 BAT 2 电门</td><td>OFF 和 FAULT 灯熄灭</td><td>是□否□</td></tr></table>
5. 在 108VU 连接飞机内话
6. 在 AIR COND 30VU 面板上
1）确保 APU BLEED 电门在关闭位（ON 和 FAULT 灯熄灭）
2）确保 X BLEED 选择开关在 AUTO 位
7. 在面板 115VU 上，确保两个 ENG MASTER（发动机主）控制开关在 OFF 位
8. 在下 ECAM 显示器 FUEL 页，确保飞机燃油系统中有足够多的燃油
9. 在 ECAM 控制面板，按压 APU 按钮电门
<table><tr><td>在下 ECAM 显示器上</td><td>APU 页出现</td><td>是□否□</td></tr></table>
10. 完成 APU 火警系统测试
11. 确保下列跳开关闭合
<table>
<tr><th>面板</th><th>名称</th><th>标识</th><th>位置</th></tr>
<tr><td rowspan="4">49VU</td><td>APU/FUEL BLOW OFF PUMP</td><td>2QC</td><td>B14</td></tr>
<tr><td>APU/FUEL BLOW OFF CTL</td><td>1QC</td><td>K39</td></tr>
<tr><td>APU/FIRE & OVHT DET/LOOP B</td><td>2WG</td><td>L44</td></tr>
<tr><td>APU/FIRE & OVHT DET/LOOP A</td><td>1WG</td><td>L43</td></tr>
<tr><td rowspan="9">121VU</td><td>APU/APU CTL</td><td>2KD</td><td>L42</td></tr>
<tr><td>APU/ECB SPLY</td><td>1KD</td><td>L41</td></tr>
<tr><td>APU/FIRE/EXTIG/SQUIB B</td><td>2WF</td><td>L39</td></tr>
<tr><td>APU/FIRE/EXTIG/SQUIB A</td><td>1WF</td><td>L38</td></tr>
<tr><td>APU/FIRE/LP VALVE/NORM</td><td>4WF</td><td>M42</td></tr>
<tr><td>APU/FIRE/LP VALVE/STBY</td><td>3WF</td><td>M41</td></tr>
<tr><td>APU/FUEL/LP VALVE/CTL</td><td>1QF</td><td>M40</td></tr>
<tr><td>APU/FUEL/LP VALVE/SPLY</td><td>2QF</td><td>M39</td></tr>
<tr><td>APU/FUEL/PUMP CTL</td><td>3QC</td><td>M38</td></tr>
</table>
三、程序
注意：当飞机蓄电池关断时，不得运转 APU，否则将会造成：
1）如果有 APU 火警，APU 灭火瓶不能正常释放
2）APU 在关闭时不能排除余油，会在座舱中产生油气烟雾
3）不能执行 APU 的冷却程序
4）IGV 不能完全关闭，再次启动 APU 时出现故障。
注：如果 APU 用 EXT POWER（外部电源）启动，确保蓄电池转换到 ON（打开）位；否则，APU 不能正常启动和关闭
</td><td></td><td></td></tr>
</table>

（续）

	工作单内容	工作者	检查者
操作步骤	见下		

1. 在 APU 面板 25VU 上按入 APU MASTER SW 电门

在 APU 面板 25VU 上	APU MASTER SW 电门上的 ON 灯亮	是□否□

2. 在 MCDU 上从 CFDS 系统进入 SYSTEM REPORT/TEST 中 APU 菜单页

在 MCDU 上	APU 菜单页出现	是□否□

3. 在 MCDU 上按压 SERVICE DATA 行选键

在 SERVICE DATA 页	出现信息：OIL LEVEL：OK	是□否□

4. 在 MCDU 上按压 RETURN 行选键回到 APU 页

在 MCDU 上	APU 菜单页出现	是□否□

5. 在 MCDU 上按压 SYSTEM SELF-TEST 行选键

在 MCDU 上	TEST WAIT 字符然后出现 TEST OK	是□否□

6. 在 MCDU 上按压 RETURN 行选键直到 CFDS MENU 出现

在 MCDU 上	CFDS 菜单出现	是□否□

7. 在 APU 面板 25VU 上按入 APU START 按钮电门

在 APU 面板 25VU 上	APU START 电门 ON 灯亮	是□否□

8. 在 APU 启动过程中，监控下 ECAM 显示器 APU 页上的 APU 参数

在下 ECAM 的 APU 页	APU 运转参数指示在指定极限内（没有红色或琥珀色指示）	是□否□

9. 在 APU 启动成功后

在下 ECAM 的 APU 页	AVAIL 信息出现	是□否□
(同上)	APU 运转参数指示在指定极限内（没有红色或琥珀色指示）	是□否□ 是□否□
在上 ECAM 显示器上	APU AVAIL 信息出现	是□否□
在面板 25VU 上	APU START 电门 ON 灯熄灭	是□否□
(同上)	APU STAR 电门 AVAIL 灯亮	是□否□

10. 使用 APU 提供飞机电源

1）按压 ECAM 控制面板上的 ELEC 按钮

在下 ECAM 显示器上	显示 ELEC 页面	是□否□

2）在 35VU 面板上按压 EXT PWR 电门

在 35VU 面板上	EXT PWR 电门绿色 AVAIL 灯亮，蓝色 ON 灯熄灭	是□否□
在 ELEC 页面	EXT PWR 上绿色箭头转为白色	是□否□
(同上)	APU GEN 上白色箭头转为绿色	是□否□

11. 使用 APU 提供飞机气源

1）按压 ECAM 控制面板上的 BLEED 按钮

在下 ECAM 显示器上	显示 BLEED 页面	是□否□

（续）

	工作单内容	工作者	检查者
操作步骤	（见下）		

2）在 30VU 面板上按压 APU BLEED 电门

在 30VU 面板	APU BLEED 电门蓝色 ON 灯亮	是□否□
在上 ECAM 显示器上	APU BLEED 信息出现	是□否□
在下 ECAM 显示器上	APU 引气活门打开	是□否□

12. 断开 APU 气源

在 30VU 面板上按压 APU BLEED 电门

在 30VU 面板	APU BLEED 电门蓝色 BLEED 灯熄灭	是□否□
在上 ECAM 显示器上	APU AVAIL 信息出现	是□否□
在下 ECAM 显示器上	APU 引气活门关闭	是□否□

13. 断开 APU 供电

1）按压 ECAM 控制面板上的 ELEC 按钮

在下 ECAM 显示器上	显示 ELEC 页面	是□否□

2）在 35VU 面板上按压 EXT PWR 电门

在 35VU 面板上	EXT PWR 电门绿色 AVAIL 灯熄灭，蓝色 ON 灯亮	是□否□
在 ELEC 页面	EXT PWR 上白色箭头转为绿色	是□否□
	APU GEN 上绿色箭头转为白色	是□否□

14. 在 APU 面板 25VU 上按入 APU MASTER SW 电门

在 APU 面板 25VU 上	APU MASTER SW 电门上的 ON 灯灭	是□否□
在下 ECAM 上 APU 页	FLAP OPEN 信息消失	是□否□

15. 在 108VU 断开飞机内话

16. 在 ELEC 面板 35VU 上按压 BAT 1 和 BAT 2 电门

BAT 1 和 BAT 2 电门	OFF 灯亮	是□否□

四、结束工作

1. 断开地面电源系统
2. 取下电子舱门上放置的警告牌并关上电子舱门 811

分析	请记录在完成任务的过程中，哪些步骤出现了差错，并分析原因 1. 步骤： 原因与解决办法： 2. 步骤： 原因与解决办法： 3. 步骤： 原因与解决办法：		

六、学习检验与反思

引导问题 6：请同学们扫描下面的二维码，通过答题检验此次典型工作的学习效果。

引导问题 7： 请每位同学撰写学习反思，填入表 1-20 中，并与小组成员进行交流，看看是否达成学习目标。

表 1-20 学习反思清单

学习成就
请说说这节课你学习到了哪些让你觉得有用或印象深刻的内容。
合作学习
1）请根据你在团队中的合作表现，按照 1~10 等级为自己打分。 2）谈一谈你在帮助组员完成本次学习任务方面给予了哪些支持。 3）今后你会如何提升自己在小组中的表现？
学习体验
1）你对自己在本节课的学习情绪或状态满意吗？是否要做一些改变呢？ 2）你对于学习这门课有信心吗？为什么？

七、业内延伸

机智机长空中启动 APU，成功水上迫降

2009 年 1 月 15 日，切斯利·萨利·萨伦伯格机长执飞全美航空 1549 号航班。在起飞爬升过程中，飞机遭加拿大黑雁撞击，导致双发引擎熄火，彻底失去动力。机组确定无法抵达附近机场后，在哈德逊河上成功迫降，155 名乘客和机组人员全部生还，创造了零死亡的“哈德逊河奇迹”，这一事迹后来被拍摄成电影《萨利机长》。

调查发现，此次成功迫降除了机长熟练的技艺、丰富的经验、冷静的心理素质和飞机的设计外，机长做出了一个非常重要的决策：启动了飞机的辅助动力系统（APU）。商用客机的电力主要来自发动机，一旦发动机熄火，电子系统就会失去供电。APU 作为紧急发电机，可以维持飞机的关键系统运行，保证飞行表和仪器正常工作。同时，它还为飞行控制计算机提供电力，使飞机保持在安全的飞行包线内，即使飞行员做出有危险性的操作，计算机也会调整飞机的姿态，避免失速。虽然 1549 号航班飞行速度低于失速速度，但 A320 的飞行控制计算机不断发出控制信号，确保飞机的安全飞行。

因为机长启动了辅助动力系统（APU），使飞机计算机系统保持正常运行，为自己和乘客建起了一道坚固的安全保障。

在生死攸关的危急时刻，决策者的勇敢、智慧和正确的决策不仅能为困境提供解决方案，更能成为希望之光。

模块二

飞机液压系统典型工作任务

典型工作 1　液压系统部件识别与检查
典型工作 2　液压动力转换组件（PTU）测试
典型工作 3　蓝液压系统电动泵操作测试
典型工作 4　液压系统故障排除

典型工作 1　液压系统部件识别与检查

一、工作情境与任务

工作情境： 现在有一架飞机执行完当天最后一个航班，开始进行航后工作，根据工作单要求，需对液压系统主要部件进行检查。经常遇到的问题有：某个液压油箱油量不足，或有些管路接头漏油。请大家认真检查。

任务难度： ★★☆☆☆

工作类型： ☑日常检查　□日常勤务　□系统测试　□故障排除　□M 项放行维护

技能岗位： 航线机电维修员、大修机电维修员、系统工程师

任务内容： 请同学们分组在 A320 飞机虚拟维修平台上完成以下任务：

1）在 3D 飞机上找到各系统液压油箱、液压泵及其他部件。

2）说出上述各部件的功能和检查点。

二、学习目标

知识目标： 能识别出飞机液压系统的重要部件。

能力目标： 了解液压系统部件常见故障现象，能评估飞机液压系统部件的状态是否正常。

素质目标： 了解液压油对人体的危害、相关安全防护措施及紧急处理措施。

三、任务分组

请同学们选择在本次任务中扮演的角色，并填入表 2-1 中。

表 2-1　小组任务分配计划表

班级		组名		组长	
组员及任务分工					
角色	姓名	任务	角色	姓名	任务
总结者			检查者		
研究者			经营者		
记录员			支持者		
观察者 / 疑难解答者					

注：如果不清楚各成员角色的任务内容，请查阅表 1《团队角色分工表》。

四、工作准备

1. 液压系统介绍

空客 A320 飞机有三套主液压系统，分别用绿、蓝、黄液压系统来表示。这三套液压系统为飞机的飞行操纵系统、起落架系统、货舱门、刹车和反推系统提供 3000psi（$1psi=1bf/in^2=6.895kPa$）的液压

动力。在空中时，提供到货舱门、刹车、起落架和前轮转弯的液压力会被抑制。三套液压系统彼此独立，有各自独立的液压油箱用于储存液压油。液压油不会在三套液压系统中交换，这样，在出现发动机失效、爆胎或其他损伤时，对液压系统的影响可以降到最低。

绿液压系统（简称绿系统）由 1 号发动机驱动泵（ENGINE DRVIEN PUMP，EDP）进行增压。黄液压系统（简称黄系统）由 2 号发动机驱动泵进行增压，在发动机驱动泵失效时，也可由黄系统电动液压泵进行增压。蓝液压系统（简称蓝系统）由一个电动液压泵进行增压，在紧急情况下，由冲压空气涡轮进行增压。另外，动力转换组件可以实现黄、绿液压系统双向动力传递。

地面液压源可以通过地面勤务面板内的液压接头为系统提供液压力，以便于地面维护。在发动机不工作的情况下，黄系统和蓝系统通过各自的电动液压泵提供液压力，绿系统通过动力转换组件可以使用黄系统电动液压泵提供的液压力。

引导问题 1：请同学们在图 2-1 所示方框中填入各部件的名称。

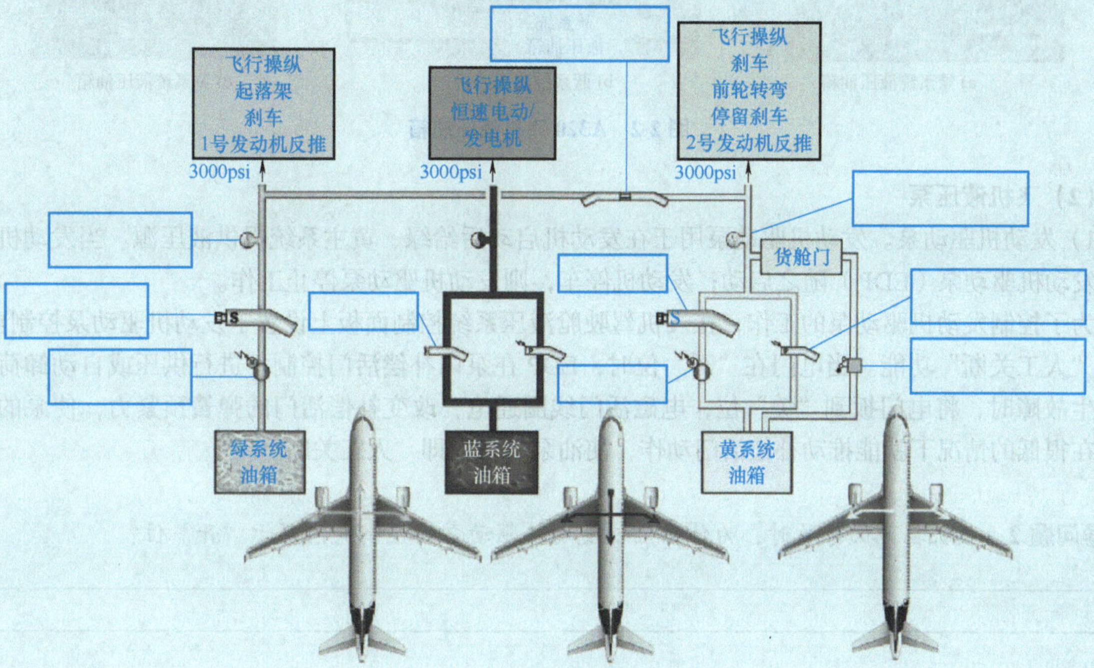

图 2-1　空客 A320 飞机液压系统结构图

2. 典型液压部件介绍与识别

（1）液压油箱

1）部件位置。绿、蓝、黄三个液压系统的液压油箱所在位置不同，绿系统和黄系统的液压油箱都在各自的液压舱中，绿系统液压油箱位于主起落架舱中，黄系统液压油箱在主起落架舱前方右侧机腹整流罩内的黄液压舱中。而蓝系统液压油箱则不在蓝系统液压舱内，而是位于蓝系统勤务面板，即主起落架舱后方左侧机腹整流罩内。

2）油箱容量。液压油箱的正常容量是指加注液压油到正确液位时的容量，液压油箱还预留一定空间，以容纳飞机顶升时液压系统中的液压油回流。另外，当液压油箱中的油量过低时，会在驾驶舱有低油量警告指示。各系统液压油箱容量见表 2-2。

3）油箱增压。为了避免液压泵出现气塞，需要对三个液压油箱进行预增压。1 号发动机高压压气机引气将三个油箱增压到 50psi。在每个液压油箱的供给总管上都有一个单向活门，确保在地面发动机关车后保持油箱压力 12h，或在飞行过程中供气系统故障时保证油箱 3h 的增压，如图 2-2 所示。

表 2-2 液压油箱容量

液压油箱	正常容量 /L	最大容量 /L	低油量警告 /L
绿	14	18	<3.0 ± 0.4
蓝	6	8	2.0~2.3
黄	12	18	<3.0 ± 0.4

a) 绿系统液压油箱　b) 蓝系统液压油箱　c) 黄系统液压油箱

图 2-2 A320 飞机液压油箱

（2）飞机液压泵

1）发动机驱动泵。发动机驱动泵用于在发动机启动后给绿、黄主系统提供液压源。当发动机启动时，发动机驱动泵（EDP）随之启动；发动机停车，则发动机驱动泵停止工作。

为了控制发动机驱动泵的工作，在飞机驾驶舱液压系统控制面板上设置了发动机驱动泵控制电门，提供“人工关断”功能。当电门在“开”位时，EDP 在泵内补偿活门控制下进行供压或自动卸荷；当泵发生故障时，将电门扳到“关”位，电磁活门线圈通电，改变补偿活门的弹簧预紧力，使泵的出口压力在很低的情况下就能推动补偿活门动作，使油泵卸荷，即“人工关断”。

引导问题 2： 飞机在地面停放时，为什么应使发动机驱动泵的控制电门置于“开”位？

____

____

2）电动液压泵。如图 2-3 所示，电动液压泵安装在液压舱里面。我们平常在地面维护时，操纵液压系统是通过主电动泵来给系统供压，A320 飞机有黄电动泵和蓝电动泵，绿系统没有电动泵。电动液压泵由交流电动机驱动，对于双发飞机，为了保证液压系统供压的可靠性，电动液压泵采用对侧发动机的发电机供电。

引导问题 3： A320 飞机哪些液压系统有电动泵？由哪种飞机电源为电动泵供电？有什么特点？

____

____

3）动力转换组件。动力转换组件（PTU）是一种特殊形式的液压泵，实际上是一个液压马达和泵的组合件，如图 2-4 所示。工作时，利用某一个液压系统驱动 PTU 中的液压马达转动，液压马达带动泵转子转动，从另一个液压系统吸油，建立压力。PTU 的工作条件：黄、绿系统压差大于 500psi。

引导问题 4： PTU 能正常工作的条件是什么？

____

____

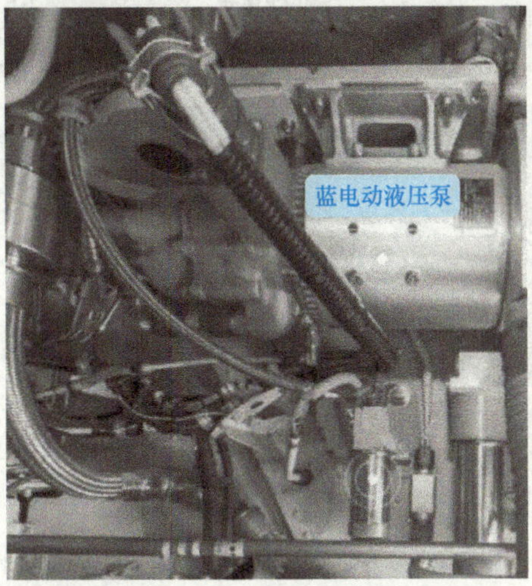

图 2-3　蓝系统电动液压泵

图 2-4　动力转换组件

技术前沿

国产大飞机 C919 液压系统设计走在国际领先水平

国产大飞机 C919 采用了额定压力为 5000psi 的液压系统。目前，只有少数机型如 A380、A350XWB 和 B787 等民航客机的液压系统达到了这一压力水平。

使用 5000psi 的液压系统可以通过直径更小的软硬管路传输液压动力。细管路的重量更轻，配合体积更小的液压系统元件（如作动筒、活门和接头组件），可以进一步降低整个液压系统的重量（质量）。由于输出压力提高，系统能以较低的输出流量实现相同的功率。因此，5000psi 的系统可以选择更小、更轻的油泵。采用更小、更轻部件集成的液压系统可以减轻数百至数千磅（具体数值取决于飞机大小），可实现节油和提高能效的目标。

5000psi 的液压系统对液压泵、蓄压器、过滤设备和密封系统的材料和生产工艺提出了更高的要求。为了应对严苛的腐蚀、温度和压力挑战，需采用高性能的密封材料和密封产品，如碳纤维、Kevlar™耐高压纤维和钛合金，以大幅度减小液压部件的尺寸和重量，并满足所需的压力要求。

3. 识别液压系统部件及检查危险源

引导问题 5： 在执行液压系统相关工作时，有哪些安全注意事项？

____

____

五、工作程序与标准

引导问题 6：请同学们根据工作单的指引在虚拟仿真平台上完成维修任务。

<table>
<tr><td>机号</td><td></td><td rowspan="3">飞机维修工作单
JOB CARD
A320 飞机典型液压部件检查</td><td>工作单号</td><td colspan="2">2-1</td></tr>
<tr><td>机型</td><td>A320</td><td rowspan="2">工作区</td><td colspan="2" rowspan="2">模拟机教室</td></tr>
<tr><td>工时</td><td>1 课时</td></tr>
<tr><td colspan="4">工作单内容</td><td>工作者</td><td>检查者</td></tr>
<tr><td>操作步骤</td><td>1. 液压油箱
在模拟机上找到如图 2-5 所示的绿、蓝、黄系统液压油箱。根据以下检查点检查油箱油量和预增压压力
检查点 1：绿系统液压油箱正常添加油量为 14L，最大可测量油量为 18L；低油量警告值为 (3.0 ± 0.4) L。油箱增压压力 p=50psi。p< (22 ± 1.45) psi 时，会有低压警告；p>25psi 时告警消失
检查点 2：蓝系统液压油箱正常添加油量为 6 L，最大可测量油量为 8 L；低油量警告值为 2.0~2.3L，油箱增压压力 p = 50psi，防止 EDP 进口气穴。p< (22 ± 1.45) psi 时，会有低压警告；p>25psi 时告警消失</td><td colspan="2">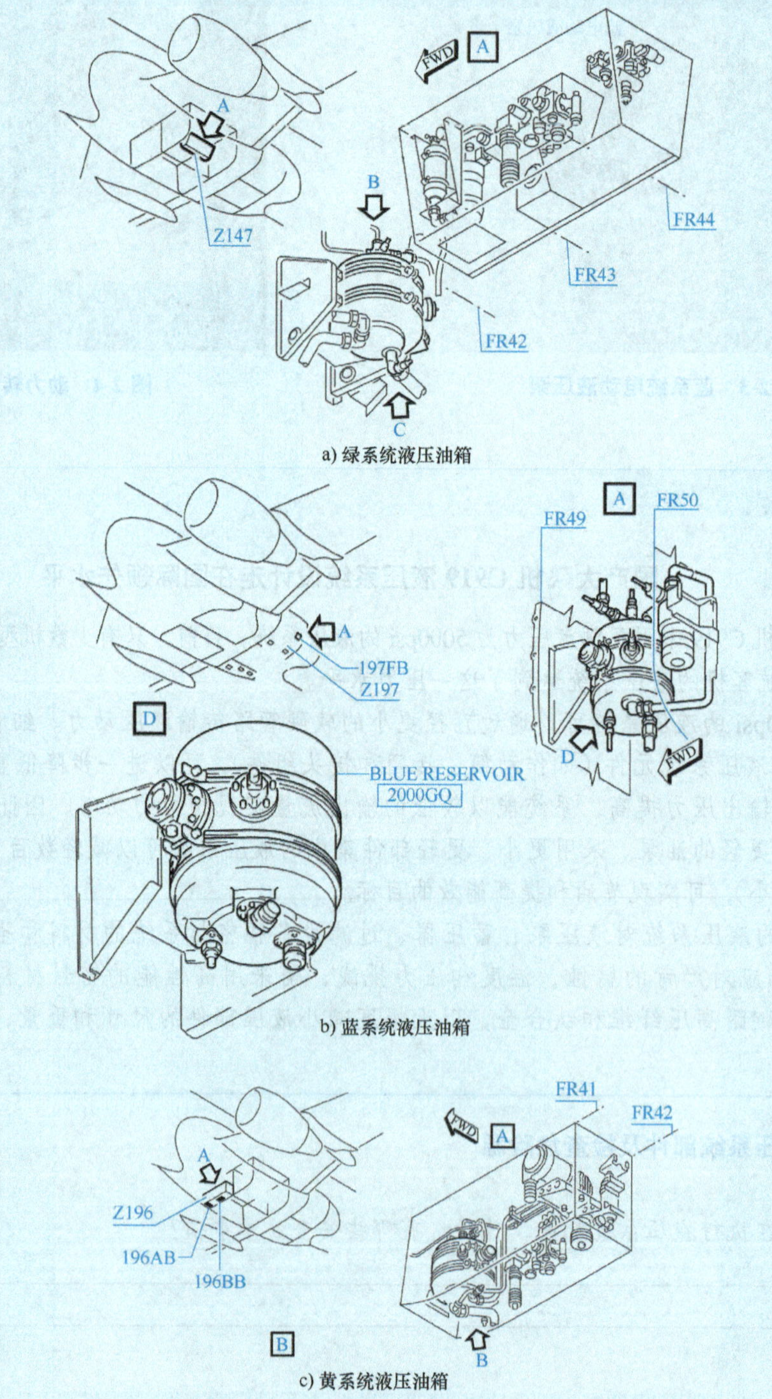

a) 绿系统液压油箱
b) 蓝系统液压油箱
c) 黄系统液压油箱
图 2-5　液压油箱</td><td></td><td></td></tr>
</table>

（续）

工作单内容			工作者	检查者
	检查点3：黄系统液压油箱正常添加油量为12L；最大可测量油量为18L；低油量警告值为（3.0±0.4）L。油箱增压压力 p=50psi	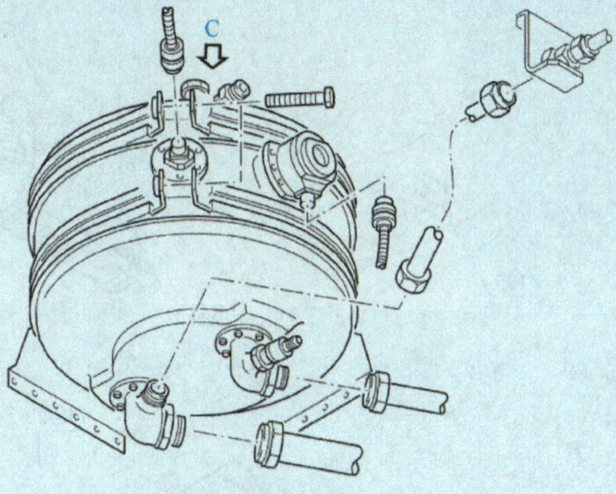 c）黄系统液压油箱（续） **图2-5　液压油箱（续）**		
操作步骤	**2. 发动机驱动泵**（EDP） 在模拟机上找到发动机驱动泵，如图2-6所示，根据以下检查点进行检查： **检查点1**：确保发动机驱动泵壳体没有渗漏 **检查点2**：确保飞机在地面停放时，驾驶舱头顶板发动机驱动泵的控制电门置于“开”位	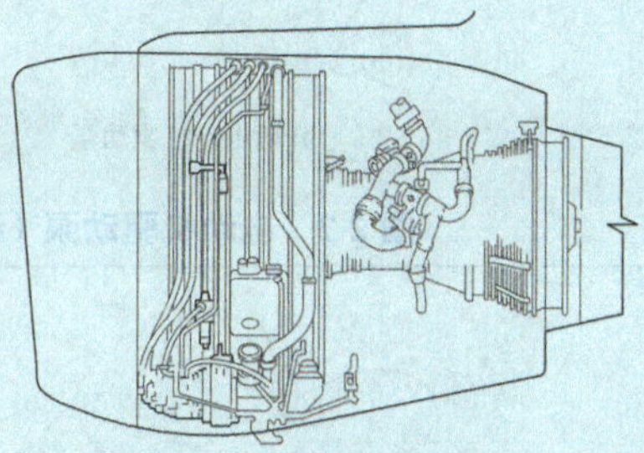 **图2-6　发动机驱动泵**		
	3. 电动机驱动泵 在模拟机上找到黄电动机驱动泵和蓝电动机驱动泵，如图2-7所示。根据以下检查点进行检查	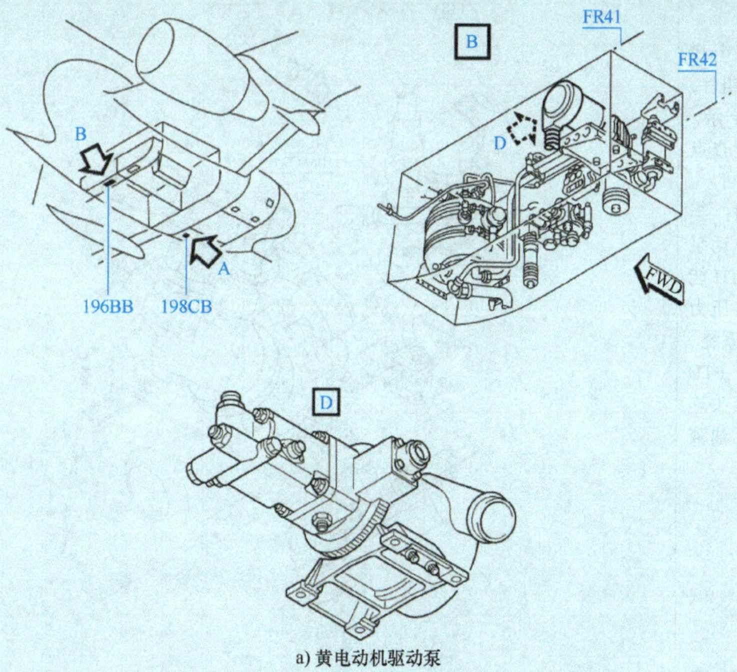 a）黄电动机驱动泵 **图2-7　电动机驱动泵**		

（续）

		工作单内容	工作者	检查者
操作步骤	**检查点 1：**确保黄、蓝电动机驱动泵管路连接正常，无油液渗漏 **检查点 2：**在驾驶舱确保电动机驱动泵电门关闭	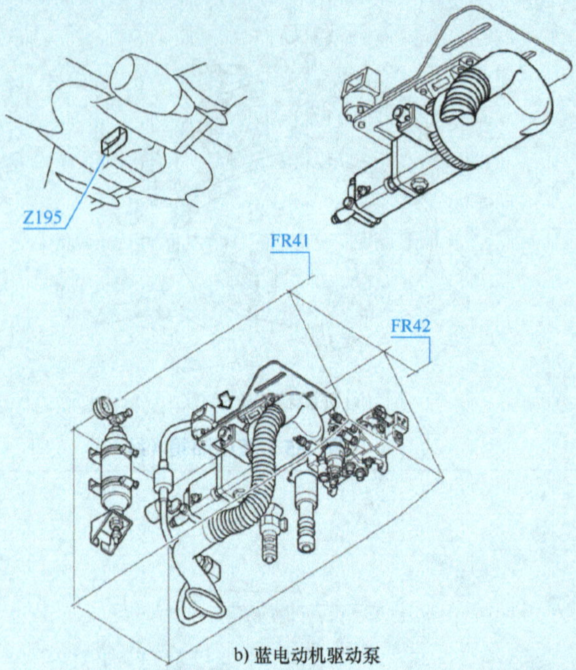 b) 蓝电动机驱动泵 **图 2-7　电动机驱动泵（续）**		
	4. 动力转换组件（PTU） 在模拟机上找到动力转换组件，如图 2-8 所示，根据以下检查点进行检查 **检查点 1：**当黄电动机驱动泵工作时，PTU 能够工作，将压力传给绿液压系统 **检查点 2：**PTU 各管路、接头连接正常，无油液渗漏	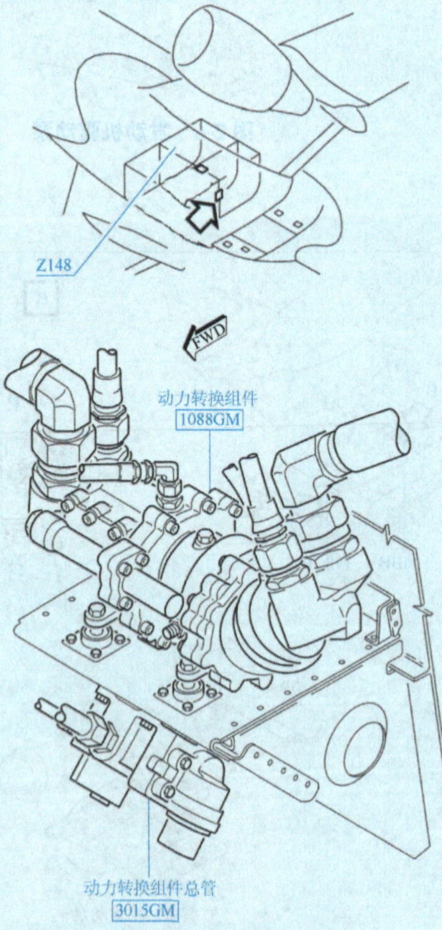 **图 2-8　动力转换组件**		

（续）

工作单内容		工作者	检查者
分析	请记录在完成任务的过程中哪些步骤出现了差错，并分析原因 1. 步骤： 原因与解决办法： 2. 步骤： 原因与解决办法： 3. 步骤： 原因与解决办法：		

六、学习检验与反思

引导问题 7：请同学们扫描下面的二维码，通过答题检验此次典型工作的学习效果。

引导问题 8：请每位同学撰写学习反思，填入表 2-3 中，并与小组成员进行交流，看看是否达成学习目标。

表 2-3　学习反思清单

学习成就
请说说这节课你学习到了哪些让你觉得有用的内容。
合作学习
1）谈一谈你在帮助组员完成本次学习任务方面给予了哪些支持。 2）今后你会如何提升自己在小组中的表现？
学习体验
1）你对自己在本节课的学习情绪或状态满意吗？是否要做一些改变呢？ 2）你对于学习这门课是否更有信心呢？为什么？

七、业内延伸

史上伤亡人数众多的空难——日航 123 航班

1985 年 8 月 12 日，日本航空 123 号班机空难发生，这是航空史上第二大严重空难，涉及单一飞机的死伤人数众多，共导致 520 人丧生。该班机原计划从东京国际机场飞往大阪国际机场，使用的是波音 747-100SR 型客机——一种为日本国内航线专门设计的短程高承载式客机。该客机的经济舱配置非常密集，载客量远高于普通 747 型客机，这便是这次空难伤亡惨重的原因，导致了日本史上伤亡最严重、世界上单一飞机死伤人数当时最多的空难。

空难的根本原因可以追溯到空难发生前 7 年，当时该飞机曾发生机尾擦地事故。然而，波音公司在维修机体受损部位时犯了技术错误，这个错误最终导致了空难的发生。在事故发生时，飞机的尾端机体因金属疲劳而爆裂，连带损坏了尾翼，导致液压系统失效，飞行员无法控制飞机，最终导致飞机坠毁。这次空难之后，对于日本自卫队的搜救工作也产生了争议，因为搜救行动被认为是迁延和消极怠工，导致部分幸存乘客最终不治身亡。最终，这次空难只有 4 名乘客生还，而原本还有一些乘客在坠毁后数小时内仍然存活。

调查显示，飞机尾部的维修错误导致金属疲劳的不断积累，而在飞机爬升至 7000m 左右高空时，压力壁面板的金属疲劳达到了极限，无法承受气压差，最终爆裂。这导致机舱内发生爆炸减压，高压空气冲进机尾，吹掉了垂直尾翼，并扯断了主要的液压管线，导致机组无法控制飞机。在这之前的波音飞机中，操纵系统都采用液压机械式，一旦液压系统失效，飞行操纵系统将失去动力，飞机将无法控制。在这次事故中，断裂的垂尾还拉断了液压管路，导致液压油不断泄漏，最终飞行员完全失去了对飞机的控制，造成了这场悲剧。

事故后，波音公司对 747 客机进行了改进，为防止液压系统失效，在每架 747 客机的升降舵和方向舵上加装了液压保险。这次空难也对日本航空和波音公司产生了深远影响，波音公司备受指责，而日本航空的声誉受损。日本航空的董事长因事故引咎辞职，公司的维修部经理、基层职员以及一名波音工程师也因愧疚自杀，尽管他们与事故原因并无直接关联。

这次空难对航空界产生了深远影响，促使飞行员和机组人员研究了液压控制失效下的应对措施。例如，1989 年苏城（美国爱荷华州）空难中，机组人员成功将飞机带回机场，尽管飞机最终翻覆，但大部分乘员仍幸存。另外，2003 年的 DHL 货机巴格达遇袭事件是航空史上第一次大型喷气民航机在完全失去液压控制的情况下成功降落，这些都是吸取了日本航空 123 号班机空难的教训。

典型工作 2　液压动力转换组件（PTU）测试

一、工作情境与任务

工作情境： 现有一架飞机定检时根据工作单要求更换了液压动力转换组件（Power Transfer Unit，PTU），需要对 PTU 进行测试，验证 PTU 工作情况，确保液压系统工作。正常情况下，一名机务人员须在驾驶舱进行 PTU 功能测试操作，另一名机务人员须在主轮舱观察 PTU 本体接头是否有漏油情况发生。**注意：** 这项工作一定不能一个人完成！一定要带上你的小伙伴哦！

任务难度： ★★★☆☆

工作类型： □日常检查　□日常勤务　☑系统测试　□故障排除　□M 项放行维护

技能岗位： 航线机电维修员、大修机电维修员、系统工程师

任务内容： 请同学们分组在 A320 飞机虚拟维修平台上完成“PTU 系统测试”任务：

1）学习 PTU 的工作原理，并了解其工作抑制和解除抑制的条件。

2）完成 PTU 系统测试的程序操作。

二、学习目标

知识目标： 熟悉驾驶舱液压面板和 ECAM 液压页面显示内容及其背后原理。

能力目标： 熟练完成 PTU 系统测试。

素质目标： 了解飞机液压系统进行增压工作时可能出现的风险，做好对应的安全措施；了解液压系统增压可能导致飞机飞控系统作动，增压前，必须与整架飞机其他人员进行良好的沟通，确保人员及飞机的安全。

三、任务分组

请同学们选择在本次任务中扮演的角色，并填入表 2-4 中。

表 2-4　小组任务分配计划表

班级		组名		组长	
组员及任务分工					
角色	姓名	任务	角色	姓名	任务
总结者			检查者		
研究者			经营者		
记录员			支持者		
观察者 / 疑难解答者					

注：如果不清楚各成员角色的任务内容，请查阅表 1《团队角色分工表》。

四、工作准备

1. 动力转换组件（PTU）的工作原理及抑制条件

（1）PTU 的工作原理

空客 A320 飞机的动力转换组件是一个双向动力转换装置，这是与波音 737NG 飞机（只能从 A 系统向 B 系统单向转换）的区别之处。当黄系统和绿系统中任何一个出现故障导致低压时，另一个系统可以通过 PTU 给其增压。例如，黄系统出现低压，绿系统会通过 PTU 给黄系统增压，如果绿系统出现低压，黄系统也会通过 PTU 给绿系统增压。当绿系统和黄系统的管路压差超过 500psi 时，PTU 将自动运转。当发动机没有启动时，PTU 也允许黄系统的电动泵给绿系统增压。图 2-9 所示是 PTU 工作 / 抑制原理图。

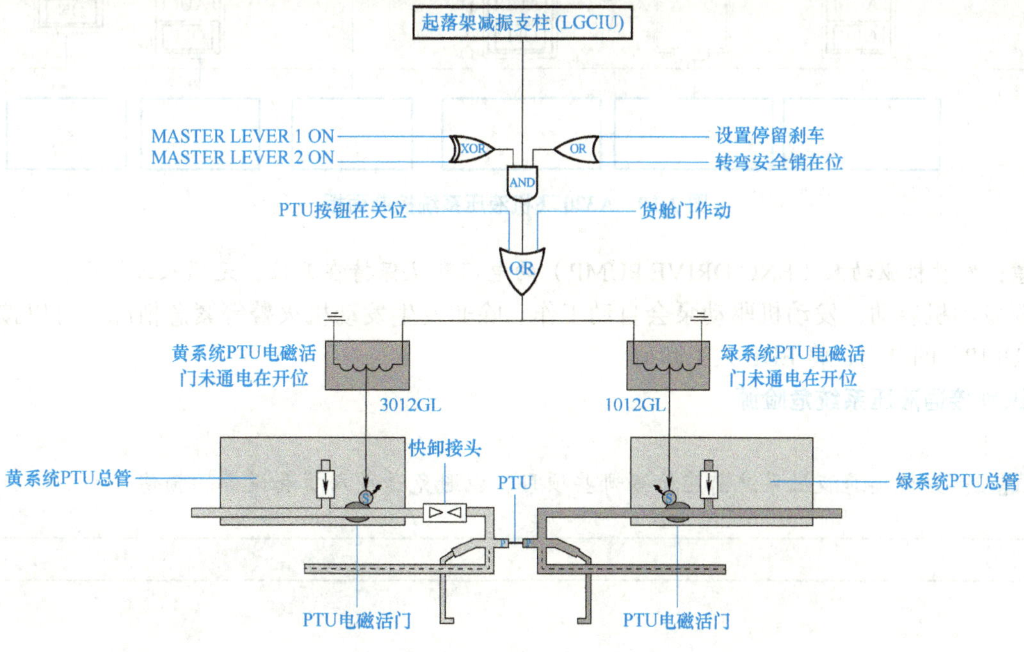

图 2-9　PTU 工作 / 抑制原理图

（2）PTU 抑制

当出现一些特定情况时，即使压差超过 500psi，PTU 也不会自动工作。如图 2-9 所示，PTU 抑制是通过关断 PTU 总管上的电磁活门实现的（如果电磁活门失效，会保持在开位）。须进行维护操作时，也可以断开黄系统 PTU 总管上的快卸接头。以下为 PTU 抑制的条件：

1）操作货舱门时。

2）PTU 的电门在关位。

3）以下情况全部满足时（见图中“与门”）：

① 飞机在地面，起落架减振支柱压缩信号传给起落架控制和接口组件（Landing Gear Control and Interface Unit，LGCIU）。

② 一台发动机启动。

③ 停留刹车在刹车位或在拖飞机期间前轮转弯脱开（例如，第一台发动机启动向后推飞机时）。

注意：如果两台发动机都运转 PTU 抑制逻辑激活，且当一台发动机运转时，PTU 保持激活。

（3）PTU 抑制解除

当 PTU 自动抑制后，应如何自动解除抑制呢？系统中有一个 20s 继电器，当下列一个条件满足时，20s 之内 PTU 不再抑制。

1）飞机在地面。

2）双发停车。

3）相关液压系统没有探测到低压。

2. 认识液压系统控制面板

引导问题 1：请同学们在图 2-10 所示液压系统控制面板的空白方框中填写相应电门的名称，并说出各个电门的作用。

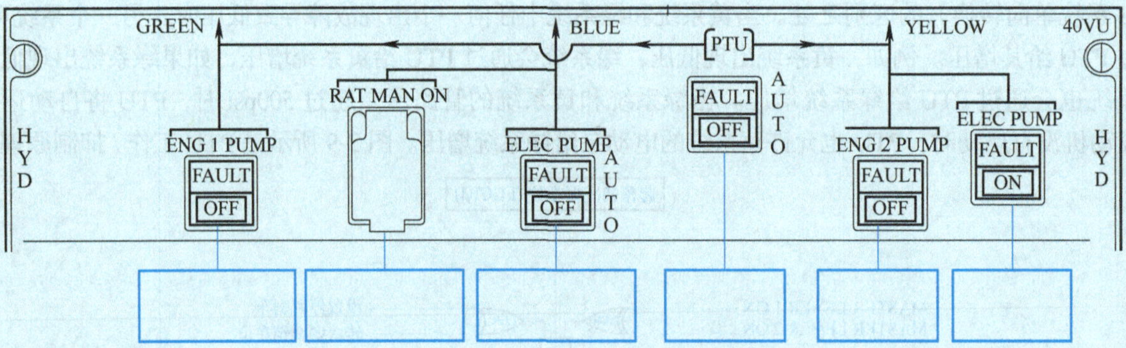

图 2-10 A320 飞机液压系统控制面板

注意：发动机驱动泵（ENG DRIVE PUMP）的电门默认保持在开位，无须人工打开。

只要发动机启动，发动机驱动泵会自动工作。除非发生发动机火警等紧急情况，可以按压对应“ENG PUMP”的电门，将 EDP 人工卸荷。

3. 识别接通液压系统危险源

引导问题 2：分析接通液压系统前应检查哪些项目，以避免造成人员和设备的损伤。

____

____

引导问题 3：如何避免接通液压系统时造成的人员和设备损伤？

____

____

五、工作程序与标准

引导问题 4：请同学们根据工作单的指引在虚拟仿真平台上完成维护任务。

PTU 测试

<table>
<tr><td>机号</td><td></td><td rowspan="3">飞机维修工作单
JOB CARD
A320 飞机液压动力转换组件（PTU）测试</td><td>工作单号</td><td>2-2</td></tr>
<tr><td>机型</td><td>A320</td><td rowspan="2">工作区</td><td rowspan="2">模拟机教室</td></tr>
<tr><td>工时</td><td>1 课时</td></tr>
</table>

	工作单内容	工作者	检查者
操作步骤	见下		

一、工作准备

1. 给飞机电路供电
2. 在面板 115VU 上
- 确保两个 ENG MASTER（发动机主）控制开关在 OFF 位
3. 在 ECAM 控制面板的中央操纵台上压入 HYD 按钮
- 确保下 ECAM 的 HYD 页出现
4. 确保 ECAM 没有显示下列警告中的任何一种
1）黄、绿和蓝系统液压油箱气压低
2）黄、绿和蓝系统液压油箱油量低

二、PTU 测试

警告：1）遵守液压安全预防措施
2）增压 / 释压一个液压系统之前，确保飞行操纵舵面的运行范围内无障碍
3）如液压油供给不够，不得操作电动泵或 PTU。操作电动泵、PTU 之前，确保液压油箱有足够的空气压力

1. 确保下列跳开关闭合

面板	名称	标识	位置
121VU	HYDRAULIC/SOL VALVES/G/Y/B/LEAK/TST	1881GP	N35
	HYDRAULIC/HYD POWER/Y	3803GX	N30
123VU	Y HYD/ELEC/PUMP	3802GX	AB06
	Y HYD/ELEC/ELEC PUMP/NORM	3801GX	AB03

2. 在面板 40VU 按压 ELEC PUMP 电门，电门上 ON 灯点亮

下 ECAM 显示器 HYD 页	PTU 正常工作	是□否□
	黄液压系统的压力为（3000 ± 150）psi	是□否□
	绿液压系统的压力为（3000 ± 150）psi	是□否□

3. 在面板 40VU 上按压 PTU 电门，PTU 电门上的 OFF 灯亮

下 ECAM 显示器 HYD 页	PTU 指示为 OFF	是□否□
	绿液压系统逐渐降低到 0psi	是□否□

4. 在面板 40VU 上按压 PTU 电门，PTU 电门上的 OFF 灯灭

下 ECAM 显示器 HYD 页	PTU 恢复正常工作	是□否□
	绿液压系统的压力为（3000 ± 150）psi	是□否□

（续）

<table>
<tr><th></th><th>工作单内容</th><th>工作者</th><th>检查者</th></tr>
<tr><td>操作
步骤</td><td>5. 在面板 115VU 上把任意一个 ENG MASTER 控制开关设置到 ON 位
<table><tr><td rowspan="2">下 ECAM 显示器 HYD 页</td><td>PTU 指示为 OFF</td><td>是□否□</td></tr><tr><td>绿液压系统逐渐降低到 0psi</td><td>是□否□</td></tr></table>6. 在面板 115VU 上把两个 ENG MASTER 控制开关设置到 OFF 位
<table><tr><td rowspan="2">下 ECAM 显示器 HYD 页</td><td>PTU 恢复正常工作</td><td>是□否□</td></tr><tr><td>绿液压系统的压力为（3000 ± 150）psi</td><td>是□否□</td></tr></table>7. 在面板 40VU 上按压 ELEC PUMP 电门，电门上 ON 灯熄灭
- 下 ECAM 绿、黄液压系统压力逐渐降低到 0psi
三、结束工作
断开地面电源系统</td><td></td><td></td></tr>
<tr><td>分析</td><td>请记录在完成任务的过程中哪些步骤出现了差错，并分析原因
1. 步骤：
原因与解决办法：
2. 步骤：
原因与解决办法：
3. 步骤：
原因与解决办法：</td><td></td><td></td></tr>
</table>

六、学习检验与反思

引导问题 5：请同学们扫描下面的二维码，通过答题检验此次典型工作的学习效果。

引导问题 6：请每位同学撰写学习反思，填入表 2-5 中，并与小组成员进行交流，看看是否达成学习目标。

表 2-5 学习反思清单

学习成就
请说说这节课你学习到了哪些让你觉得有用的内容。
合作学习
1）谈一谈你在团队合作完成任务的过程中做的哪些事情履行了自己的角色职责。 2）今后你会如何提升自己在小组中的表现？
学习体验
1）你对自己在本节课的学习情绪或状态满意吗？是否要做一些改变呢？ 2）你对于学习这门课是否更有信心呢？为什么？

七、业内延伸

2019 年 5 月，某航 B747 飞机执行航班，飞机起飞后不久接机组报告：“起落架收上到位后，驾驶舱有倾斜作动筒信息，AHM——Aircraft Health Monitoring（飞机健康管理）上显示有左机身起落架主备倾斜传感器失效信息。”机组根据快速检查单（Quick Reference Handbook，QRH）重新收放起落架后仍未能消除信息，经与地面技术人员共同评估，决定放油返航，最终飞机安全落地。落地后，机务人员目视起落架机械结构正常。

注：AHM 是波音公司开发的使用飞机实时数据来帮助飞机排故、提供历史排故数据的系统，其中的实时故障管理模块将飞行中的信息传递给地面站进行诊断，为客户提供快速排故决策。工程师根据 AHM 系统提供的故障等级和排故方案，可以对排故停场时间进行评估，并对后续航班计划及时进行决策或调整，按需安排维修工作并提前部署必要的人员、航材、工装和设备。

经调查发现，起落架问题源于起飞后，左机身起落架液压软管渗油，导致收起落架后出现倾斜作动筒信息。液压软管位于机身起落架小车架线缆保护盒下部，存在液压软管与附近保护盒相磨情况，最终导致液压软管磨损渗油。

这一事件凸显出民航安全的重要性，提醒我们“安全第一”的理念。正如杰出的安全专家所说：“安全不是一个选择，而是一种习惯。”在维护飞机安全方面，细致的检查和维修工作至关重要，因为漏检和低质量维护可能导致严重事故。

典型工作 3　蓝液压系统电动泵操作测试

一、工作情境与任务

工作情境：现有一架飞机执行航班结束后，机组人员向机务反映，在飞行过程中出现蓝液压系统压力低的情况，现组织当班机务对液压系统的蓝液压系统进行操作测试，如测试不通过，立即对系统进行深入排查。蓝液压系统是应急系统，一定不能出故障，否则飞机不能放行。

任务难度：★★☆☆☆

工作类型：□日常检查　□日常勤务　☑系统测试　□故障排除　□M 项放行维护

技能岗位：航线机电维修员、大修机电维修员、系统工程师

任务内容：请同学们分组在 A320 飞机虚拟维修平台上完成“蓝液压系统电动泵操作测试”任务：

1）学习蓝液压系统的工作原理，并了解其电动泵工作抑制和解除抑制的条件。

2）完成蓝液压系统电动泵测试的程序操作。

二、学习目标

知识目标：熟悉驾驶舱蓝液压系统维修面板和 ECAM 液压页面显示内容。

能力目标：熟练完成蓝液压系统电动泵操作测试。

素质目标：了解飞机液压系统进行增压工作时可能出现的风险，做好安全应对措施。了解液压系统增压可能导致飞机飞控系统作动，增压前必须与整架飞机其他人员进行良好的沟通，确保人员及飞机的安全。

三、任务分组

请同学们选择在本次任务中扮演的角色，并填入表 2-6 中。

表 2-6　小组任务分配计划表

班级		组名		组长	
组员及任务分工					
角色	姓名	任务	角色	姓名	任务
总结者			检查者		
研究者			经营者		
记录员			支持者		
观察者 / 疑难解答者					

注：如果不清楚各成员角色的任务内容，请查阅表 1《团队角色分工表》。

四、工作准备

1. 蓝液压系统工作原理及抑制条件

与波音 737 飞机不同的是，蓝液压系统不是备用液压系统，每次正常飞行，蓝液压系统都在努力工作。左副翼、方向舵、缝翼、3 号扰流板等都是蓝液压系统的正常用户。蓝液压系统的组成部件有液压油箱、油箱增压组件、电动泵、高压总管、渗漏测量总管、回油总管、蓄压器及各类阀门、传感器等，如图 2-11 所示。

液压系统是一个闭环，液压油箱是其中的起点和终点，如图 2-11 所示的①区域，液压油箱需要用空气进行增压，以防止下游的电动泵出现气穴现象（溶于液压油的气体以气泡形式析出）。由于系统或多或少都会有点外漏，油箱里的油会随着飞机的运行减少，因此需要机务人员在每次航班前查看液压油箱的油量是否充足。蓝系统液压油箱正常加油量为 6L，低油位警告在 2~2.3L 之间，由油箱上的低油位电门将低油位信息传到 ECAM 显示出来。油箱的增压压力应保持在 50psi，低于 22psi 时会触发低压警告。若压力过高，则会通过放气活门排压。

蓝系统与绿、黄系统相比，最大的区别是系统内没有发动机驱动泵（EDP）。因此，它输出的功率小很多，系统组成也更加简单。蓝系统的动力有两个：电动泵和冲压空气涡轮（RAT）。电动泵是飞机正常运行时的动力元件，RAT 只在应急情况下使用。蓝系统电动泵控制电门只有“OFF”和“AUTO”两个位置，并没有强制接通的“ON”位。默认情况下，电门保持在“AUTO”位，如果电门被松出，电动泵电源将被切断。但在接通“AUTO”位时，蓝系统电动泵的自动启动是有条件的，须满足以下三种情况之一，才可自动启动：

1）一台发动机启动。

2）蓝系统电动泵超控（BLUE PUMP OVRD）按钮在“OPEN”位。

3）前起落架未压缩且 APU 交流电可用。

情况 1）是正常飞行时蓝系统电动泵的工作情况，只要有一台发动机启动，相应的 EDP 则自动开始供压，无论先启动哪一个，都意味着液压系统要开始工作了，因此成为蓝系统电动泵自动工作的一个触发条件。情况 2）是日常地面维护时，维护人员接通蓝系统电动泵的方法，蓝系统电动泵超控电门位置在驾驶舱头顶板上 50VU 上。情况 3）是为了防止飞机在空中飞行时出现双发故障停车而使蓝系统电动泵失去自动工作的触发条件而设计的。即使双发失效，APU 依然可以供电，蓝系统就还可以正常工作。

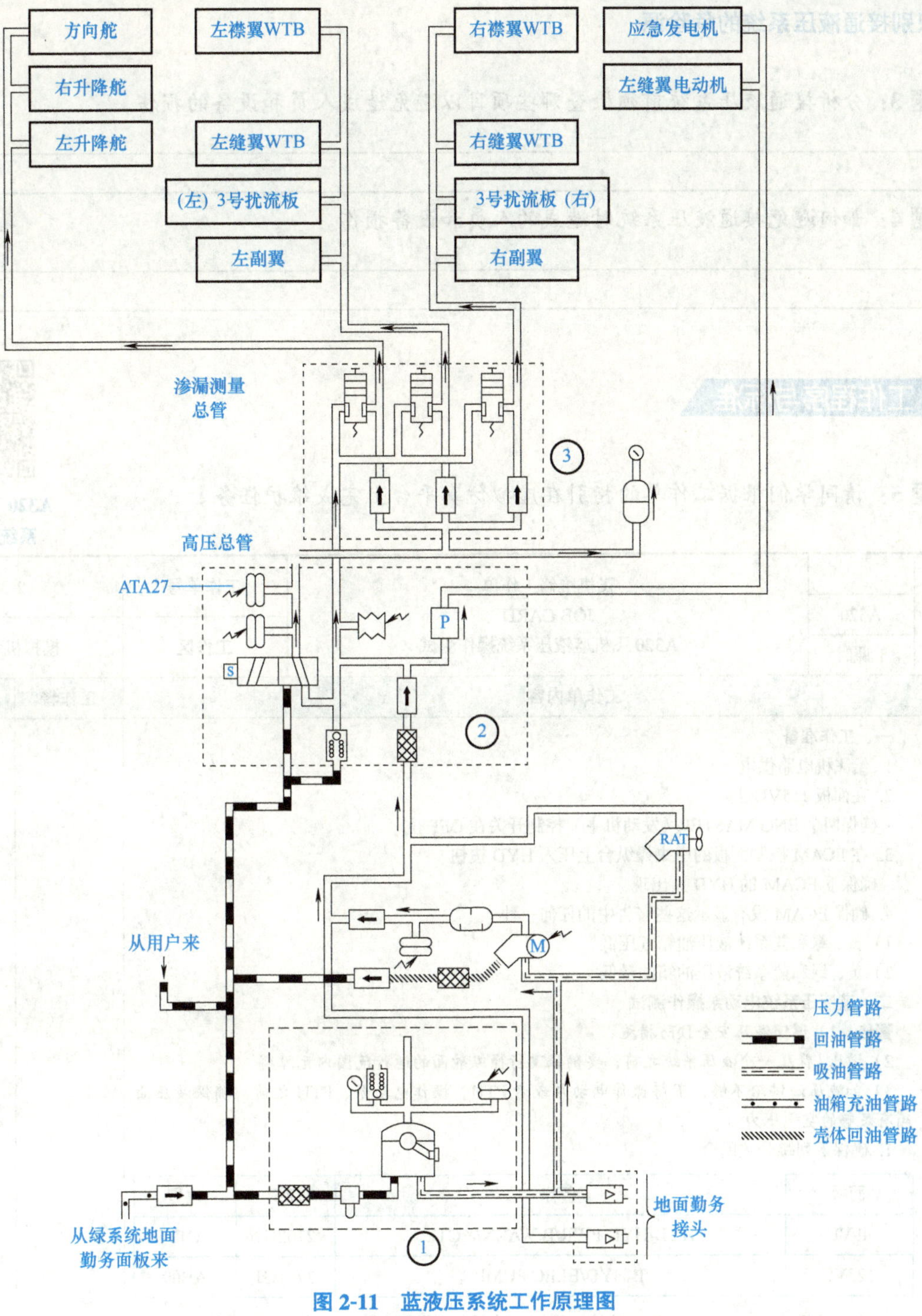

图 2-11　蓝液压系统工作原理图

引导问题 1： 如果飞机在空中双发都失效了，为什么不放 RAT 给蓝系统供压？这样还可以节省 APU 的电给其余用户，为什么还要把 APU 的电供给蓝系统电动泵使用？

____

____

引导问题 2： 请同学们去驾驶舱头顶板上寻找蓝系统电动泵超控（BLUE PUMP OVRD）电门 50VU，并说一说这个电门什么时候使用。

____

____

2. 识别接通液压系统的危险源

引导问题 3： 分析接通液压系统前须检查哪些项目以避免造成人员和设备的损伤。

____

引导问题 4： 如何避免接通液压系统时造成的人员和设备损伤。

____

____

五、工作程序与标准

A320 飞机蓝液压系统操作测试

引导问题 5： 请同学们根据工作单的指引在虚拟仿真平台上完成维护任务。

<table>
<tr><td>机号</td><td></td><td rowspan="3">飞机维修工作单
JOB CARD
A320 飞机蓝液压系统操作测试</td><td>工作单号</td><td colspan="2">2-3</td></tr>
<tr><td>机型</td><td>A320</td><td rowspan="2">工作区</td><td rowspan="2" colspan="2">模拟机教室</td></tr>
<tr><td>工时</td><td>1 课时</td></tr>
<tr><td colspan="4">工作单内容</td><td>工作者</td><td>检查者</td></tr>
<tr><td>操作步骤</td><td colspan="3">
一、工作准备
1. 给飞机电路供电
2. 在面板 115VU 上
－确保两个 ENG MASTER（发动机主）控制开关在 OFF 位
3. 在 ECAM 控制面板的中央操纵台上压入 HYD 按钮
－确保下 ECAM 的 HYD 页出现
4. 确保 ECAM 没有显示这些警告中的任何一种
1）黄、绿和蓝系统液压油箱气压低
2）黄、绿和蓝系统液压油箱油量低
二、蓝液压系统电动泵操作测试
警告：1）遵守液压安全预防措施
2）增压 / 释压一个液压系统之前，要确保飞行操纵舵面的运行范围内无障碍
3）如液压油供给不够，不得操作电动泵或者 PTU。操作电动泵、PTU 之前，确保液压油箱有足够的空气压力
1. 确保下列跳开关闭合
<table>
<tr><th>面板</th><th>名称</th><th>标识</th><th>位置</th></tr>
<tr><td>49VU</td><td>HYD/HYD PWR/B WARN/&CTL</td><td>2702GJ</td><td>C12</td></tr>
<tr><td>123VU</td><td>B HYD/ELEC PUMP</td><td>2701GJ</td><td>AB09</td></tr>
</table>
2. 在头顶板的 40VU 部分，确保蓝液压系统电动泵电门设置在 AUTO 位（OFF 灯和 FAULT 灯熄灭）
3. 在维护面板的 50VU 抬起防护装置按压 BLUE PUMP OVRD 电门，确保电门上 ON 灯亮
<table>
<tr><td>下 ECAM 显示器 HYD 页</td><td>蓝液压系统的压力为（3000 ± 150）psi</td><td>是□否□</td></tr>
</table>
4. 在维护面板的 50VU 抬起防护装置按压 BLUE PUMP OVRD 电门，确保电门上 ON 灯灭
<table>
<tr><td>下 ECAM 显示器 HYD 页</td><td>蓝液压系统的压力为 0psi</td><td>是□否□</td></tr>
</table>
三、结束工作
将飞机电路断电
</td><td></td><td></td></tr>
</table>

（续）

工作单内容		工作者	检查者
分析	请记录在完成任务的过程中哪些步骤出现了差错，并分析原因 1. 步骤： 原因与解决办法： 2. 步骤： 原因与解决办法： 3. 步骤： 原因与解决办法：		

六、学习检验与反思

引导问题 6：请同学们扫描下面的二维码，通过答题检验此次典型工作的学习效果。

引导问题 7：请每位同学撰写学习反思，填入表 2-7 中，并与小组成员进行交流，看看是否达成学习目标。

表 2-7　学习反思清单

学习成就
请说说这节课你学习到了哪些让你觉得有用的内容。
合作学习
1）谈一谈你在团队合作完成任务的过程中做的哪些事情履行了自己的角色职责。 2）今后你会如何提升自己在小组中的表现？
学习体验
1）你对自己在本节课的学习情绪或状态觉得满意吗？是否要做一些改变呢？ 2）你对于学习这门课是否更有信心呢？为什么？

七、业内延伸

香港航空 A330 双液压系统失效事故

2019 年 9 月 29 日，香港航空一架空客 A330 飞机（航班号 HX707）在香港国际机场起飞后不久遭遇了一起严重的双液压系统失效事故。飞机在爬升至 1500 英尺时，电子中央飞机监测器（ECAM）显示绿液压系统和蓝系统均处于低压力状态。

液压系统对于飞机的控制至关重要，包括起落架、襟翼、减速板、前轮转弯及机轮刹车等都需要液压系统提供动力。在确认液压系统失效后，机组人员立即执行紧急程序，并发出了遇险呼救信号（MAYDAY），决定返回香港国际机场进行紧急着陆。

机组人员展现了高超的飞行技巧和紧急情况处理能力，成功将飞机安全着陆。尽管飞机的 5 号主轮在着陆时爆胎，但最终飞机安全停在了跑道上，没有造成任何人员伤亡。

事后检查发现，左轮舱的一个手动液压阀脱离了绿液压系统的维修分配器，同时蓝液压系统的一条回油管被刺破，这些物理损伤导致了液压油泄漏，进而引发了液压系统失效。

可见，即使是小的维修失误或部件损坏，也可能导致严重的飞行安全事故。因此，对于飞机液压系统的每一个部件，无论是大型组件还是看似不起眼的小零件，都需要给予足够的关注和维护。同时，这也展示了飞行员在紧急情况下的应急处理能力对于确保飞行安全的重要性。

典型工作 4　液压系统故障排除

一、工作情境与任务

工作情境： 现有一架飞机定检结束后执行液压系统操作测试时发现 ECAM 显示 HYD PTU FAULT 故障信息，即液压系统的动力转换组件（PTU）出现故障，现须立刻对 PTU 进行测试，查看是否为 PTU 本体出现故障，一旦确认，须对 PTU 部件进行更换。

任务难度： ★★★☆☆

工作类型： □日常检查　□日常勤务　□系统测试　☑故障排除　□M 项放行维护

技能岗位： 系统工程师

任务内容： 请同学们分组在 A320 飞机虚拟维修平台上完成以下任务：

1）找到 PTU 故障隔离程序。

2）根据故障隔离程序排除 PTU 故障。

二、学习目标

知识目标： 能够找到故障信息并根据信息查找到故障隔离程序。

能力目标： 能熟练完成 PTU 故障排除程序的操作。

素质目标： 具有识别现场危险源的安全意识，具有基本的排故思路。

三、任务分组

请同学们选择在本次任务中扮演的角色，并填入表 2-8 中。

表 2-8　任务分组计划单

班级		组名		组长	
组员及任务分工					
角色	姓名	任务	角色	姓名	任务
总结者			检查者		
研究者			经营者		
记录员			支持者		
观察者 / 疑难解答者					

注：如果不清楚各成员角色的任务内容，请查阅表 1《团队角色分工表》。

四、工作准备

1. PTU 系统原理分析

PTU 可以自动感受黄、绿系统的压力并进行转换传输。PTU 控制活门可以感受绿、黄系统之间的压差，必要时，将压力较高系统的压力传输到压力较低的系统。

如图 2-12 所示，PTU 左右两端分别和绿、黄系统液压油箱相连。通过 PTU 可以实现动力的转换传输，并没有液压油的交换。转换后的黄、绿系统压力经过隔离连接器和电磁活门送到黄、绿液压系统，提供到主飞行控制、刹车、襟缝翼电动机、前轮转弯等下游用压部件。

在 PTU 系统中，黄、绿、系统电磁活门决定了 PTU 处于工作状态还是关闭状态。黄、绿系统电磁活门连接到 PTU 总管左右两端，两个电磁活门同时工作以保证压力经过 PTU 转换传输。驾驶舱头顶板 40VU 上的 PTU 电门控制向电磁活门通电，当飞机在地面通过黄系统电动泵作动货舱门时，飞行操纵系统的作动会被抑制。电源系统会向黄、绿系统电磁活门和黄系统计量电磁活门供电，从而切断 PTU 向黄、绿系统的转换传输，避免飞机舵面误作动。而当隔离连接器未连接时，PTU 也无法进行转换传输。

从 PTU 系统图中可以看到，与 PTU 连接的相关部件较多。黄、绿系统液压油箱，液压压力传感器，发动机驱动泵，电磁活门，继电器等部件都会影响 PTU 的正常工作，因此，只有在充分学习掌握 PTU 原理的基础上才能更好地排除故障。

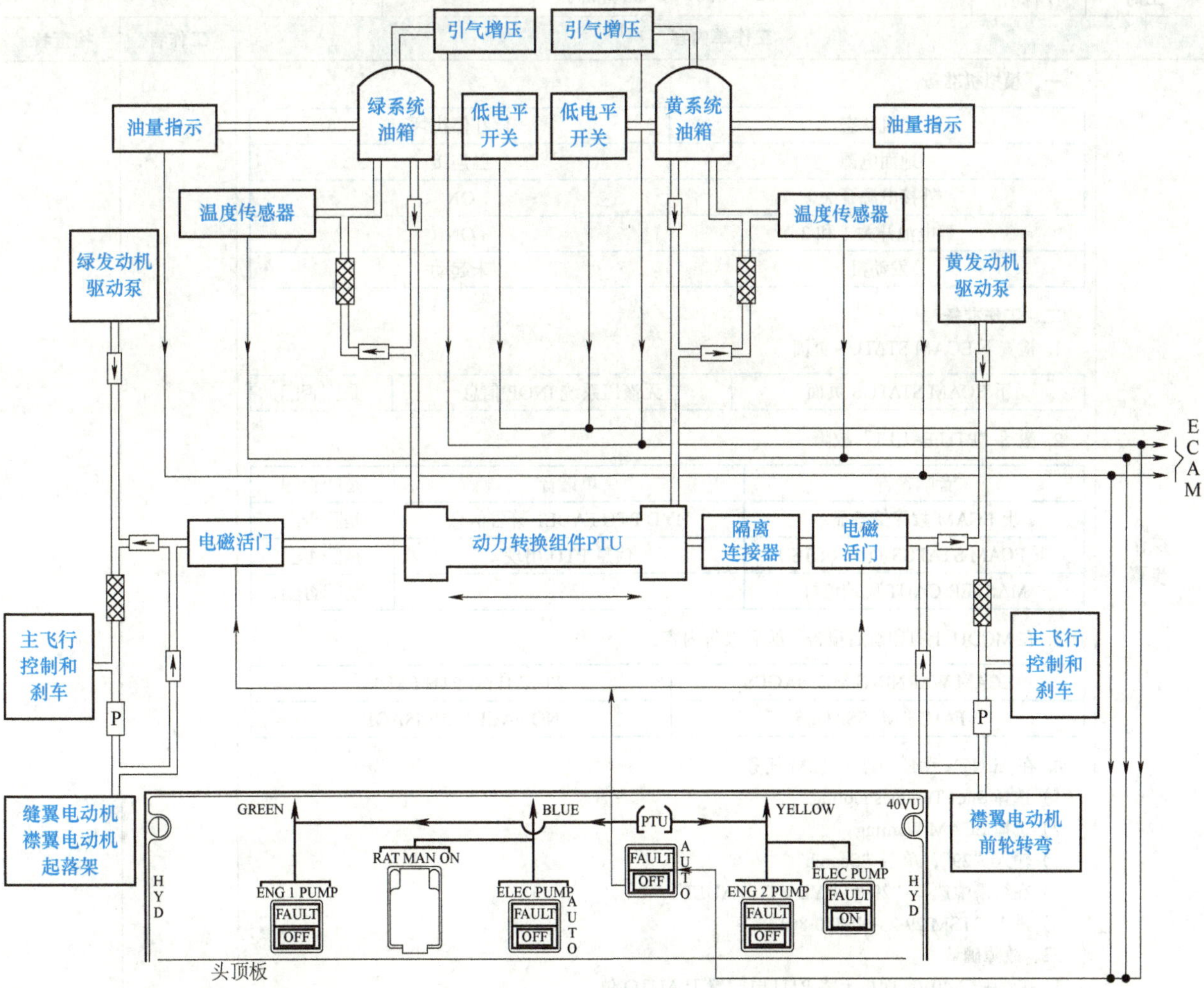

图 2-12　PTU 系统原理总图

2. 分析故障隔离手册，梳理排故思路

引导问题 1： 请按照“模块一”中 TSM 的查询方法，找到“HYD PTU FAULT”故障信息所对应的排故程序，并列出可能发生故障的所有部件。

____

____

引导问题 2： 请说出引导问题 1 所列出的可能发生故障的部件会如何影响 PTU 系统的工作。

____

____

五、工作程序与标准

PTU 故障隔离

引导问题 3： 请同学们根据工作单的指引在虚拟仿真平台上完成维护任务。

机号		飞机维修工作单 JOB CARD A320 飞机 PTU 故障隔离	工作单号	2-4
机型	A320		工作区	模拟机教室
工时	1 课时			

	工作单内容	工作者	检查者
操作步骤	（见下）		

一、模拟机准备

飞机状态	停在停机坪
地面电源	已连接
外接电源开关	ON
蓄电池开关 1 和 2	ON
发动机	未起动

二、工作准备

1. 检查下 ECAM STATUS 页面

下 ECAM STATUS 页面	无液压系统 INOP 信息	是□否□

2. 激活“PTU FAULT”故障

音响警告	单谐音	是□否□
上 ECAM 故障信息显示	HYD PTU FAULT 警告信息	是□否□
下 ECAM STATUS 页面（STS）	信息 PTU 出现	是□否□
MASTER CAUT 琥珀色灯	亮	是□否□

3. 在 MCDU 上打印航后报告，航后报告内容：

ECAM WARNING MESSAGES	29-23 HYD PTU FAULT
FAULT MESSAGES	NO FAULT MESSAGE

4. 在 AirN@v 手册中搜索 TSM 任务

1）选择 Start Troubleshooting

2）选择 ECAM Warning

3）输入“29”，单击“Search”

4）在结果中选择“29-00 HYD PTU FAULT”

5）进入“TSM 29-23-00-810-801”

三、故障确认

1. 在驾驶舱 40VU 面板上将 PTU 电门置于 AUTO 位

在 40VU 面板上	PTU 电门 OFF 灯熄灭

（续）

	工作单内容	工作者	检查者
操作步骤	（见下）		

2. 在主仪表板 400VU 上确保起落架手柄在放下位置
3. 将警告牌放在起落架手柄上以通知人们不要移动它
4. 确保绿液压系统卸压
5. 打开右主起落架舱门
1）打开接近门 196BB
2）拆下主起落架舱门地面控制手柄上的安全销
3）按下并保持主起落架舱门地面控制手柄上的按钮并将手柄下拉
4）松开按钮并将主起落架舱门地面控制手柄保持在打开位
5）在右主起落架舱门作动筒上安装地面锁
6. 找到 PTU 并检查 PTU 的安装情况并记录

PTU 的安装情况	

四、故障隔离

将脱开的 PTU 管路连接上

五、测试验证

1. 在驾驶舱查看 ECAM 故障信息情况

上 ECAM 故障信息显示	HYD PTU FAULT 信息消失	是□否□
下 ECAM STATUS 页面（STS）	信息 PTU 消失	是□否□

2. 确保 ECAM 没有下列警告
1）绿、蓝、黄系统液压油箱气压低
2）绿、蓝、黄系统液压油箱油量低
3. 确保下列跳开关闭合

面板	名称	标识	位置
49VU	HYD/HYD PWR/B WARN/&CTL	2702GJ	C12
121VU	HYDRAULIC/HYD POWER Y	3803GX	N30
123VU	Y HYD/ELEC/PUMP	3802GX	AB06
	Y HYD/ELEC PUMP NORM	3801GX	AB03
	B HYD/ELEC PUMP	2701GJ	AB09

4. 在中央操纵台的 ECAM 控制面板上按压 HYD 按钮电门，确保下部 ECAM 显示器显示 HYD 页
5. 在面板 40VU 按压 ELEC PUMP 电门，电门上 ON 灯点亮

下 ECAM 显示器 HYD 页	PTU 正常工作	是□否□
	黄液压系统的压力为（3000 ± 150）psi	是□否□
	绿液压系统的压力为（3000 ± 150）psi	是□否□

6. 检查 PTU 管路是否漏油

PTU 管路	是否漏油	是□否□

六、结束工作

1. 关闭右主起落架舱门
1）拆下右主起落架舱门作动筒上的地面锁
2）按下并保持主起落架舱门地面控制手柄上的按钮并将手柄上提
3）松开按钮并将主起落架舱门地面控制手柄保持在关闭位
4）在主起落架舱门地面控制手柄上安装安全销
5）关闭接近门 196BB
2. 在面板 40VU 按压 ELEC PUMP 电门，电门上 ON 灯熄灭
－下 ECAM 黄、绿液压系统压力逐渐变为 0psi
3. 将起落架手柄上的警告牌取下
4. 将飞机电路断电

（续）

	工作单内容	工作者	检查者
分析	请记录在完成任务的过程中哪些步骤出现了差错，并分析原因 1. 步骤： 原因与解决办法： 2. 步骤： 原因与解决办法： 3. 步骤： 原因与解决办法：		

六、学习检验与反思

引导问题 4： 请同学们扫描下面的二维码，通过答题检验此次典型工作的学习效果。

引导问题 5： 请每位同学撰写学习反思，填入表 2-9 中，并与小组成员进行交流，看看是否达成学习目标。

表 2-9　学习反思清单

学习成就
请说说这节课你学习到了哪些让你觉得有用的内容。
合作学习
1）谈一谈你在团队合作完成任务的过程中做的哪些事情履行了自己的角色职责。 2）今后你会如何提升自己在小组中的表现？
学习体验
1）你对自己在本节课的学习情绪或状态满意吗？是否要做一些改变呢？ 2）你对于学习这门课是否更有信心呢？为什么？

七、业内延伸

PTU 异常连续运转故障分析

某航 A320FAM 机队面临着一系列不正常事件，其中包括 PTU 异常连续运转、本体漏油、PTU 传递压力波动及 PTU 故障，共计 40 多起。这些事件对机队的技术品质和航班正常运行产生了严重影响，导致非计划性拆换 PTU 的次数达到了 90 多次。

下面将以一起 PTU 异常连续运转事件为例进行回顾。某航 A321-211 飞机的 PTU 异常连续运转故障：启动双发后，经过检查系统外漏，观察高压油滤磁堵指示器的状态，检查系统压力差（没有超过 500psi）、进行内部泄漏测试和检查液压泵的主泵电源开关操作是否正确一系列排故工作后，最终采取更换黄系统液压泵的措施成功解决了问题。

这一案例说明了机务人员须深入了解系统工作原理的重要性。PTU 异常的原因多种多样，涉及 PTU 本体故障、系统内部问题、渗漏及液压泵故障等。解决这一问题需要机务人员熟练掌握飞机系统的工作原理，以及认真负责、细致的工作精神。这也强调了飞行安全的重要性，机务人员在日常工作中必须确保飞机的安全运行，为每一次航班提供可靠的支持。

模块三

飞机起落架系统典型工作任务

典型工作 1　起落架系统部件识别与检查

典型工作 2　起落架舱门人工方式打开与安全装置安装

典型工作 3　起落架系统收放测试

典型工作 4　起落架舱门选择活门故障排除

典型工作 1　起落架系统部件识别与检查

一、工作情境与任务

工作情境： 现在有一架飞机执行完当天最后一个航班，开始进行航后工作，根据工作单要求，须对起落架系统主要部件进行检查。根据经验，减振支柱有可能会漏油。减振支柱漏油会使减振支柱性能下降，影响减振效果。这不仅会降低飞机的舒适性，在特殊情况下还会对飞机结构造成损伤，影响飞行安全。在检查时，应着重检查该区域，如发现漏油要及时汇报。

任务难度： ★★★☆☆

工作类型： ☑日常检查　□日常勤务　□系统测试　□故障排除　□M 项放行维护

技能岗位： 航线机电维修员、大修机电维修员、系统工程师

任务内容： 请同学们分组在 A320 飞机虚拟维修平台上完成以下任务：

1）识别前起落架和主起落架主要部件。

2）检查前起落架和主起落架减振支柱镜面高度。

3）检查主起落架减摆器。

二、学习目标

知识目标： 能够在虚拟维修平台上识别飞机起落架系统的主要部件。

能力目标： 能完成起落架部件检查的任务，并评估飞机起落架系统部件的状态是否正常。

素质目标： 了解飞机起落架系统的工作原理及主要部件的功能。

三、任务分组

请同学们选择在本次任务中扮演的角色，并填入表 3-1 中。

表 3-1　小组任务分配计划表

班级		组名		组长	
组员及任务分工					
角色	姓名	任务	角色	姓名	任务
总结者			检查者		
研究者			经营者		
记录员			支持者		
观察者 / 疑难解答者					

注：如果不清楚各成员角色的任务内容，请查阅表 1《团队角色分工表》。

四、工作准备

1. 起落架系统介绍

飞机的起落架在地面主要起到支撑飞机的作用。当飞机起飞或着陆时，起落架通过油气式减振支

柱吸收着陆或滑行时的载荷，减弱飞机的颠簸跳动。在飞行时，起落架可以收入机腹的起落架舱中，通过关闭起落架舱门减小飞行阻力。

空客 A320 飞机的起落架采用前三点式配置，主要由主起落架及其舱门和前起落架及其舱门两大结构组成。

（1）主起落架和舱门

主起落架主要部件包括减振支柱组件、侧撑杆、阻力支柱、扭力连杆及减摆器等，如图 3-1 所示。

主起落架舱有三个舱门，分别是液压作动的主舱门、机械作动的铰接舱门和起落架支柱上的整流门。当主起落架收上时，三个舱门都保持关闭。当起落架放下时，液压作动的主舱门保持关闭，机械作动的铰接舱门和整流门随放下的主起落架保持在打开位。飞机在地面时可通过人工开门手柄将主舱门液压油路旁通从而打开主舱门，以接近起落架舱。

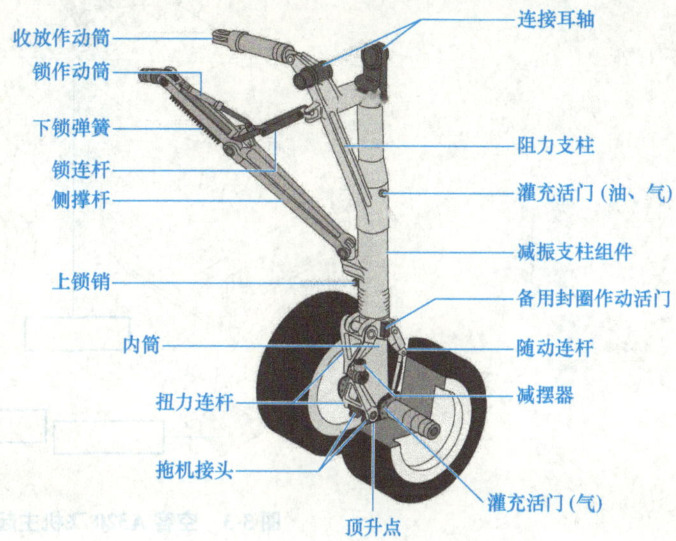

图 3-1 A320 飞机主起落架的结构组成

（2）前起落架和舱门

前起落架是一个向前收起式起落架。它的作用是为飞机在地面提供前点支撑。其主要部件包括：减振支柱组件、阻力杆组件、扭力连杆、转弯液压组件等，如图 3-2 所示。

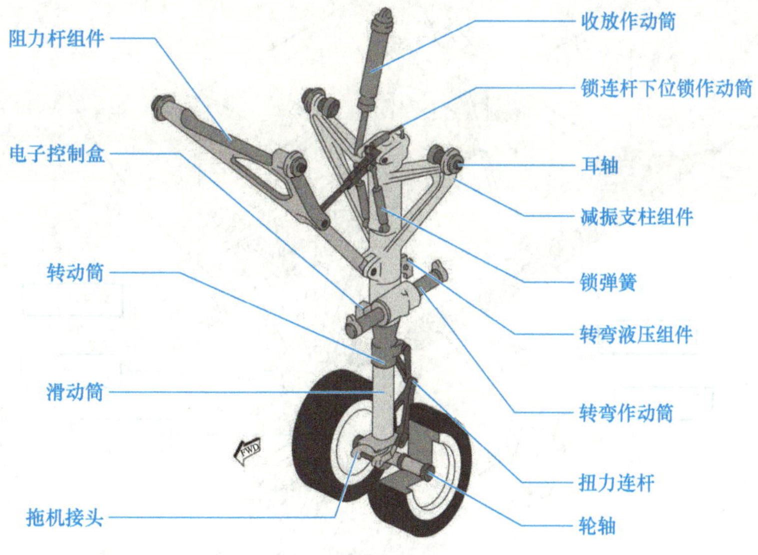

图 3-2 A320 飞机前起落架的结构组成

前起落架门系统的作用是在起落架收入轮舱后封闭轮舱区域，以保持机身的流线构型并保护轮舱内的所有部件。它的组成：一对对开式由液压作动器作动的前舱门，一对由起落架收放带动的随动式后舱门，一个固定在起落架上的固定门。起落架放下后，随动门由起落架带动处于开位。前舱门由液压作动器收起在关位。但前舱门在地面时可由人工机械操作进行开关，以便于在前轮舱进行维护工作。

引导问题 1：请同学们查询手册，在图 3-3 和图 3-4 所示方框中填入各部件名称。

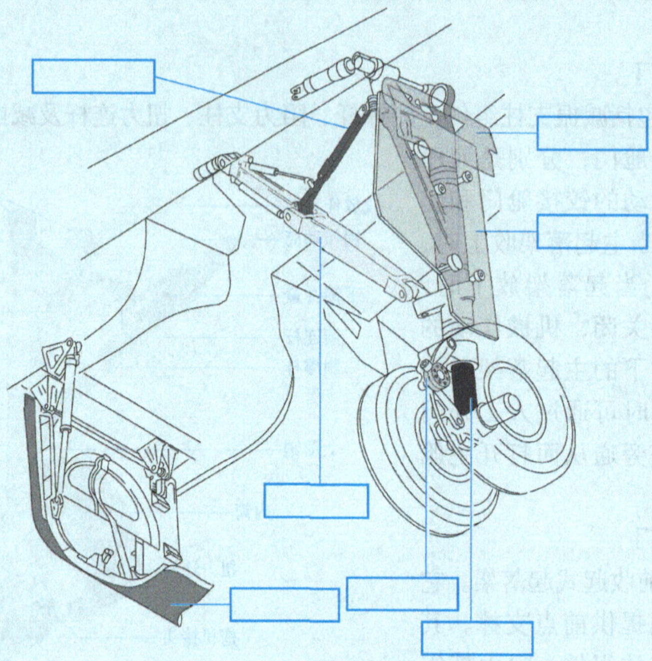

图 3-3 空客 A320 飞机主起落架主要部件

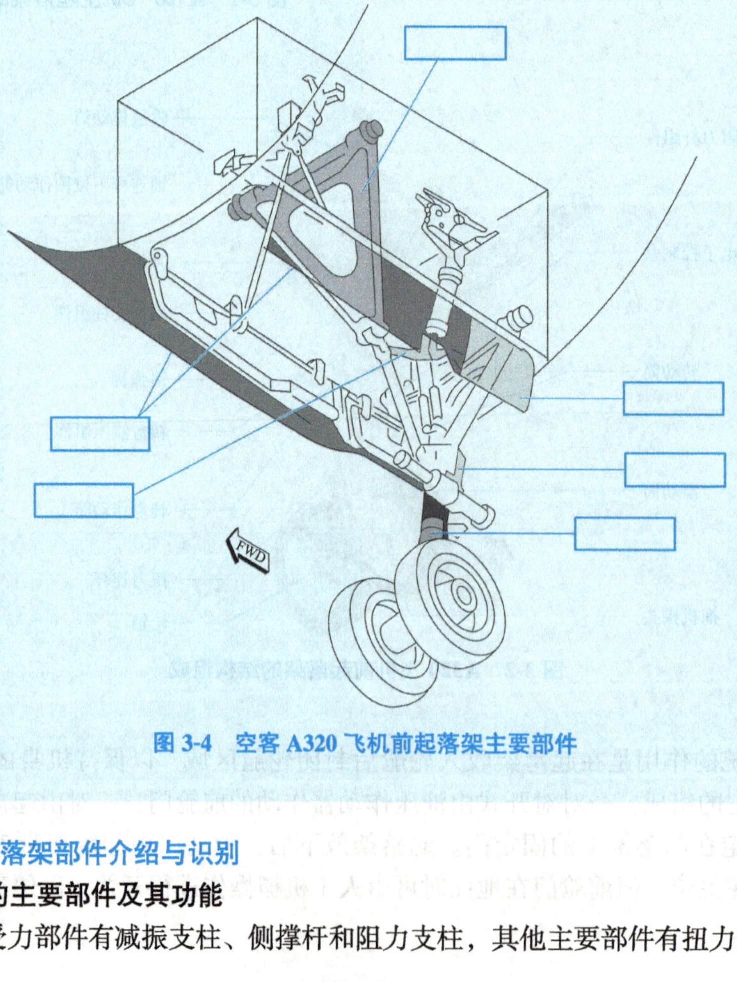

图 3-4 空客 A320 飞机前起落架主要部件

2. A320 飞机起落架部件介绍与识别

（1）主起落架的主要部件及其功能

主起落架主要受力部件有减振支柱、侧撑杆和阻力支柱，其他主要部件有扭力连杆、减摆器等。

1）主起落架减振支柱。在 A320 飞机上，主起落架配备双气室油气减振器，如图 3-5 所示。主气室（第一级气室）：工作气室与单气室减振器相通，充气压力相对较低。副气室（第二级气室）：气室被浮动活塞封闭，副气室的充气压力高于起落架所承受的最大静载荷。第一级气室内含低压氮气和液压油，回油腔和压缩腔内含液压油；第二级气室内含高压氮气。

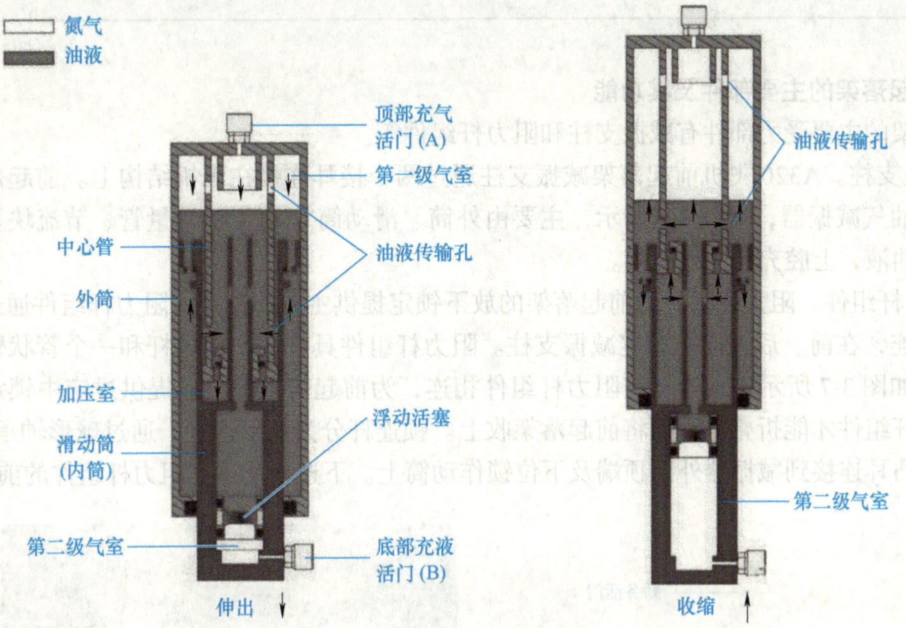

图 3-5　主起落架减振支柱结构图

飞机在起飞、着陆接地或高速滑跑过程中，尘土等污染物将吸附在内筒的镜面上，若不及时清洁，这些污染物可能损坏减振支柱内部的封严，从而导致漏油。为预防此类现象发生，应在航班结束后，对减振支柱的镜面进行检查和清洁。此外，在日常维护工作中，应根据工卡要求定期检查减振支柱的镜面高度。若镜面高度不符合标准，则意味着减振支柱内的油气比失衡，将导致飞机在运行过程中出现异常现象，如着陆期间起落架偏硬或偏软，起飞滑跑时，机身振动过大等。

引导问题 2： A320 飞机采用的是什么类型的减振支柱？如何工作？

____

____

2）侧撑杆和阻力支柱。

① 侧撑杆：主要承受起落架在飞机横轴方向产生的不平衡力。两端都通过耳轴分别与飞机结构和减振支柱相连接。当主起落架放下时，上、下侧撑杆运动到过中心位置并被锁连杆保持在这个位置，进入锁定状态。收起落架时，作动筒拉动锁连杆，克服锁弹簧的张力，将侧撑杆由过中心锁定位拉开，完成解锁。

② 阻力支柱：一端与减振支柱永久性连接，另一端通过耳轴与飞机结构连接。它主要承受起落架在飞机纵轴方向上产生的不平衡力，并将这些不平衡力传递给减振支柱和飞机机体结构。

3）扭力连杆和减摆器。

① 扭力连杆：也称为扭力臂，主要用于限制内、外筒之间的相对转动。扭力连杆分为两个部分：连接外筒的上扭力臂和连接内筒的下扭力臂。

② 减摆器：位于上扭力臂和下扭力臂连接处。减摆器的作用：因胎压不一致、磨损不均匀或跑道表面不平整，都可能导致摆振，严重时，可造成起落架结构损坏，危及飞行安全，所以其功能是减少或降低机轮的摆振。其本体上装有油量指示器。当减摆器油量正常时，油量指示盘上 FULL 和 REFILL

都可见。油量不足时，只能看见 REFILL 字样，以提示维护人员及时给减摆器勤务或更换减摆器。

引导问题 3：扭力连杆又称为什么？起到什么作用？

____

____

（2）前起落架的主要部件及其功能

前起落架的主要受力部件有减振支柱和阻力杆组件等。

1）减振支柱。A320 飞机前起落架减振支柱通过两个接耳连接在飞机结构上。前起落架的减振支柱为单气室油气减振器，如图 3-6 所示，主要由外筒、滑动筒（内筒）、计量管、节流块及封严装置组成。下腔有油液，上腔充有压缩氮气。

2）阻力杆组件。阻力杆组件为前起落架的放下锁定提供主要的支撑。阻力杆组件通过两个耳轴与飞机结构相连，在前、后方向上稳定减振支柱。阻力杆组件具有一个前撑杆和一个管状臂，通过万向接头连接，如图 3-7 所示。锁连杆与阻力杆组件相连，为前起落架的放下提供过定中锁定。锁连杆折叠后，阻力杆组件才能折叠，进而将前起落架收上。锁连杆分为上下连杆，通过球形轴承连接在一起，上连杆通过凸耳连接到减振器外筒顶端及下位锁作动筒上。下连杆连接到阻力杆组件的前撑杆上。

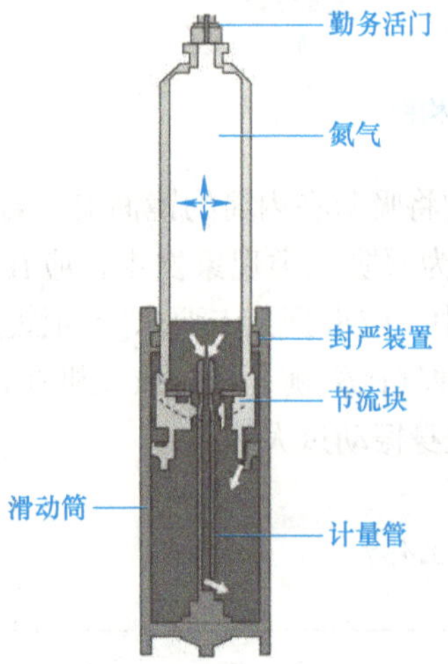

图 3-6 前起落架减振支柱组件

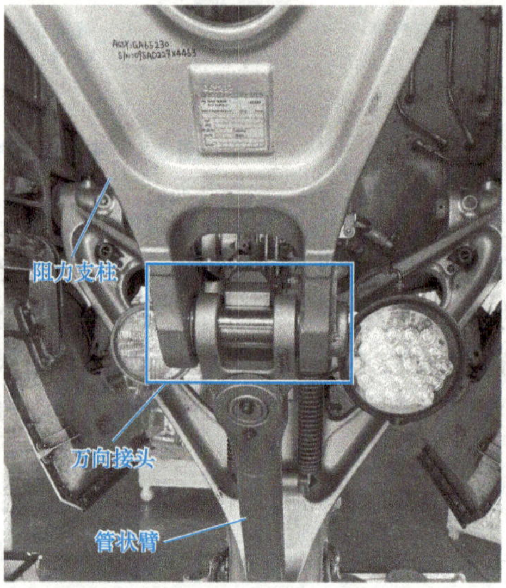

图 3-7 前起落架阻力杆组件

引导问题 4：前起落架上的阻力杆组件有什么作用？

____

____

技术前沿

C919 飞机主起落架全部国产化，看看大飞机的“中国脚”！

飞机主起落架承受着飞机起落过程中巨大的应力和冲击力，被视为“生命的支点”。为了能够支撑起百吨级别的飞机重量，起落架必须具备高强度、高韧性、抗疲劳和抗腐蚀等特性。

起落架是最后一个实现国产化的部件，大飞机起落架常用超高强度钢材进行锻造，其中，300M钢的锻造一直以来都是难点问题，尤其在保证材料纯净度方面更是挑战。为了突破这一难题，C919飞机的主起落架采用了真空感应+真空自耗重熔工艺，在严格遵守质量管理要求的前提下，不断改进工艺和设备精度，建立起全方位的制造体系。经过无数次的改进与实验，成功实现了C919飞机主起落架的国产化。

中国成功实现C919飞机主起落架的国产化，代表着我国在飞机制造领域取得了重大突破，打破了其他国家对技术的封锁。这标志着中国大飞机真正拥有了“中国脚”。C919飞机目前在市场上的收益已初见成效，我们应该给予其更多发展的时间。我国掌握了大型飞机的总体设计与试飞技术，并拥有广阔的发展空间。这些成就让我们感到自豪。

然而，实现C919飞机的全部国产化仍需要引进他国技术与人才，同时借助外部优势培养中国的大飞机核心技术人才。这些人才将引领中国制造的大飞机走向世界。我们的未来发展仍需在吸纳他国技术的同时，培养出自己的技术专家，让中国大飞机能够真正在国际舞台上展翅高飞。

3. 识别起落架系统部件检查危险源

引导问题5： 在执行起落架系统相关工作时，有哪些安全注意事项？

____

____

五、工作程序与标准

引导问题6： 请同学们根据工作单的指引在虚拟仿真平台上完成维护任务。

<table>
<tr><td>机号</td><td></td><td rowspan="3" colspan="2">飞机维修工作单
JOB CARD
A320 飞机起落架系统典型部件检查</td><td>工作单号</td><td colspan="2">3-1</td></tr>
<tr><td>机型</td><td>A320</td><td rowspan="2">工作区</td><td rowspan="2" colspan="2">模拟机教室</td></tr>
<tr><td>工时</td><td>1 课时</td></tr>
<tr><td colspan="5">工作单内容</td><td>工作者</td><td>检查者</td></tr>
<tr><td>操作步骤</td><td colspan="2">**1. 前起落架**
在模拟机上找到前起落架，如图 3-8 所示。根据以下检查点进行检查
检查点 1： 检查前起落架前撑杆、管状臂和万向接头，应无损坏</td><td colspan="2">
图 3-8 前起落架</td><td></td><td></td></tr>
</table>

（续）

<table>
<tr><th colspan="3">工作单内容</th><th>工作者</th><th>检查者</th></tr>
<tr><td rowspan="2">操作
步骤</td><td>检查点 2：检查前起落架减振支柱镜面有无渗漏，如图 3-9 所示
检查点 3：根据图 3-10 所示测量前起落架减振支柱镜面高度</td><td>
图 3-9　前起落架减振支柱镜面
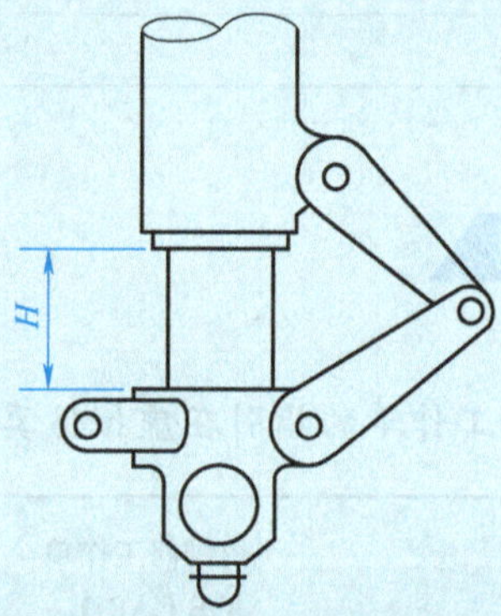

图 3-10　前起落架减振支柱镜面高度测量</td><td></td><td></td></tr>
<tr><td>2. 左主起落架
在模拟机上找到左主起落架，如图 3-11 所示，根据以下检查点进行检查
检查点 1：检查左主起落架扭力连杆、侧撑杆和阻力支柱，应无损坏</td><td>
图 3-11　左主起落架</td><td></td><td></td></tr>
</table>

（续）

工作单内容			工作者	检查者
操作步骤	**检查点 2**：检查左主起落架减振支柱镜面有无渗漏，如图 3-12 所示 **检查点 3**：检查左主起落架减摆器有无渗漏，如图 3-13 所示	 图 3-12　左主起落架减振支柱镜面  图 3-13　左主起落架减摆器		
分析	请记录在完成任务的过程中哪些步骤出现了差错，并分析原因 1. 步骤： 原因与解决办法： 2. 步骤： 原因与解决办法： 3. 步骤： 原因与解决办法：			

六、学习检验与反思

引导问题 7：请同学们扫一扫下面的二维码，通过答题检验此次典型工作的学习效果。

引导问题 8： 请每位同学撰写学习反思，填入表 3-2 中，并与小组成员进行交流，看看是否达成学习目标。

表 3-2 学习反思清单

学习成就
请说说这节课你学习到了哪些让你觉得有用的内容。
合作学习
1）谈一谈你在帮助组员完成本次学习任务方面给予了哪些支持。 2）今后你会如何提升自己在小组中的表现？
学习体验
1）你对自己在本节课的学习情绪或状态觉得满意吗？是否要做一些改变呢？ 2）你对于学习这门课是否更有信心呢？为什么？

七、业内延伸

A320 起落架故障紧急备降

2005 年，一架空客 A320 飞机在起飞后不久遭遇了一起起落架系统故障。飞机起飞后，机组人员在收起起落架手柄后的数秒内，触发了“L/G SHOCK ABSORBER FAULT”（起落架减振支柱故障）和“WHEEL N/W STRG FAULT”（机轮无转向故障）的 ECAM 警告，导致机组无法收回前起落架（NLG）。于是，机组决定进行一次低空通场，让管制员观察前起落架情况。管制员随后确认鼻轮旋转了 90°，机组决定备降至一个跑道较长的机场，并在降落前继续飞行了一段时间以消耗燃油。最终，飞机安全着陆，没有造成人员伤亡。

调查人员发现，前起落架的减振器上有两个凸耳，这两个凸耳用来防止前起落架在外壳内自由旋转。但在这次事件中，这两个凸耳都被剪断了，导致前轮可以自由旋转。进一步调查发现，这个问题是由于维护不当和部件疲劳造成的。飞机的前轮转向系统在着陆前的检查中承受了过多的压力，导致这两个凸耳最终断裂。

为了避免类似事件再次发生，飞机制造商对前轮转向系统的检查程序进行了改进，减少了在着陆前检查中对前轮的转向压力。这样，就可以减少部件的疲劳，防止类似故障的发生。

这个案例告诉我们，即使是飞机上看似不起眼的小部件，也可能对飞行安全产生重大影响。正确的维护和检查程序对于确保飞机安全运行至关重要。同时，这也提醒我们，在遇到紧急情况时，机组人员需要迅速而准确地做出反应，以确保乘客和飞机的安全。

典型工作 2　起落架舱门人工方式打开与安全装置安装

一、工作情境与任务

工作情境： B-5066 飞机根据工作单要求需要完成轮舱部件的检查工作，需要以人工方式打开起落架舱门并安装起落架舱门安全装置。

任务难度： ★★☆☆☆

工作类型： □日常检查　☑日常勤务　□系统测试　□故障排除　□M 项放行维护

技能岗位： 航线机电维修员、航线放行员、大修机电维修员

任务内容： 请同学们在 A320 飞机虚拟维修平台上完成“A320 飞机人工方式打开起落架舱门”任务。

二、学习目标

知识目标： 熟悉起落架舱门地面操纵系统部件及安全装置的作用。

能力目标： 熟练完成起落架舱门人工方式打开与起落架及舱门安全装置安装工作。

素质目标： 具有安全意识，能够识别现场危险源并做好安全防护措施，能够与附近其他工作人员保持良好的沟通。

三、任务分组

请同学们选择在本次任务中扮演的角色，并填入表 3-3 中。

表 3-3　小组任务分配计划表

班级		组名		组长	
组员及任务分工					
角色	姓名	任务	角色	姓名	任务
总结者			检查者		
研究者			经营者		
记录员			支持者		
观察者 / 疑难解答者					

注：如果不清楚各成员角色的任务内容，请查阅表 1《团队角色分工表》。

四、工作准备

1. 起落架及舱门安全装置

（1）起落架安全装置

飞机在地面停放及在执行维修任务时，为了防止起落架在地面被意外收起，通常在起落架上安装地面安全装置。起落架地面安全装置一般分为锁销式和套筒式两种。装置上面均挂有红色飘带，提醒

地勤人员在飞机起飞前拆除，避免飞机离地后无法收起起落架。

A320 飞机前起落架一般采用锁销式，将销子插入下锁的定位孔中，防止锁连杆弯曲解锁，维持阻力杆组件过定中状态，避免前起落架在地面被误收。主起落架采用套筒式，将下锁作动筒的活塞杆夹住并安装固定销将套筒夹固定，以限制作动筒行程的方式，防止锁连杆解锁，维持侧撑杆过定中状态，防止起落架意外收上，如图 3-14 所示。

图 3-14　A320 飞机前起落架及舱门安全装置

（2）起落架舱门安全装置

起落架舱门打开后，如果不安装安全装置进行限动，舱门收起时容易对舱门开关行程中的人员和设备造成损伤。起落架舱门的安全装置与起落架安全装置一样，分为锁销式和套筒式两种。装置上面均挂有红色飘带，提醒地勤人员在飞机起飞前拆除，避免飞机离地后无法收起起落架舱门，如图 3-15 所示。

图 3-15　A320 飞机前起落架舱门及主起落架舱门安全装置

引导问题 1： 请同学们阐述起落架地面安全装置的作用。

____

____

2. 起落架舱门地面操纵系统部件及工作原理

每个起落架舱门及其地面操纵系统均包括一个地面门操纵控制手柄、一套机械传动装置和一个旁通活门。飞机在地面维护时，可以通过舱门操作手柄打开前起落架舱门和主起落架舱门。前起落架舱门操作手柄位于前轮舱内，从前起落架右侧接近。左主轮舱门操作手柄位于蓝液压舱内，右主轮舱门操作手柄位于黄液压舱内。舱门操作手柄包含两个可锁定的位置，既可锁定在门打开位置也可以锁定在门关闭位置。将手柄置于门打开位置时，会通过机械机构作动旁通活门，解开舱门收上锁。为了防止液锁，旁通活门可以将舱门作动筒收上管路的压力隔离，并且将作动筒两端连通，解除液锁，舱门依靠重力打开。舱门打开后，要及时在作动筒上装上安全套筒。维护结束后，如果需要关闭舱门，须先给绿液压系统增压，然后复位舱门操作手柄收起舱门。

每个旁通活门包含三个液压管接口，分别标记为 A、B 和 C，如图 3-16 所示。A 口连接“门打开”管路，B 口连接“门关闭”管路液压油从选择活门经“门关闭”管路进入 A 口。C 口将“门关闭”管路连接到门作动筒。当起落架正常收放时，接口 A 关闭，接口 B 与接口 C 相连，相应的门作动筒和门上锁机构正常作动。当操作地面操作控制手柄，接口 B 关闭，接口 A 与接口 C 相连，使门作动筒两端液压连通并从“门关闭回油”管路回油，解除液锁。

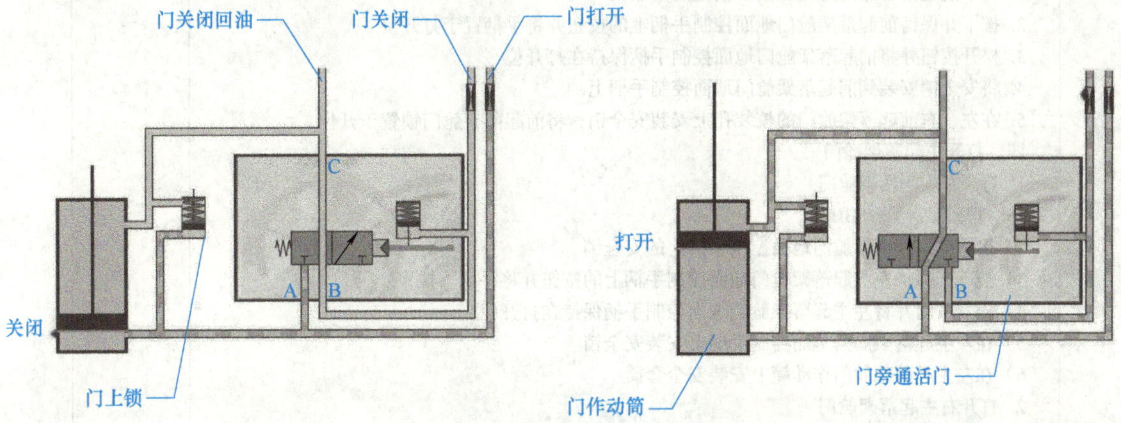

图 3-16　旁通活门原理图

引导问题 2：请同学们说一说，为什么在打开起落架舱门程序中须首先解除门作动筒液锁？

____

____

五、工作程序与标准

人工打开 A320 飞机起落架舱门

引导问题 3：请同学们根据工作单的指引在虚拟仿真平台上完成维护任务。

<table>
<tr><td>机号</td><td></td><td rowspan="3">飞机维修工作单
JOB CARD
人工打开 A320 飞机起落架舱门</td><td>工作单号</td><td>3-2</td></tr>
<tr><td>机型</td><td>A320</td><td rowspan="2">工作区</td><td rowspan="2">模拟机教室</td></tr>
<tr><td>工时</td><td>1 课时</td></tr>
<tr><td colspan="4">工作单内容</td><td>工作者</td><td>检查者</td></tr>
<tr><td>操作步骤</td><td colspan="3">一、模拟机准备
<table><tr><td>飞机状态</td><td>停在停机坪</td></tr><tr><td>地面电源</td><td>已连接</td></tr><tr><td>外接电源开关</td><td>ON</td></tr><tr><td>蓄电池开关 1 和 2</td><td>ON</td></tr><tr><td>发动机</td><td>未起动</td></tr></table>警告：在整个起落架舱门收放过程中，确保起落架舱门的运行范围内无人员和其他障碍物，否则可能导致人员伤亡或设备损坏</td><td></td><td></td></tr>
</table>

（续）

<table>
<tr><th colspan="2">工作单内容</th><th>工作者</th><th>检查者</th></tr>
<tr><td>操作步骤</td><td>二、工作准备
1. 在中央操纵台确保重力放下控制手柄在正常位
2. 在 400VU 面板上确保起落架控制手柄（6GA）在 DN 位
3. 在起落架控制手柄上放置警告牌
4. 确保绿液压系统泄压
5. 给三个起落架安装地面锁装置
6. 在三个起落架舱门区域设置安全护栏
三、打开前起落架舱门
1. 拆下前起落架舱门地面控制手柄上的安全销
2. 按下并保持前起落架舱门地面控制手柄上的按钮并将手柄置于打开位
3. 松开按钮并将前起落架舱门地面控制手柄保持在打开位
4. 将安全销安装到前起落架舱门地面控制手柄上
5. 在左、右前起落架舱门的校装孔上安装安全销，将前起落架舱门锁置于开位
四、打开主起落架舱门
1. 打开左主起落架舱门
1）打开接近门 195BB
2）拆下左主起落架舱门地面控制手柄上的安全销
3）按下并保持左主起落架舱门地面控制手柄上的按钮并将手柄下拉
4）松开按钮并将左主起落架舱门地面控制手柄保持在打开位
5）在左主起落架舱门地面控制手柄上安装安全销
6）在左主起落架舱门作动筒上安装安全套筒
2. 打开右主起落架舱门
1）打开接近门 196BB
2）拆下右主起落架舱门地面控制手柄上的安全销
3）按下并保持右主起落架舱门地面控制手柄上的按钮并将手柄下拉
4）松开按钮并将右主起落架舱门地面控制手柄保持在打开位
5）在右主起落架舱门地面控制手柄上安装安全销
6）在右主起落架舱门作动筒上安装安全套筒
五、关闭主起落架舱门
1. 关闭右主起落架舱门
1）拆下右主起落架舱门作动筒上的安全套筒
2）在右主起落架舱门地面控制手柄上拆下安全销
3）按下并保持右主起落架舱门地面控制手柄上的按钮并将手柄上提
4）松开按钮并将右主起落架舱门地面控制手柄保持在关闭位
5）在右主起落架舱门地面控制手柄上安装安全销
6）关闭接近门 196BB
2. 关闭左主起落架舱门
1）拆下左主起落架舱门作动筒上的安全套筒
2）在左主起落架舱门地面控制手柄上拆下安全销
3）按下并保持左主起落架舱门地面控制手柄上的按钮并将手柄上提
4）松开按钮并将左主起落架舱门地面控制手柄保持在关闭位
5）在左主起落架舱门地面控制手柄上安装安全销
6）关闭接近门 195BB
六、关闭前起落架舱门
1. 拆下左、右前起落架舱门校装孔上的安全销
2. 拆下前起落架舱门地面控制手柄上的安全销
3. 按下并保持前起落架舱门地面控制手柄上的按钮并将手柄置于关闭位
4. 松开按钮并将前起落架舱门地面控制手柄保持在关闭位
5. 将安全销安装到前起落架舱门地面控制手柄上
七、结束工作
1. 撤除安全护栏
2. 取下三个起落架上的地面锁装置
3. 取下起落架控制手柄上的警告牌
4. 断开飞机外部电源并撤走电源车</td><td></td><td></td></tr>
</table>

（续）

工作单内容		工作者	检查者
分析	请记录在完成任务的过程中哪些步骤出现了差错，并分析原因 1. 步骤： 原因与解决办法： 2. 步骤： 原因与解决办法： 3. 步骤： 原因与解决办法：		

六、学习检验与反思

引导问题 4：请同学们扫描下面的二维码，通过答题检验此次典型工作的学习效果。

引导问题 5：请每位同学撰写学习反思，填入表 3-4 中，并与小组成员进行交流，看看是否达成学习目标。

表 3-4　学习反思清单

学习成就
请说说这节课你学习到了哪些让你觉得有用的内容。
合作学习
1）谈一谈你在团队合作完成任务的过程中做的哪些事情履行了自己的角色职责。 2）今后你会如何提升自己在小组中的表现？
学习体验
1）你对自己在本节课的学习情绪或状态觉得满意吗？是否要做一些改变呢？ 2）你对于学习这门课是否更有信心呢？为什么？

七、业内延伸

航空客机升空后起落架收不回致返航

某航空公司的 8LXXXX 航班准备从昆明长水机场飞往揭阳潮汕机场。经过必要的航前准备，包括飞机整备、座舱安全检查及空管放行申请，伴着晨曦，载着乘客的波音 737 从跑道上腾空而起。然而，不久之后，意外发生了，飞行机组发现飞机的起落架无法收起，引发了巨大的噪声，飞机无法正常升空和巡航。在这一紧急情况下，机组按照飞行指南进行了一系列操作，但波音 737 的起落架仍然无法收回机舱。于是，8LXXXX 航班在昆明市上空盘旋了 52min 后，迫不得已选择返航昆明长水机场，幸好最终平安着陆。

这一罕见的客机返航备降事件的根本原因在于飞机起落架的安全销没有按照安全规章要求在起飞前取下，这一疏忽由飞行机组和地面机务维修人员共同导致。尽管被称为“机械故障”，但实际上是人为原因造成的，因为飞机的三个起落架安全销均未被拔出，直接导致了起落架无法收起。

飞机的起落架安全销在航空领域扮演着至关重要的角色，它们用于支撑飞机并确保在地面时不会发生起落架意外收回。这些安全销是一种重要的防呆机制，只有在正确按照规程操作时才能发挥作用。每次当飞机起飞推出后，地面人员向机组展示一组红色的飘带，即起落架安全销，以确保它们已经被拔出。这一举措的目的是为了避免在地面时发生人为错误导致起落架意外升起。

然而，在这起事件中，地面机务人员虽然已经签署了相关准备放行文件，但与飞行机组之间并未妥善执行起落架安全销的交接程序。这揭示了工作流程和责任分工上的问题，以及对安全的敬畏和规章的遵守不够严格。整体上，组织管理也显得松懈麻痹，缺乏了对生命和规章的敬畏之心。

“不畏浮云遮望眼，只缘身在最高层”。这句话提醒我们，在航空领域，即使最微小的细节也可能对安全产生巨大影响。航空安全不仅是技术问题，更是一种理念，要求每个参与者都敬畏生命，敬畏规章，并认真履行职责。这次事件的教训对整个航空行业的安全理念产生深刻影响，提醒我们永远不要忽视安全的任何环节。

典型工作 3　起落架系统收放测试

一、工作情境与任务

工作情境： BXXXX 飞机在执行起落架维修工作后，需要对飞机起落架系统进测试，验证起落架维修工作后是否存在不正常的现象。现组织当班机务对起落架系统进行收放测试，如测试不通过，立即对系统进行深入排查。

任务难度： ★★☆☆☆

工作类型： □日常检查　□日常勤务　☑系统测试　□故障排除　□M 项放行维护

技能岗位： 航线维修员、航线放行员、大修机电维修员

任务内容： 请同学们在 A320 飞机虚拟维修平台上完成“起落架系统收放测试”任务：

1）学习起落架收放系统的原理。

2）完成起落架收放系统的收放操作程序。

二、学习目标

知识目标： 熟悉起落架及舱门正常的收放顺序，认识起落架及舱门相关指示。

能力目标： 熟练完成起落架正常收放功能测试。

素质目标： 具有安全意识，能够识别现场危险源并做好安全防护措施，驾驶舱测试人员与地面观察人员保持良好的沟通。

三、任务分组

请同学们选择在本次任务中扮演的角色，并填入表 3-5 中。

表 3-5　小组任务分配计划表

班级		组名		组长	
组员及任务分工					
角色	姓名	任务	角色	姓名	任务
总结者			检查者		
研究者			经营者		
记录员			支持者		
观察者 / 疑难解答者					

注：如果不清楚各成员角色的任务内容，请查阅表 1《团队角色分工表》。

四、工作准备

1. A320 飞机起落架收放系统工作原理

A320 飞机起落架的正常收放采用电控液动的方式，收放系统原理如图 3-17 所示。飞行员使用起落架收放手柄控制起落架的收上和放下。起落架收放手柄有收上（UP）和放下（DOWN）两个位置。当飞机在地面时，手柄内的电磁锁会将手柄锁定在“DOWN”位，防止起落架在地面被误收起。解除手柄电磁锁的指令由计算机发出。

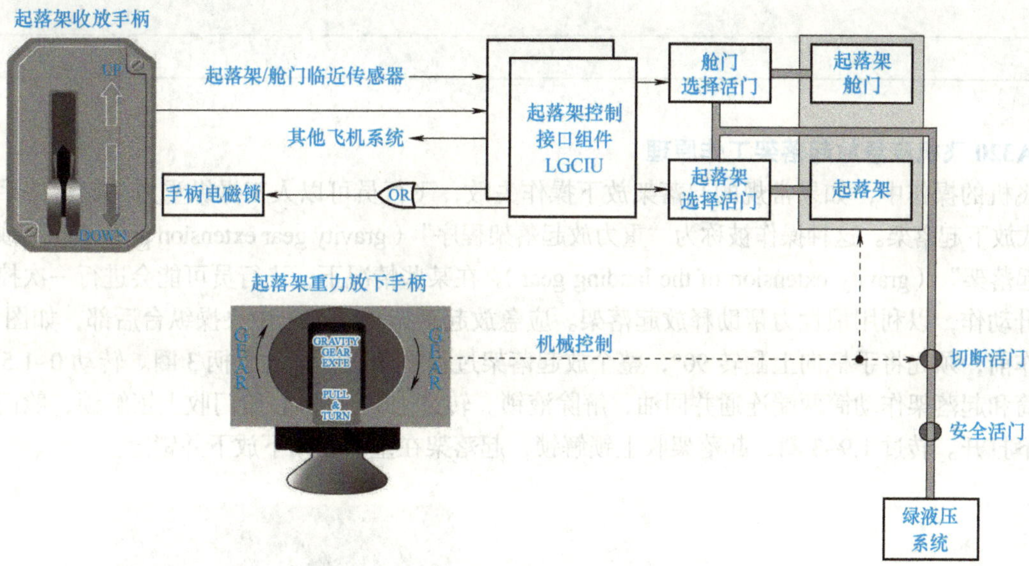

图 3-17　A320 飞机起落架收放系统原理图

电子舱有两台控制起落架收放的计算机，称为起落架控制和接口组件（Landing Gear Control Interface Unit，LGCIU），每台 LGCIU 控制一个收放循环：一个收起和一个放下过程。每次控制起落架收放的计算机只有一台处于激活状态，另一台处于备用状态，也称为热备份状态，它会接收与激活状态的计算机一样的信息，但是不会发出控制指令。两台计算机在每个循环开始时切换（触发条件：收放手柄从“DOWN”位移开）。如果激活状态的计算机出现故障，备用计算机会接管控制起落架的收放，成为激活状态的计算机。

（1）起落架正常收上

飞机在地面时，起落架收放手柄会被锁定在“DOWN”位。只有飞机处于空中模式时，起落架收放手柄才能解锁移动到“UP”位。将起落架收放手柄移动到“UP”位时，LGCIU 首先发出开舱门指令，舱门选择活门接收到信号后，液压供往舱门收上锁作动筒将其解锁，舱门作动筒供压并打开舱门。

当舱门完全打开后，接近传感器提供起落架和舱门的位置反馈。LGCIU 接收到舱门和起落架位置的反馈信号后，再次发出起落架收上指令。起落架选择活门收到该指令，液压供往起落架放下锁作动筒和起落架收放作动筒，解锁放下锁作动筒并收上起落架。LGCIU 接收起落架收上锁定的临近传感器信号反馈后，最后发出关闭舱门指令。舱门选择活门控制液压关闭舱门。舱门关闭且位置指示正常时，整个起落架的收上过程结束。

起落架收放系统正常时，系统使用绿系统为选择阀和作动筒提供液压动力。为了防止起落架在空中意外放出，当飞机空速大于 260 节（1 节 = 1.852km/h）时（空速数据来自大气数据惯性基准组件），安全活门关闭，将收放系统从绿液压系统隔离。

（2）起落架正常放下

起落架正常放下依然由处于控制模式的 LGCIU 进行控制。将起落架手柄移动到“DOWN”位时，选择活门接收到 LGCIU 发出的打开舱门指令，液压供往舱门收上锁作动筒将其解锁，舱门作动筒供压并打开舱门。当舱门完全打开后，LGCIU 接收舱门临近传感器信号反馈后，给选择活门发送起落架放下指令。液压供往起落架上锁作动筒和起落架收放作动筒，解锁上锁作动筒并放下起落架。LGCIU 接收起落架放下锁定的临近传感器信号反馈后，发送指令到选择活门，控制液压关闭舱门。舱门关闭且位置指示正常时，整个起落架的放下过程结束。

引导问题 1： 请同学们去驾驶舱寻找起落架收放手柄，并思考为什么飞机在地面时要将手柄锁在“DOWN”位。

____

____

2. A320 飞机应急放起落架工作原理

在飞机的操作中，如果常规的起落架放下操作失败，飞行员可以人工操纵重力放起落架手柄，以机械方式放下起落架。这种操作被称为“重力放起落架程序”（gravity gear extension procedure）或者“重力放下起落架”（gravity extension of the landing gear）。在某些情况下，飞行员可能会进行一次控制的俯冲或爬升动作，以利用惯性力帮助释放起落架。应急放起落架手柄位于中央操纵台后部，如图 3-18 所示。操作前，须先将手柄向上翻转 90°，整个放起落架过程需顺时针转动手柄 3 圈。转动 0~1.5 圈，舱门作动筒和起落架作动筒两端连通并回油，解除液锁。转过 1.6~1.8 圈，舱门收上锁解锁，舱门会在重力作用下打开。转过 1.9~3 圈，起落架收上锁解锁，起落架在重力作用下放下并锁定。

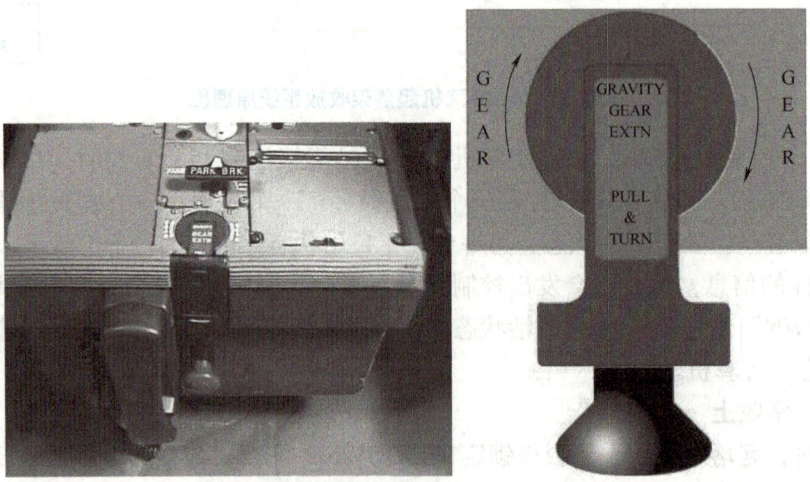

图 3-18　应急放起落架手柄

应急放起落架完成后，主舱门无法自动关闭。只有飞机平安落地后将重力放起落架手柄放回正常位置，并且将收放手柄置于“DOWN”位，主舱门才会关闭，且系统回到正常收放模式。在应急放起落架过程中，起落架舱门的位置指示系统依然可以不受影响地照常工作。

3. A320 飞机起落架位置指示

A320 飞机起落架系统装有数个临近传感器（见图 3-19），将起落架和舱门的位置状态通过信号传递到驾驶舱。机组和机务人员可以通过 ECAM 的起落架页面和灯光指示面板查看起落架的位置状态。

在 ECAM 的起落架页面，以不同颜色的三角形表示起落架收放状态。显示绿色三角形表示起落架放下锁好，显示红色三角形则表示起落架未锁定或相应的起落架与控制手柄位置不一致，如果没有三角形符号显示，则表示起落架收上锁好。灯光指示面板同样是通过颜色反映起落架的位置状态。绿色表示起落架放下锁好，红色表示起落架未锁定或相应的起落架与控制手柄位置不一致，如果灯光熄灭，则表示起落架收上锁好。

图 3-19　临近传感器

引导问题 2： 临近传感器会给驾驶舱反馈起落架和舱门的位置信号，请分析临近传感是通过什么方式感受起落架和舱门的位置状态的。

____

____

引导问题 3： 分析什么情况会导致驾驶舱起落架红色指示灯点亮。

____

____

引导问题 4： 请在图 3-20 所示方框中填入各符号所代表的部件名称和位置状态。

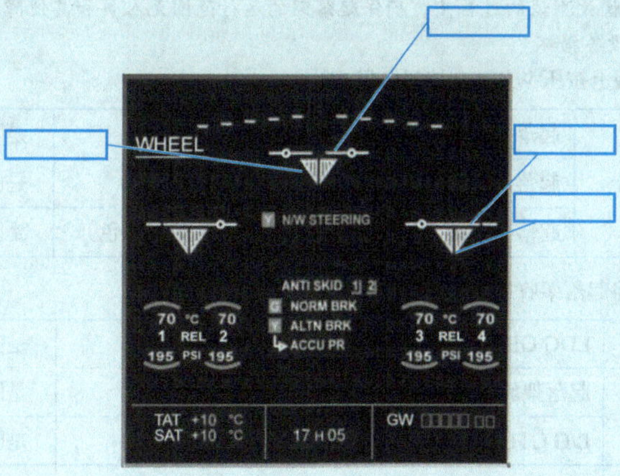

图 3-20　A320 起落架 ECAM 指示

五、工作程序与标准

引导问题 5： 请同学们根据工作单的指引在虚拟仿真平台上完成维护任务。

A320 飞机起落架正常收放功能测试

机号		飞机维修工作单 JOB CARD A320 飞机起落架正常收放功能测试	工作单号	3-3
机型	A320			
工时	1 课时		工作区	模拟机教室

	工作单内容	工作者	检查者
操作步骤	见下		

一、模拟机准备

飞机状态	停在机库内
地面电源	已连接
外接电源开关	OFF
蓄电池开关 1 和 2	OFF
发动机	未起动

二、工作准备

1. 在三个起落架及舱门区域设置安全护栏
2. 在 400VU 面板上确保起落架控制手柄（6GA）在放下位置，并挂上警告牌，以告知别人不要操作起落架
3. 在 110VU 面板上确保 GRAVITY GEAR EXTN 手柄折叠进入中央主控台
4. 使用千斤顶顶起飞机
5. 确保下列跳开关闭合

面板	名称	标识	位置
49VU	L/G/LGCIU/SYS1/NORM	1GA	C09
121VU	HYDRAULIC/LGCIU/SYS2	2GA	Q35
	HYDRAULIC/LGCIU/SYS1/GRND SPLY	52GA	Q34

6. 接通飞机电源
7. 在 402VU 面板上，起落架放下并锁好指示灯亮（绿色）
8. 使用电动泵给飞机绿液压系统增压

警告：*在给飞机液压系统增压前，要确保飞机所有舵面与其控制手柄位置一致，否则飞机舵面可能突然作动*

三、起落架收放操作测试

警告：*在整个起落架收放测试的过程中，确保起落架的运行范围无人员和其他障碍物，否则可能导致人员伤亡或设备损坏*

1. 在 ECAM 控制面板上按压 WHEEL 按钮电门

在下 ECAM 显示器上	起落架及轮子页面出现	是□否□
	起落架舱门指示关闭并锁好（绿色）	是□否□
	起落架系统 1 和 2 符号指示放下并锁好（绿色）	是□否□

2. 在 400VU 面板上将起落架收放手柄（6GA）移到 UP 位

在 402VU 面板上	LDG GEAR UNLK 灯亮（红色）	是□否□
在下 ECAM 显示器上	起落架舱门指示关闭并锁好（绿色）	是□否□
	L/G CTL 标题出现（琥珀色）	是□否□
在飞机上	起落架舱门开始打开	是□否□
在下 ECAM 显示器上	舱门符号变为开启中（琥珀色）	是□否□
在飞机上	起落架舱门完全打开	是□否□
	起落架开始收上	是□否□
在 402VU 面板上	LDG GEAR 放下并锁好灯熄灭	是□否□
在下 ECAM 显示器上	起落架系统 1 和 2 符号变成红色	是□否□
在飞机上	起落架收上并锁好	是□否□

（续）

工作单内容		工作者	检查者
操作步骤	（见下）		

（续）

位置	检查内容	结果
在 402VU 面板上	LDG GEAR 放下并锁好灯熄灭	是□否□
	LDG GEAR UNLK 灯熄灭	是□否□
在下 ECAM 显示器上	L/G CTL 标题消失	是□否□
	起落架系统 1 和 2 符号消失	是□否□
在飞机上	起落架舱门开始关闭	是□否□
在下 ECAM 显示器上	起落架舱门符号显示关闭中（琥珀色）	是□否□
在飞机上	起落架舱门关闭并锁好	是□否□
在下 ECAM 显示器上	起落架舱门符号显示关闭并锁好（绿色）	是□否□

3. 在 400VU 面板上将起落架收放手柄（6GA）移动到 DOWN 位

位置	检查内容	结果
在 402VU 面板上	LDG GEAR UNLK 灯亮（红色）	是□否□
在下 ECAM 显示器上	L/G CTL 标题出现（琥珀色）	是□否□
在飞机上	起落架舱门开始打开	是□否□
在下 ECAM 显示器上	起落架舱门符号变为开启中（琥珀色）	是□否□
在飞机上	起落架舱门完全打开	是□否□
	起落架开始放下	是□否□
在下 ECAM 显示器上	舱门符号显示开启位置（琥珀色）	是□否□
	起落架系统 1 和 2 符号出现（红色）	是□否□
在飞机上	起落架放下并锁好	是□否□
在 402VU 面板上	LDG GEAR UNLK 灯（红色）熄灭	是□否□
	LDG GEAR 放下并锁好灯（绿色）亮	是□否□
在下 ECAM 显示器上	L/G CTL 标题消失	是□否□
	起落架系统 1 和 2 符号变为绿色	是□否□
在飞机上	起落架舱门开始关闭	是□否□
在下 ECAM 显示器上	起落架舱门符号变为关闭中（琥珀色）	是□否□
在飞机上	起落架舱门关闭并锁好	是□否□
在下 ECAM 显示器上	起落架舱门符号显示关闭并锁好（绿色）	是□否□
	起落架系统 1 和 2 符号显示放下并锁好（绿色）	是□否□

4. 再次运行第 2 步和第 3 步的测试程序，确保两个 LGCIU 都操作正确

四、结束工作

1. 打开左主起落架舱门，给飞机绿液压系统卸压
2. 执行 EIS（电子仪表系统）停止程序
3. 放下飞机，撤离千斤顶
4. 给三个起落架安装地面安全锁
5. 断开飞机外部电源并撤走电源车
6. 撤除安全护栏
7. 取下警告牌

分析

请记录在完成任务的过程中哪些步骤出现了差错，并分析原因

1. 步骤：
原因与解决办法：
2. 步骤：
原因与解决办法：
3. 步骤：
原因与解决办法：

六、学习检验与反思

引导问题 6：请同学们扫描下面的二维码，通过答题检验此次典型工作的学习效果。

引导问题 7：请每位同学撰写学习反思，填入表 3-6 中，与小组成员进行交流，看看是否达成学习目标。

表 3-6 学习反思清单

学习成就
请说说这节课你学习到了哪些让你觉得有用的内容。
合作学习
1）谈一谈你在团队合作完成任务的过程中做的哪些事情履行了自己的角色职责。 2）今后你会如何提升自己在小组中的表现？
学习体验
1）你对自己在本节课的学习情绪或状态满意吗？是否要做一些改变呢？ 2）你对于学习这门课是否更有信心呢？为什么？

七、业内延伸

紧急情况下的安全降落：阿斯塔纳航空波音 757 起落架故障事件

一架隶属于哈萨克斯坦的阿斯塔纳航空波音 757-200 客机在厦门太古进行大修后，准备飞往 4300km 外的阿拉木图。然而，起飞后机组发现仪表板显示起落架指示灯异常，右侧主起落架收放也存在异常，无正常的绿灯指示。机组人员立即向塔台通报，并将应答机调至“7700”，宣布飞机遇到紧急状态，这个 7700 代码表示飞机面临危险情况。

塔台接到通报后，指挥机组将飞机飞往厦门北边大约 100km 的南安市永春县上空以进行处置。同时，高崎机场也制定了紧急救援方案，准备了消防车和救护车等相关救援设备并在跑道外备勤。

在永春县上空盘旋的 3h 里，飞机保持着 3000m 的高度，由于起落架未收起，飞机限制在 440km/h 的速度。通过网友提供的视频可以看到，3 组起落架处于放下的状态，但无法确认起落架是否锁定。经过一系列尝试，飞机返回高崎机场并安全降落，解除了危机。一些业内人士指出，这可能是大修后起落架故障导致的假信号。

这起事件给我们带来了一些思考。首先，飞行安全是航空运输的重中之重，任何时候都不能掉以轻心。无论飞机是否经过大修，都应该保证设备的正常运行和安全性。其次，机组的应急处置能力非常重要，他们在面对突发情况时的冷静应对和标准操作至关重要。他们通过与地面塔台的紧密合作，成功地将飞机引导到安全降落的地点。最后，航空公司应该加强飞机维护和定期检查，确保每架飞机的飞行安全。

这起事件不仅提醒我们保障飞行安全的重要性，也向我们展示了在紧急情况下，机组和地面人员的紧密合作和高效处置。我们应该倍加珍惜每一次平安的飞行旅程，并对航空安全始终保持高度警惕。

典型工作 4　起落架舱门选择活门故障排除

一、工作情境与任务

工作情境： B-XXXX 飞机航后发现 ECAM 显示“LG LGCIU 1 FAULT”故障信息，现须根据排故手册执行起落架舱门操作测试，确定故障源头，排除故障，保障后面航班顺利进行。

任务难度： ★★★☆☆

工作类型： □日常检查　□日常勤务　□系统测试　☑故障排除　□ M 项放行维护

技能岗位： 航线维修员、航线放行员、大修机电维修员、系统工程师

任务内容： 请同学们在 A320 飞机虚拟维修平台上完成“起落架舱门选择活门故障排除”任务：

1）找到起落架舱门选择活门故障隔离程序。

2）根据故障隔离程序排除起落架舱门选择活门故障。

二、学习目标

知识目标： 能够找到故障信息并根据信息查找到故障隔离程序。

能力目标： 能排除起落架选择活门故障。

素质目标： 了解拆装计算机时的安全防护措施（如做好静电防护，拔出相应跳开关等），具有基本的排故思路。

三、任务分组

请同学们选择在本次任务中扮演的角色，并填入表 3-7 中。

表 3-7　任务分组计划单

班级		组名		组长	
组员及任务分工					
角色	姓名	任务	角色	姓名	任务
总结者			检查者		
研究者			经营者		
记录员			支持者		
观察者 / 疑难解答者					

注：如果不清楚各成员角色的任务内容，请查阅表 1《团队角色分工表》。

四、工作准备

1. 起落架收放主要控制部件

（1）选择活门

选择活门包括舱门选择活门和起落架选择活门，通过控制液压油的流向来控制起落架和舱门的运动，起落架选择活门如图 3-21 所示。选择活门有两组电磁线圈，通常是一组通电，另一组备份，分别受各自的 LGCIU 控制。

图 3-21　A320 飞机起落架选择活门

（2）起落架接口和控制组件（LGCIU）

每架飞机装有两台 LGCIU，用于控制起落架和舱门的收放顺序，如图 3-22 所示。每台 LGCIU 由独立的电源供电，且分别监控一组临近传感器。每组包含 16 个临近传感器，共 32 个传感器监控起落架和舱门的位置，并将位置信号提供给 ECAM 指示和起落架指示面板。

（3）安全活门

安全活门位于选择活门上方，如图 3-23 所示，由 ADIRS 和收放手柄控制，当飞机空速大于 260 节时，隔离绿系统压力，防止起落架意外放出而损坏飞机结构。

图 3-22　起落架接口和控制组件（LGCIU）

图 3-23　起落架安全活门

2. 分析故障隔离手册，梳理排故思路

引导问题 1：请按照模块一中 TSM 的查询方法，找到“LG LGCIU 1 FAULT”故障信息所对应的排故程序，并列出可能发生故障的所有部件。

____

____

引导问题 2：思考一下在执行起落架舱门测试时，为什么要重复两遍？

____

____

五、工作程序与标准

引导问题 3：请同学们根据工作单的指引在虚拟仿真平台上完成维护任务。

机号		飞机维修工作单 JOB CARD A320 飞机起落架舱门选择活门故障排除	工作单号	3-4
机型	A320		工作区	模拟机教室
工时	1 课时			

<table>
<tr><th colspan="2">工作单内容</th><th>工作者</th><th>检查者</th></tr>
<tr><td>操作步骤</td><td>
一、模拟机准备
<table>
<tr><td>飞机状态</td><td>停在机库内</td></tr>
<tr><td>地面电源</td><td>连接</td></tr>
<tr><td>外接电源开关</td><td>ON</td></tr>
<tr><td>蓄电池开关 1 和 2</td><td>ON</td></tr>
<tr><td>发动机</td><td>未起动</td></tr>
</table>
二、工作准备
1. 检查 ECAM STATUS 页面
<table>
<tr><td>在下 ECAM STATUS 页面</td><td>无 INOP 系统 LG LGCIU 1 FAULT</td><td>是□否□</td></tr>
</table>
2. 设置 LG DOOR SELECTOR VALVE 故障
<table>
<tr><td>音响警告</td><td>单谐音</td><td>是□否□</td></tr>
<tr><td>MASTER CAUT（琥珀色灯）</td><td>亮</td><td>是□否□</td></tr>
<tr><td>在上 ECAM 显示器</td><td>出现故障信息：LG LGCIU 1 FAULT</td><td>是□否□</td></tr>
<tr><td>在下 ECAM STATUS 页面</td><td>INOP SYS 出现：LGCIU 1</td><td>是□否□</td></tr>
</table>
3. 在 MCDU 上打印航后报告，航后报告内容
<table>
<tr><td>ECAM WARNING MESSAGES</td><td>32-31　L/G LGCIU 1 FAULT</td></tr>
<tr><td>FAULT MESSAGES</td><td>32-31-34　L/G DOORS SEL VALVE 41GA</td></tr>
</table>
4. 在 AirN@v 手册中搜索 TSM 任务
1）选择 Start Troubleshooting
2）选择 ECAM Warning
3）输入 32-00 L/G LGCIU 1 FAULT，选择 “Search”
4）在结果中选择 32-31-34 L/G DOORS SEL VALVE 41GA，选择 “Open”
三、故障确认
1. 在三个起落架舱门区域设置安全护栏
2. 在 400VU 面板上，确保起落架控制手柄（6GA）在 DN 位，并挂上警告牌以告知别人不要操作起落架
3. 给三个起落架安装地面安全锁
</td><td></td><td></td></tr>
</table>

（续）

<table>
<tr><th></th><th>工作单内容</th><th>工作者</th><th>检查者</th></tr>
<tr><td>操作步骤</td><td>

4. 确保下列跳开关闭合

面板	名称	标识	位置
121VU	COM NAV/RAD ALTM/2	1SA2	K12
	COM NAV/RAD ALTM/1	1SA1	K11

5. 使用电动泵给飞机绿液压系统增压

警告：在给飞机液压系统增压前，要确保飞机所有舵面与其控制手柄位置一致，否则飞机舵面可能突然作动

6. 确保所有起落架舱门都处于关闭位置，起落架舱门地面控制手柄在 CLOSED 位置
7. 把 ADIRS 三个 OFF/NAV/ATT 旋钮置于 NAV 位
8. 进行起落架舱门操作测试

警告：在整个起落架舱门测试的过程中，确保起落架舱门的运行范围无人员和其他障碍物，否则可能导致人员伤亡或设备损坏

1）进入 MCDU
→ CFDS
→ SYSTEM REPORT/TEST
→ L/G
→ LGCIU 1
选择 NEXT PAGE 功能键
→ LANDING GEAR SIMULATION
→ NOSE+LH+RH

2）在 MCDU 上选择 EXTENDED 行选键，将起落架手柄置于 UP 位

402VU 面板上起落架位置指示灯	红色 UNLK 灯亮	是□否□
飞机上	起落架舱门正常打开	是□否□

3）在 MCDU 上选择 RETURN 行选键，将起落架手柄置于 DN 位

402VU 面板上起落架位置指示灯	绿色灯亮	是□否□
飞机上	起落架舱门正常关闭	是□否□

4）在 MCDU 上按压 RETURN 行选键直到回到 L/G 页面
5）按压 LGCIU 2 行选键
选择 NEXT PAGE 功能键
→ LANDING GEAR SIMULATION
→ NOSE+LH+RH

6）在 MCDU 上选择 EXTENDED 行选键，将起落架手柄置于 UP 位

402VU 面板上起落架位置指示灯	红色 UNLK 灯亮	是□否□
飞机上	起落架舱门正常打开	是□否□

7）在 MCDU 上选择 RETURN 行选键，将起落架手柄设置到 DN 位

402VU 面板上起落架位置指示灯	绿色灯亮	是□否□
飞机上	起落架舱门正常关闭	是□否□

8）在 MCDU 上按压 RETURN 行选键直到回到主页面

四、故障隔离

1. 对换 LGCIU 1 和 LGCIU 2

1）拔出下列跳开关并夹上保险夹

面板	名称	标识	位置
49VU	L/G/LGCIU/SYS1/NORM	1GA	C09
121VU	HYDRAULIC/LGCIU/SYS2	2GA	Q35
	HYDRAULIC/LGCIU/SYS1/GRND SPLY	52GA	Q34

</td><td></td><td></td></tr>
</table>

（续）

工作单内容	工作者	检查者

操作步骤

2）对换 LGCIU 1 和 LGCIU 2

3）取下保险夹并闭合下列跳开关

面板	名称	标识	位置
49VU	L/G/LGCIU/SYS1/NORM	1GA	C09
121VU	HYDRAULIC/LGCIU/SYS2	2GA	Q35
	HYDRAULIC/LGCIU/SYS1/GRND SPLY	52GA	Q34

2. 重复第三项的第 8 步进行起落架舱门操作测试

LGCIU 1	起落架舱门操作正常	是□否□
LGCIU 2	起落架舱门操作正常	是□否□

3. 重复第四项的第 1 步换回 LGCIU 1 和 LGCIU 2
4. 检查 41GA 插钉间的电阻值

B 和 F 之间	电阻值为 60Ω	是□否□
C 和 E 之间	电阻值为 60Ω	是□否□

5. 在插钉 C 和 E 之间、插钉 B 和 F 之间设置跳线，测量它们之间电阻值

电阻值为 800Ω	是□否□

6. 测量 LGCIU 1 到 Door Selector Valve Connector A 之间的线路连接

1）拔出下列跳开关并夹上保险夹

面板	名称	标识	位置
49VU	L/G/LGCIU/SYS1/NORM	1GA	C09
121VU	HYDRAULIC/LGCIU/SYS1/GRND SPLY	52GA	Q34

2）拆下 LGCIU 1

3）断开 41GA 的电插头

4）测量 LGCIU 1 到 Door Selector Valve Connector A 的电阻

E 和 1D 之间	电阻值为 2Ω，正确	是□否□
C 和 1C 之间	电阻值无穷大，断路状态，不正确	是□否□
B 和 1A 之间	电阻值为 2Ω，正确	是□否□
F 和 1B 之间	电阻值为 2Ω，正确	是□否□

7. 修复 C 到 1C 之间的线路
8. 连接 41GA 的电插头
9. 安装 LGCIU 1
10. 取下保险夹闭合下列跳开关

面板	名称	标识	位置
49VU	L/G/LGCIU/SYS1/NORM	1GA	C09
121VU	HYDRAULIC/LGCIU/SYS1/GRND SPLY	52GA	Q34

五、测试验证

重复第三项的第 8 步进行起落架舱门操作测试

LGCIU 1	起落架舱门操作正常	是□否□
LGCIU 2	起落架舱门操作正常	是□否□

（续）

工作单内容		工作者	检查者
操作步骤	六、结束工作 1. 给飞机绿液压系统卸压 2. 将 ADIRS 三个 OFF/NAV/ATT 旋钮设置到 OFF 位 3. 执行 EIS 停止程序 4. 撤除安全护栏 5. 取下警告牌 6. 断开飞机外部电源并撤走电源车		
分析	请记录在完成任务的过程中，哪些步骤出现了差错，并分析原因 1. 步骤： 原因与解决办法： 2. 步骤： 原因与解决办法： 3. 步骤： 原因与解决办法：		

六、学习检验与反思

引导问题 4： 请同学们扫描下面的二维码，通过答题检验此次典型工作的学习效果。

引导问题 5： 请每位同学撰写学习反思，填入表 3-8 中，并与小组成员进行交流，看看是否达成学习目标。

表 3-8　学习反思清单

学习成就
请说说这节课你学习到了哪些让你觉得有用的内容。
合作学习
1）谈一谈你在团队合作完成任务的过程中做的哪些事情履行了自己的角色职责。 2）今后你会如何提升自己在小组中的表现？
学习体验
1）你对自己在本节课的学习情绪或状态满意吗？是否要做一些改变呢？ 2）你对于学习这门课是否更有信心呢？为什么？

七、业内延伸

中航起落架——支撑中国“大飞机梦”

2017 年，中国的 C919 和 AG600 成功进行了首次飞行，实现了国人的“大飞机梦”，也为“中国智造”增添了光彩。这两款飞机的起落架都是由中航飞机起落架有限责任公司（以下简称中航起落架）制造的。中航起落架为国产“大飞机”提供了有力的支持。

中航起落架是国产C919大型客机项目主起落架系统的供应商，自2010年7月起负责C919主起落架的设计、研发和制造。整个起落架系统由上万个零件组成，其中主起落架就有4000多个零部件，技术含量很高，配置要求极为严格。中航起落架选择了加工难度最大的43个典型零部件进行试制，包括主起外筒、活塞杆、上下扭力臂和轴销等。这一过程是艰辛的。有些配件是没有经验参考的，他们只能根据设计图一步一步摸索。负责起落架外筒加工任务的工艺员回忆说，他们每天吃住在厂里，一个外筒的初加工就花费了4个月的时间。他们加工的外筒毛坯是2.5m长、2t多重的高强度钢，是公司历史上加工过的最大零件之一。他们要在钢柱中间掏出一个长2m左右的不规则圆洞，这超出了现有设备的加工能力。通过不断探索和修正加工方案，他们最终成功加工出了理想的外筒零件。工程技术人员凭借着排除万难、精益求精的精神，为国产“大飞机”提供了优质的起落架。

2013年，中航起落架从瑞士引进了我国航空领域的第一条柔性加工生产线。然而，由于缺乏经验，生产线遇到了问题。通过多次考察、学习和研究，中航起落架的工程技术人员提出了解决方案：夹具模块化。他们重新设计了夹具，使夹具更换变得简单易行。还提升了自动检测系统，大大提高了生产效率。这条新生产线从2017年5月开始投入使用，目前已经能够加工多种产品。中航起落架的工程技术人员正在进一步研究这条生产线，为提高产能做好技术准备。

中航起落架为国产“大飞机”制造提供了有力的支持，展示了中国制造业在航空领域的突破和进步，彰显了中国智造的实力与成就。中航起落架通过努力攻克难关，为国产大飞机提供了优质起落架，展示了中航起落架为融入世界航空产业链所做的努力，体现了中国企业积极融入全球创新网络的决心。这一系列的努力和成就充分体现了中国智造的崛起，并为国家航空工业的发展做出了重要贡献。

模块四

飞机操纵系统典型工作任务

典型工作 1　飞行操纵系统部件识别与检查

典型工作 2　A320 飞机主飞行操纵舵面操作测试

典型工作 3　A320 飞机辅助飞行操纵舵面操作测试

典型工作 4　襟缝翼系统故障排除

典型工作 1　飞行操纵系统部件识别与检查

一、工作情境与任务

工作情境：现有一架飞机执行完当天最后一个航班，开始进行航后工作，根据工作单对飞行操纵系统主要部件进行目视检查。如果检查的舵面数量超过两块，请注意各操纵舵面的命名规则，如前缘缝翼、后缘襟翼和扰流板，以免查错手册内容，领错航材。

任务难度：★☆☆☆☆

工作类型：☑日常检查　□日常勤务　□系统测试　□故障排除　□M 项放行维护

技能岗位：航线机电维修员、大修机电维修员、系统工程师

任务内容：请同学们分组在 A320 飞机虚拟维修平台上完成以下任务：

1）检查飞行操纵舵面。

2）掌握机翼区域检查的标准。

二、学习目标

知识目标：能识别出飞机操纵系统的重要部件。

能力目标：了解飞机操纵系统部件常见故障现象，能评估其状态是否正常。

素质目标：掌握基本检查工作的技巧和方法，能熟练使用光源、梯子等工具完成检查工作。

三、任务分组

请同学们选择在本次任务中扮演的角色，并填入表 4-1 中。

表 4-1　小组任务分配计划表

班级		组名		组长	
组员及任务分工					
角色	姓名	任务	角色	姓名	任务
总结者			检查者		
研究者			经营者		
记录员			支持者		
观察者 / 疑难解答者					

注：如果不清楚各成员角色的任务内容，请查阅表 1《团队角色分工表》。

四、工作准备

1. 飞行操纵系统介绍

飞行操纵系统作为飞机最重要和最基本的系统之一，其工作性能的好坏，直接影响着飞行安全。飞行操纵系统的操纵舵面分为主操纵舵面和辅助操纵舵面。主操纵舵面包括副翼、方向舵和升降舵，

用于控制飞机的姿态和航向，辅助操纵舵面包括襟翼、缝翼、扰流板、水平安定面等，用来控制飞机升力、减速和俯仰配平等。

A320 飞机是第一个使用电传操纵系统的民用机型。飞机的横滚和俯仰控制是电控液动的。它们由两部升降舵副翼计算机（Elevator Aileron Computer，ELAC）和三部扰流板升降舵计算机（Spoiler Elevator Computer，SEC）控制。一些方向舵控制功能（如配平，限位）由两部飞行增稳计算机（Flight Augmentation Computer，FAC）实现。飞行操纵系统、飞机传感器、动力和液压系统的监控及冗余设计确保了电气控制的高度可用性。基本的偏航控制采用液压控制，可以作为横向稳定控制的备份，从而确保飞机在暂时完全失去电力时依然能够保持正常飞行。

引导问题 1：请同学们在图 4-1 所示方框中填入各舵面的名称。

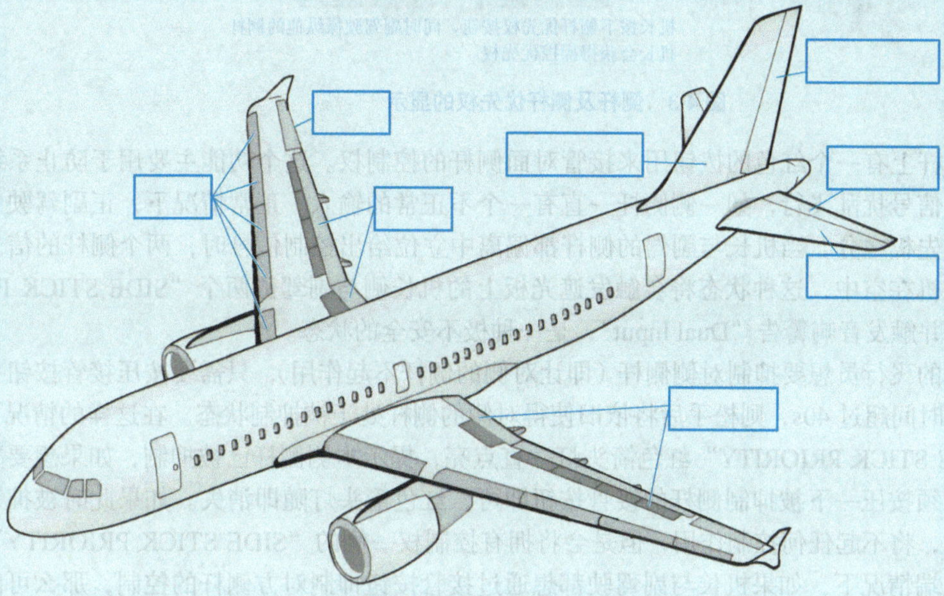

图 4-1　空客 A320 飞机飞行操纵系统舵面

2. 典型飞行操纵系统部件介绍与识别

（1）副翼、飞行扰流板和侧杆

空客 A320 飞机每边大翼外侧后缘装有一个副翼，当一侧机翼的副翼向上偏转时，另一侧机翼的副翼向下偏转。飞行扰流板（2、3、4、5 号扰流板）会协助副翼进行横滚控制，如图 4-2 所示。副翼由侧杆控制器手动控制或接通自动驾驶功能控制。驾驶舱左右两侧各有一个侧杆，用来人工操纵俯仰（前后扳动）和横滚（左右扳动）。图 4-3 所示为侧杆及侧杆优先权的显示。对于副翼向上偏转的机翼，其飞行扰流板将升起；对于副翼向下偏转的机翼，其飞行扰流板保持在收回位置。向上偏转的副翼和升起的飞行扰流板使相应机翼升力减少；而另一侧向下偏转的副翼使机翼升力增加，从而实现横滚控制。

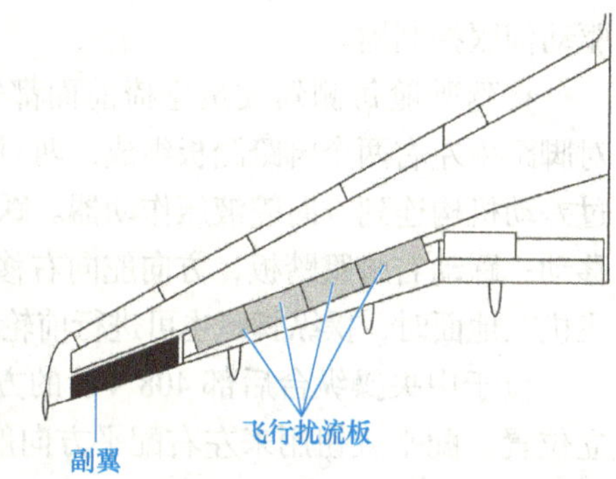

图 4-2　副翼示意图

A320 飞机还具有副翼下垂功能，此功能用于飞机起飞和着陆阶段，当襟翼伸出用于增加飞机升力时，两侧副翼也随之对称地向下偏转一个较小角度，以增加机翼的弯度，进一步增加飞机升力，此时副翼可以看作是襟翼的一部分。副翼下垂功能可以降低飞机起飞和着陆速度，减少所需跑道长度，改善飞机的起飞和着陆性能。

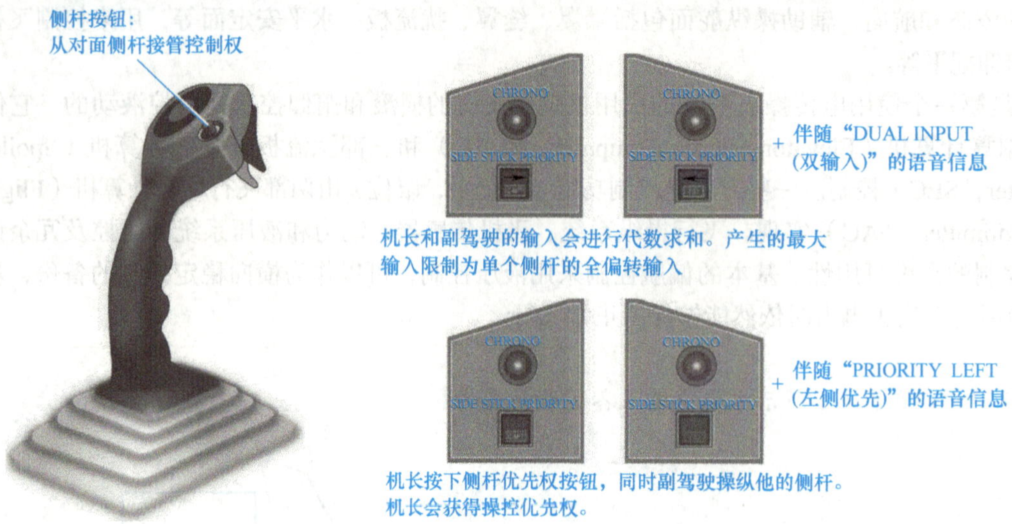

飞行操纵系统部件识别与检查

图 4-3　侧杆及侧杆优先权的显示

每个侧杆上有一个红色的按钮用来接管对面侧杆的控制权。这个功能主要用于防止系统出现故障时错误操作信号扰乱飞行，如一侧侧杆一直有一个不正常的输入。正常情况下，正副驾驶的侧杆控制信号没有优先权之分，当机长与副驾的侧杆都偏离中立位给出控制信号时，两个侧杆的信号将代数叠加。如果飞机在空中，这种状态将会触发遮光板上的机长侧与副驾侧两个“SIDE STICK PRIORITY”绿灯闪烁，并触发音响警告“Dual Input”，是一种极不安全的状态。

任意侧的飞行员想要抑制对侧侧杆（即让对侧的侧杆不起作用），只需要按压接管按钮并保持，如果按压保持时间超过 40s，则松手后将依旧使得对侧的侧杆处于被抑制状态。在这样的情况下，被抑制侧的“SIDE STICK PRIORITY”红色箭头灯一直点亮，提示本侧侧杆已被抑制，如果想要重新获取控制能力，只须按压一下被抑制侧杆的接管按钮即可，红色箭头灯随即消失。如果此时被抑制侧的侧杆偏离中立位，将不起任何控制作用，但是会将拥有控制权一侧的“SIDE STICK PRIORITY”绿色灯恒定点亮。极端情况下，如果机长与副驾驶都想通过接管按钮抑制对方侧杆的控制，那么可能出现大家都按压并保持接管按钮的情形，此时，遵循一个原则：谁后按谁取得控制权。

（2）方向舵、脚蹬及方向舵配平电门

A320 飞机在垂直安定面的后缘安装有一个方向舵，用于操纵飞机绕立轴旋转，实现偏航控制（见图 4-4）。方向舵向左偏转使机头向左偏转，方向舵向右偏转使机头向右偏转。方向舵由三个伺服控制器作动。在人工模式下可以通过脚踏机械作动伺服控制器，也可以通过方向舵控制面板电动作动伺服控制器。自动驾驶仪控制模式下则由飞行管理指引计算机（Flight Management and Guidance Computer，FMGC）驱动伺服控制器。

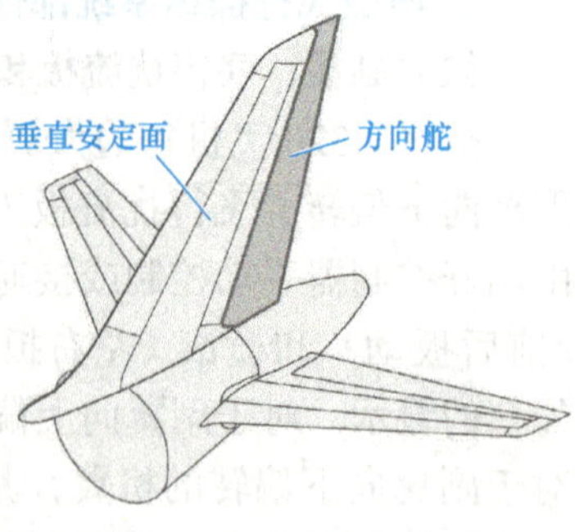

图 4-4　方向舵示意图

在驾驶舱每侧驾驶员座椅前面都安装有一对脚蹬（见图 4-5），每对脚蹬由左右两个脚蹬踏板组成，两对脚蹬机械相连，使用钢索传动通过差动机构连到方向舵液压作动器。踩动左脚蹬踏板可以将方向舵向左移动；踩动右脚蹬踏板，方向舵向右移动。驾驶员可以在任何时候通过脚蹬以机械方式控制方向舵。当飞机在地面时，操纵脚蹬也可进行前轮转弯控制。同时踩下左、右脚蹬踏板可以进行刹车操作。

位于中央操纵台后部 408 VU 的方向舵配平（RUD TRIM）旋钮（见图 4-6）用于改变方向舵的中立位置。配平旋钮用来左右配平方向舵，旋转后方向舵以 1°/s 的速度进行配平；复位（RESET）按钮用来将配平位置重置为零，按压后方向舵以 1.5°/s 的速度回到中立零位；配平指示器显示方向舵配平的方向（左或右）和角度（0~20°）。配平旋钮通过控制配平作动筒改变人工感觉机构的中立位置，从而改变方向舵的中立位置。配平旋钮的输入要经过 FAC 再控制方向舵配平作动器。当方向舵配平时，脚蹬会随动。

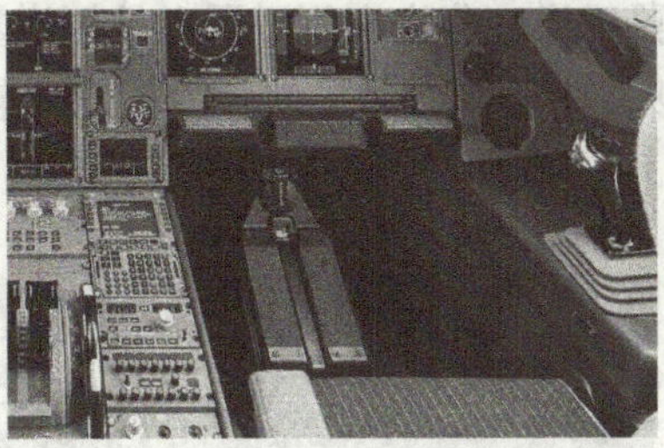

图 4-5　脚蹬

图 4-6　方向舵配平旋钮

引导问题 2： 飞机方向舵通过什么部件作动？如何控制方向舵作动？

____

____

（3）升降舵与水平安定面

A320 飞机在水平安定面的后缘安装有左、右两个升降舵，用于飞机俯仰操纵，两个升降舵同时向上或向下偏转，如图 4-7 所示。当需要飞机抬头向上飞行时，驾驶员操纵升降舵向上偏转，升降舵所受到的气动力向下，使飞机产生一个抬头的力矩；反之，如果驾驶员操纵升降舵向下偏转，飞机就会在气动力矩的作用下低头。

正常模式下，升降舵由 ELAC 控制，在 ELAC 失效时，由 SEC 对升降舵进行控制。控制指令由两个电耦合侧杆比较计算发出。由两个电液伺服阀作动每个升降舵。

当一侧升降舵失效时，另一侧升降舵的偏转角度会受到限制，以避免在水平安定面或机身后部产生过大的不对称载荷。

由于飞机绕横轴的不平衡性大于其他轴，如果只依靠升降舵这个较小的舵面去获得较大的俯仰配平角度，则需要升降舵进行大角度偏转，这样会产生额外的飞行阻力，增加油耗，降低飞机的经济性。因而对于俯仰操纵，一般飞机在尾部设计一个足够大的可调水平安定面（Trimmable Horizontal Stabilizer，THS）进行配平（见图 4-7）。因为面积差别，正常情况下短时间、小幅度的俯仰操纵使用升降舵，长时间、大幅度的俯仰配平使用水平安定面。

两个配平手轮（见图 4-8）提供了水平安定面的机械操纵，其优先级高于电控方式。在自动俯仰配平不可用时，必须使用机械操纵方式配平水平安定面。配平位置（度数）在手轮旁边的刻度上显示。

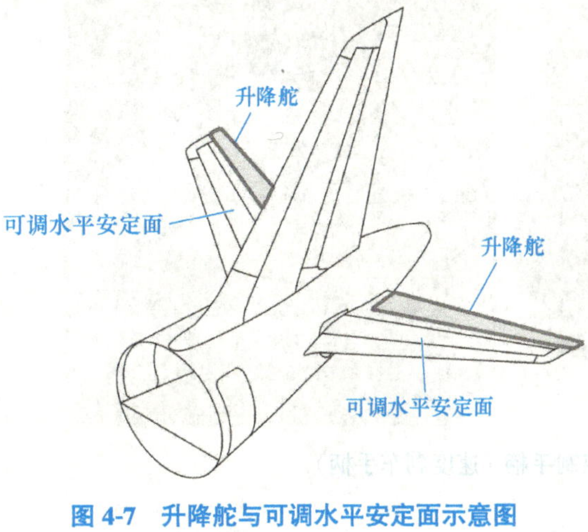

图 4-7　升降舵与可调水平安定面示意图

图 4-8　水平安定面配平手轮

（4）襟翼和缝翼

A320 飞机每个机翼上都有两个襟翼和 5 个缝翼，都是电控液动的，用于在起飞、着陆时增加飞机升力，如图 4-9 和图 4-10 所示。A320 飞机襟翼位于机翼后缘，分为内侧襟翼和外侧襟翼。外侧襟翼通过安全螺栓连接在 3 号和 4 号导轨位置，内侧襟翼连接在 1 号和 2 号导轨位置。在导轨外部均罩有船型整流罩，随着襟翼导轨移动放出襟翼的同时打开。

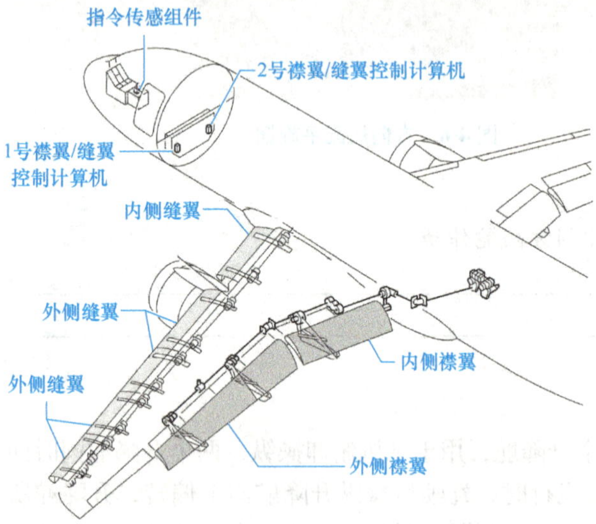

图 4-9　襟翼和缝翼示意图

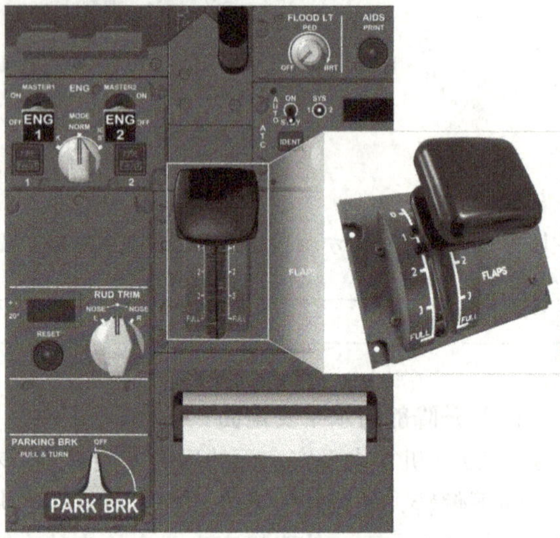

图 4-10　襟缝翼控制手柄

每个缝翼通过两个弧形导轨安装在机翼前缘，和襟翼一样用于增加升力。丝杠带动导轨移动使缝翼伸出或收回。电控液压机械式的动力控制组件（Power Control Unit，PCU）为缝翼下的导轨丝杠提供动力。缝翼位置监控与控制则由两台缝翼襟翼控制计算机（Slat Flap Control Computers，SFCC）完成。在 PCU 上装有仪表位置传感组件（Instrumentation Position Pick-Off Unit，IPPU），用于为电子仪表系统（Electronic Instrument System，EIS）提供实时的缝翼位置信号。

（5）扰流板

在每侧机翼的上表面安装有 5 块可以升起来的舵面，即为扰流板，其编号由内到外依次为 1 号 ~5 号。当扰流板升起时，会改变机翼上表面的气流，增加阻力，降低升力。扰流板控制手柄如图 4-11 所示。扰流板按照功能可以分为以下几种。

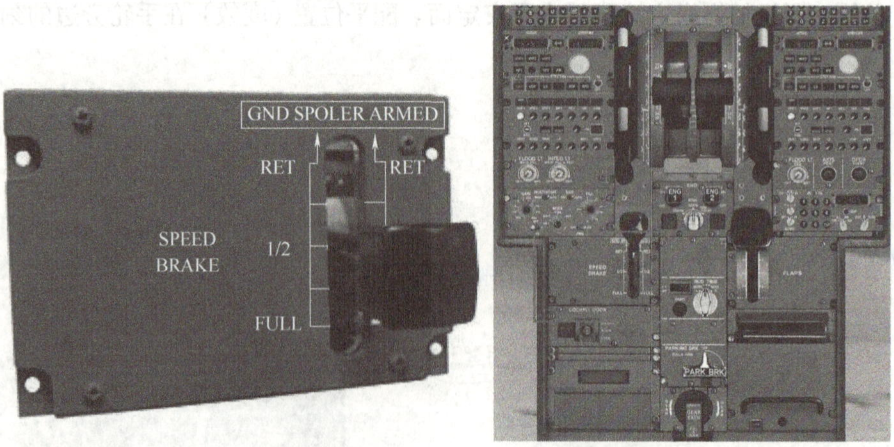

图 4-11　扰流板控制手柄（速度刹车手柄）

1）横滚扰流板：每侧机翼的 2 号 ~5 号扰流板可以辅助副翼一起完成横滚操纵，副翼上偏的一侧扰流板也跟着升起，副翼下偏的一侧扰流板不动。

2）地面扰流板：当飞机处于地面时，所有扰流板都可以完全升起，一般用于飞机着陆后增阻减速。

3）速度刹车扰流板：每侧机翼的 2、3、4 号扰流板在飞行中可以执行空中减速功能，此时，两侧对称升起。若空中既有横滚指令，又有减速指令，则 2、3、4 号扰流板的升起角度为两指令的代数叠加。因扰流板有最大角度，若此时叠加后超过最大角度，则优先保障横滚的角度差值。

引导问题 3：A320 飞机有几个襟翼和缝翼，它们位于什么位置？

____

____

技术前沿

14 年独立攻关，他们让 C919 拥有“中国大脑”

如果把 C919 大飞机比作一个人，那么发动机就是心脏，液压系统就是血液，而控制律则是飞机的“大脑”，它从根本上决定了飞行过程的受控程度，帮助飞行员实现对飞机的操作。控制律是 C919 大飞机研制过程中遇到困难程度最大的攻关项目之一。而攻克这一难关，靠的是一支年轻的攻关团队。控制律其实是飞行控制计算机里面的一个算法，它控制着一架飞机如何进行一个运动或飞行，因为这项技术与飞机的性能、安全密切相关，自主开发这条路必须坚定不移地走。C919 大飞机控制律团队按照国际通行的适航标准开展研制，如何保证成千上万电子信号的传输万无一失，是整个控制律技术的难点。他们要把飞行中各种不同的高度、速度、角度甚至乘客不同的座位分布都作为状态点进行预算分析。凭着一定要研制出自己的飞行控制律的信念，团队在控制律结构初步成型的基础上，经过了不断的优化、迭代，用时整整十年，控制律终于从一项项技术指标、一张张三维图纸蜕变成为 C919 大飞机保驾护航的完整系统，第一次由飞行员操作验证。14 年光阴荏苒，曾经的年轻团队从稚嫩到成熟，成为 C919 大飞机控制律研发的绝对主力，郑晓辉从院士吴光辉手中接过了接力棒，带领攻关团队继续追寻着大飞机梦。

3. 识别飞行操纵系统部件检查的危险源

引导问题 4：在执行飞行操纵系统相关工作时，有哪些需要注意的安全事项？

____

____

五、工作程序与标准

引导问题 5：请同学们根据工作单的指引在虚拟仿真平台上完成维护任务。

机号		飞机维修工作单 JOB CARD A320 飞机飞行操纵系统典型部件检查	工作单号	4-1
机型	A320			
工时	1 课时		工作区	模拟机教室

工作单内容			工作者	检查者
操作步骤	**1. 发动机内侧机翼前缘区域** 在模拟机上接近发动机内侧机翼前缘，如图 4-12 所示，根据以下检查点完成机翼检查 **检查点 1**：目视检查左、右大翼照明灯灯罩有无损坏 **检查点 2**：检查左、右发动机内侧机翼前缘有无损坏、凹坑。检查机翼下表面有无渗漏	 图 4-12　发动机内侧机翼前缘		
	2. 发动机外侧机翼区域 在模拟机上接近发动机外侧机翼，如图 4-13 和图 4-14 所示，根据以下检查点进行检查 **检查点 1**：检查左、右大翼前缘有无损坏和凹坑，机翼下表面有无渗漏 **检查点 2**：目视检查左、右翼尖，机翼后缘和机翼各飞行操纵舵面有无损坏和油液渗漏	 图 4-13　发动机外侧机翼前缘  图 4-14　发动机外侧机翼后缘		
	3. 尾部区域 在模拟机接近飞机尾部区域，如图 4-15 所示，根据以下检查点进行检查 **检查点 1**：从地面目视检查左、右水平安定面和升降舵有无明显损坏和渗漏 **检查点 2**：从地面目视检查垂直尾翼和方向舵有无明显损坏和渗漏	 图 4-15　飞机尾翼		

（续）

工作单内容			工作者	检查者
操作步骤	**4. 机翼上方** 在模拟机上接近机翼上方，如图 4-16 所示，根据以下检查点进行检查 **检查点：**在机上，通过座舱窗户目视检查扰流板是否在位，有无明显损坏	 图 4-16　扰流板		
分析	请记录在完成任务的过程中哪些步骤出现了差错，并分析原因 1. 步骤： 原因与解决办法： 2. 步骤： 原因与解决办法： 3. 步骤： 原因与解决办法：			

六、学习检验与反思

引导问题 6：请同学们扫描下面的二维码，通过答题检验此次典型工作的学习效果。

引导问题 7：请每位同学撰写学习反思，填入表 4-2 中，并与小组成员进行交流，看看是否达成学习目标。

表 4-2　学习反思清单

学习成就
请说说这节课你学习到了哪些让你觉得有用的内容。
合作学习
1）谈一谈你在帮助组员完成本次学习任务方面给予了哪些支持。 2）今后你会如何提升自己在小组中的表现？
学习体验
1）你对自己在本节课的学习情绪或状态满意吗？是否要做一些改变呢？ 2）你对于学习这门课是否更有信心呢？为什么？

七、业内延伸

漫谈 A320 飞机与波音 737 飞机相同与不同之操纵系统

波音 737 飞机和空客 A320 飞机在操纵系统方面的最大区别体现在飞机控制方式上。对于从波音 737 飞机转型到空客 A320 飞机的飞行员来说，最具挑战的是理解空客 A320 飞机的操纵系统，而理解操纵系统也是理解电传飞机的关键。波音飞机的操纵系统类似于小型飞机的液压升级版，主要使用驾驶盘、驾驶杆和方向舵来控制副翼、升降舵和方向舵等舵面，通过液压系统使这些舵面运动实现横滚、俯仰和偏航的操纵。当舵面失去相应的液压时，副翼和升降舵可以通过人工操纵，方向舵则可以使用备用液压系统操纵。其他与飞行操纵系统相关的部件包括减速板和扰流板、安定面配平、副翼配平、方向舵配平、襟翼和缝翼等。

相比之下，空客飞机从 A300 开始采用电传飞控系统。电传飞机与传统飞机最大的区别在于飞行员不是直接操纵舵面，而是使用类似游戏手柄的侧杆进行操纵。通过前、后、左、右移动侧杆，飞行员输出电信号给飞机上的飞行操纵计算机。根据飞机所处的阶段、位置和状态等因素，飞行操纵计算机决定舵面如何响应，舵面的移动依赖于液压系统。空客将侧杆和舵面之间的对应关系称为“法则”，不同的法则决定了飞机的操纵特性。例如，在正常法则下的俯仰操纵中，空客 A320 飞机有地面模式、抬轮模式和飞行模式等不同模式。在地面模式下，升降舵的响应与侧杆的对应关系类似于传统的操纵模式。在抬轮模式下，起飞滑跑到抵达目标姿态之间的 10s 内，侧杆移动主要用于提供稳定的抬轮并降低擦机尾的风险。在飞行模式下，与波音 737 飞机不同的是，空客 A320 飞机自动配平安定面，具备过载保护、姿态保护、迎角保护和高速保护等功能。

空客 A320 飞机的操纵系统与波音 737 飞机相比更为复杂，它包括副翼、升降舵、方向舵、安定面配平、襟翼（仅在后缘）、缝翼（仅在前缘）、减速板（扰流板）和方向舵配平等部件。以上仅以空客 A320 飞机正常法则中的俯仰操纵为例。除了正常法则，空客 A320 飞机还有备用法则、直接法则、不正常姿态法则和机械备份等操纵法则。也就是说，空客 A320 飞机的操纵系统响应与波音 737 飞机不同，它会根据不同的情况产生不同的响应。

这个案例展示了波音 737 飞机和空客 A320 飞机在操纵系统方面的区别，突出了电传飞控系统的特点和空客 A320 飞机的操纵法则，以及飞行员在转型过程中面临的挑战。这个案例引导学生了解飞机操纵系统的演变和特点，培养学生对航空技术的敬畏和探索精神，同时也强调要相应提高自身的技术水平，促使人们在面对技术挑战时勇于拥抱变革、追求创新，以及保持对国家发展的自豪感。

典型工作 2　A320 飞机主飞行操纵舵面操作测试

一、工作情境与任务

工作情境：现在有一架飞机在某维修单位机库进行定检，工作包中有一项工作单的检查内容为主飞行操纵舵面操作测试。如果发现测试过程中舵面实际位置与指示位置不一致，需要及时进行深度检查，否则可能出现机毁人亡的严重事故。

任务难度：★★☆☆☆

工作类型：□日常检查　□日常勤务　☑系统测试　□故障排除　□ M 项放行维护

技能岗位：航线机电维修员、大修机电维修员、系统工程师

任务内容：请同学们分组在A320飞机虚拟维修平台上完成主飞行操纵舵面操作测试任务：

1）学习主飞行操纵舵面的工作原理。

2）完成主飞行操纵舵面测试的程序操作。

二、学习目标

知识目标：熟悉驾驶舱主飞行操纵舵面的操作方法和ECAM飞控页面的显示内容。

能力目标：熟练完成飞机主飞行操纵舵面的操作测试。

素质目标：具有相关安全意识，了解现场液压系统及飞控系统危险源，并做好安全防护措施，能够与附近其他工作人员保持良好的沟通。

三、任务分组

请同学们选择在本次任务中扮演的角色，并填入表4-3中。

表4-3　小组任务分配计划表

班级		组名		组长	
组员及任务分工					
角色	姓名	任务	角色	姓名	任务
总结者			检查者		
研究者			经营者		
记录员			支持者		
观察者/ 疑难解答者					

注：如果不清楚各成员角色的任务内容，请查阅表1《团队角色分工表》。

四、工作准备

1. A320飞机主飞行舵面控制原理

A320飞机的飞行控制系统由多部计算机控制。其中，俯仰和横滚控制由两部升降舵副翼计算机（ELAC）实现，三部扰流板升降舵计算机（SEC）完成横滚的辅助控制及俯仰和横滚的备用控制。一些方向舵控制功能（如配平，限位）由两部飞行增稳计算机（FAC）实现。两台飞行控制数据采集器（Fight Control Data Concentrator，FCDC）用于指示和维护测试信息，两台飞行管理指引计算机（FMGC）用于计算自动驾驶指令。各舵面位置通过FCDC显示在下ECAM显示器上。图4-17所示为A320飞机飞行控制系统原理图。正常由侧杆发出控制指令到ELAC，ELAC直接控制副翼、升降舵和可调水平安定面的运动。ELAC会根据需要发送信号给SEC用于操纵飞行扰流板，FAC用于操纵方向舵。如果ELAC全部失效，则切换为备份模式，即手柄直接发送信号给SEC，由SEC控制飞机的横滚和俯仰操纵。

（1）飞机的横滚控制

在用侧杆操纵飞机的横滚运动时，由侧杆发出控制指令到ELAC，ELAC一方面发出指令通过伺服活门控制副翼作动筒，由液压系统驱动副翼偏转，且计算机负责监视副翼位置，完成闭环控制。另一方面，ELAC向SEC发送指令控制飞行扰流板辅助副翼滚转，还会向FAC发出指令控制方向舵进行协调转弯。

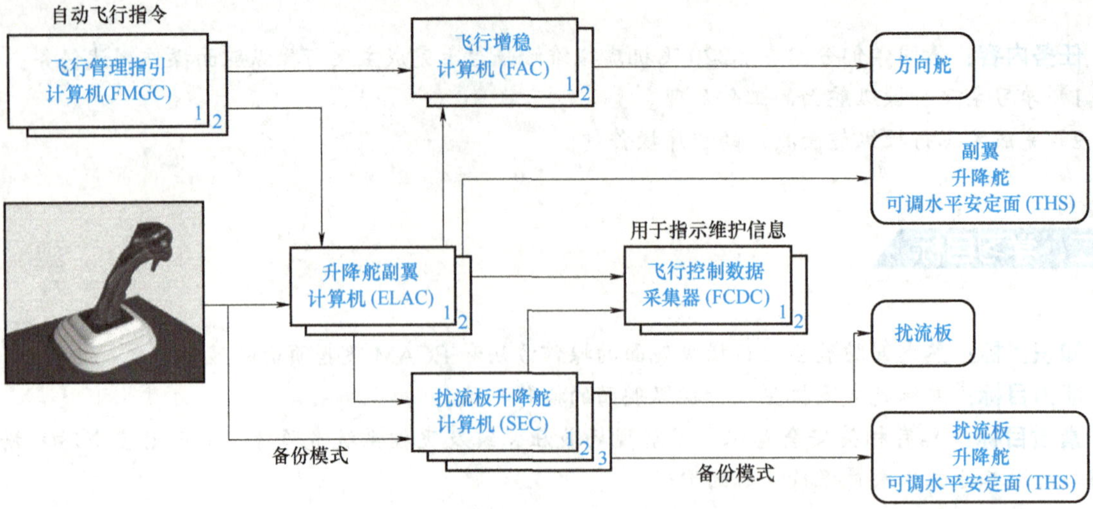

图 4-17　A320 飞机飞行控制系统原理图

图 4-18 所示为飞机横滚操纵的原理图。侧杆或 FMGC 发出控制指令到 ELAC，ELAC 进行计算后，通过每侧副翼上的两个电液伺服作动筒驱动副翼。在正常工作状态下，ELAC 1 及其相关伺服控制器处于主动模式，对副翼的滚转进行控制。ELAC 2 处于备用状态，其伺服控制器处于阻尼模式。在发生故障的情况下，副翼由 ELAC 2（滚转）自动控制，相关的伺服控制切换到主动模式，其他伺服控制器被阻尼。如果多重故障导致副翼的两个伺服控制器失效，伺服控制器将自动切换到阻尼模式。在失去液压时，这种操作模式也会自动启动。

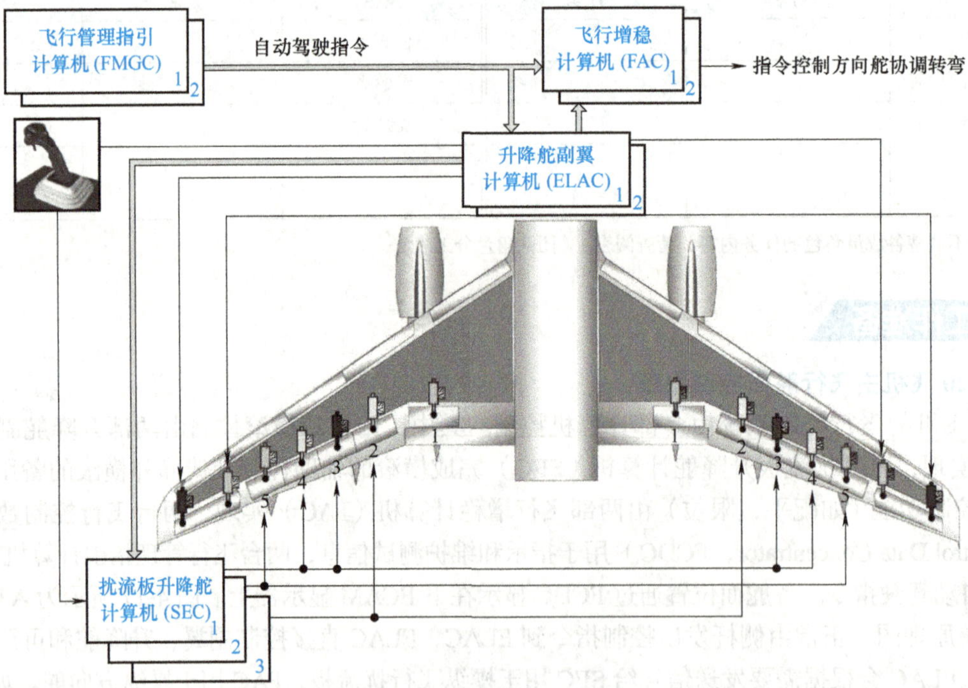

图 4-18　飞机横滚操纵原理图

左右两侧的电液伺服作动筒分别由不同的计算机控制，并使用不同液压系统驱动。左边外侧的作动筒由 ELAC 1 控制，蓝系统提供液压动力；左边内侧的作动筒由 ELAC 2 控制，绿系统提供液压动力；右边外侧的作动筒由 ELAC 2 控制，蓝系统提供液压动力；右边内侧的作动筒由 ELAC 2 控制，绿系统提供液压动力。由于 ELAC 1 具有更高的优先级，因此，当各系统一切正常时，ELAC 1 处于激活状态，ELAC 2 处于备份状态。

也就是说，同一侧的两个作动筒一个在工作，另一个随动。当液压系统压力不足或计算机故障时，另一个作动筒才会接替工作。图 4-19 所示为 ELAC 1 失效后飞机横滚控制系统的工作状态。其中，ADIRU 是指大气数据惯性基准组件（Air Data/Inertial Reference Unit），用于提供大气数据与飞机位置、姿态等数据。当 ELAC 1 失效后，由 ELAC 2 接替，因此处于工作状态的作动筒换成由 ELAC 2 控制的左内侧作动筒和右外侧作动筒，左内侧作动筒由绿系统提供液压压力，右外侧作动筒由蓝系统提供液压压力。

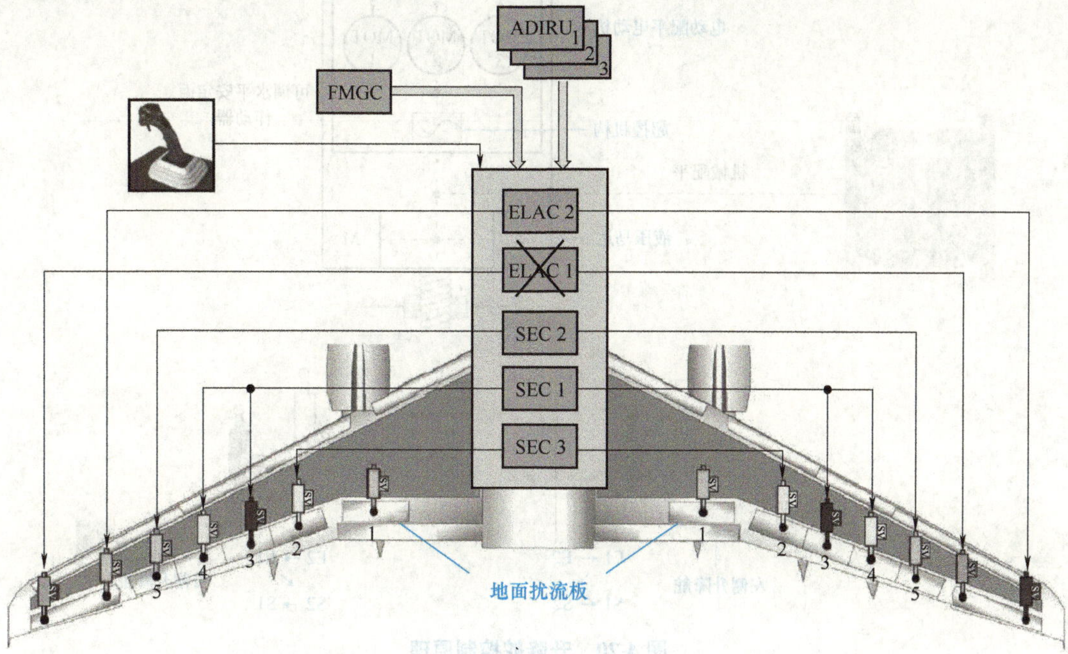

图 4-19　ELAC1 失效后飞机横滚控制系统的工作状态

如果两部 ELAC 都失效，副翼是否还能工作呢？答案是否定的，此时，横滚控制只能依靠 SEC 控制的飞行扰流板来实现。

引导问题 1： 横滚方向的操作在驾驶舱里是如何控制的？请说一说相应舵面的运动特点。

____

____

（2）飞机的俯仰控制

在用侧杆操纵飞机的俯仰运动时，ELAC 接收侧杆发出的控制指令，输出至液压伺服作动器，驱动升降舵进行偏转。

为了保障安全，每个升降舵安装两个液压作动筒，分别由不同的计算机控制，并使用不同液压系统驱动。

ELAC 2 控制绿液压和黄液压作动筒，ELAC 1 控制蓝液压作动筒。控制升降舵偏转时，一个作动筒工作，另一个随动。当相应液压系统压力不足或计算机故障时，可由另一个作动筒接替工作。当飞机有大俯仰需求时，两个作动器同时激活，一起驱动升降舵。

人工驾驶时，侧杆的操纵指令转换成电信号输入 ELAC 和 SEC。ELAC 有两台，正常由 ELAC 2 控制升降舵和水平安定面，ELAC 1 作为备用。一旦 ELAC 2 故障，则 ELAC 1 自动接管俯仰控制。若两台 ELAC 都故障，则 SEC 1 或 SEC 2 自动接管俯仰控制。自动驾驶接通时，FMGC 发送自动驾驶指令至两台 ELAC。

如图 4-20 所示，图中的 E 代表 ELAC，S 代表 SEC，而且只有两部 SEC 参与飞机俯仰控制，SEC3 并不参与飞机俯仰控制。当计算机或液压系统故障时，按照箭头所示的顺序切换控制权，实现系统重构。箭头最初始的计算机为系统一切正常时处于激活状态的计算机。因此，从图中可看出，对于飞机的俯仰控制，ELAC 2 的优先级要高于 ELAC 1。

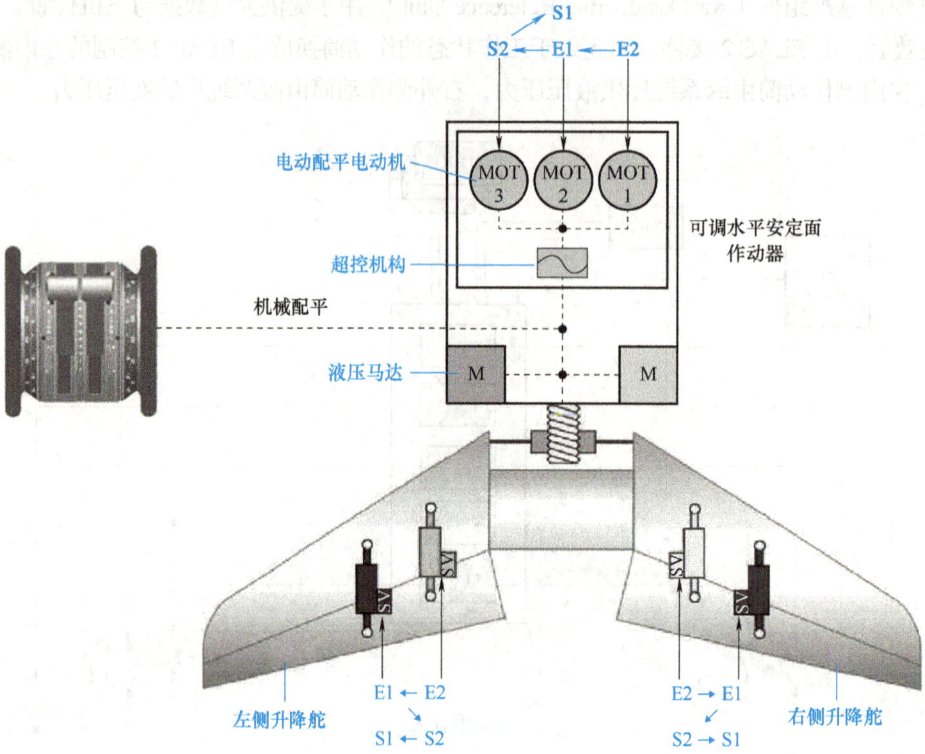

图 4-20 升降舵控制原理

当 ELAC 2 失效时，ELAC 1 接管俯仰控制，其通过控制两个蓝液压作动筒控制两侧升降舵工作，如图 4-21 所示。

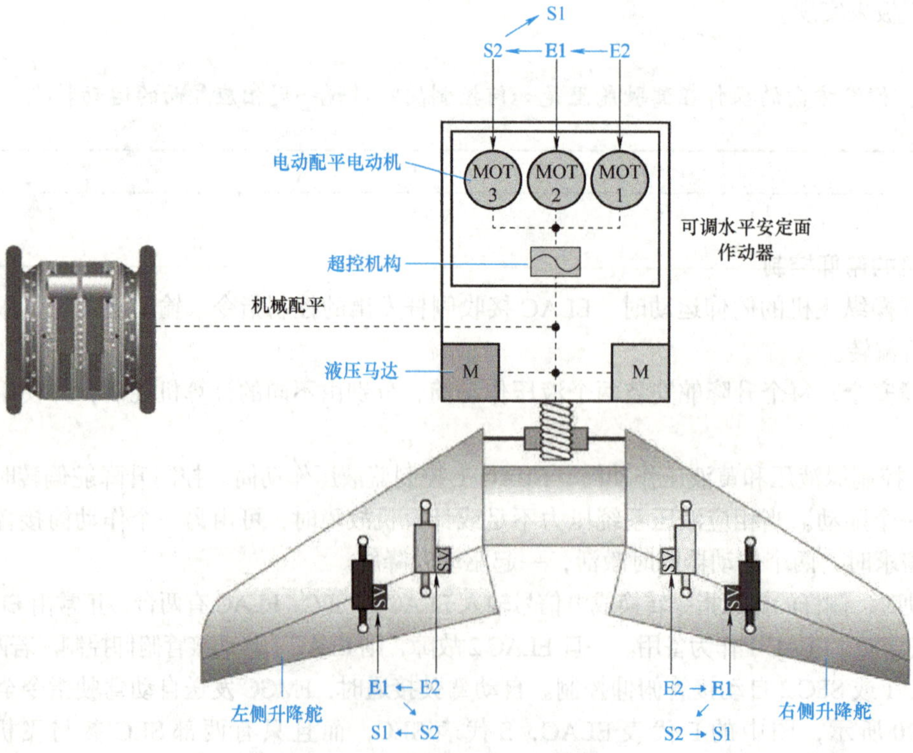

图 4-21 ELAC 2 失效时飞机俯仰控制系统的工作状态

当两台 ELAC 及 SEC 1 和 SEC 2 都失效，但液压系统正常时，升降舵会相对于水平安定面自动定中，即相对于水平安定面角度为 0°，此时，飞机只能依靠水平安定面进行俯仰操纵（见图 4-22）。

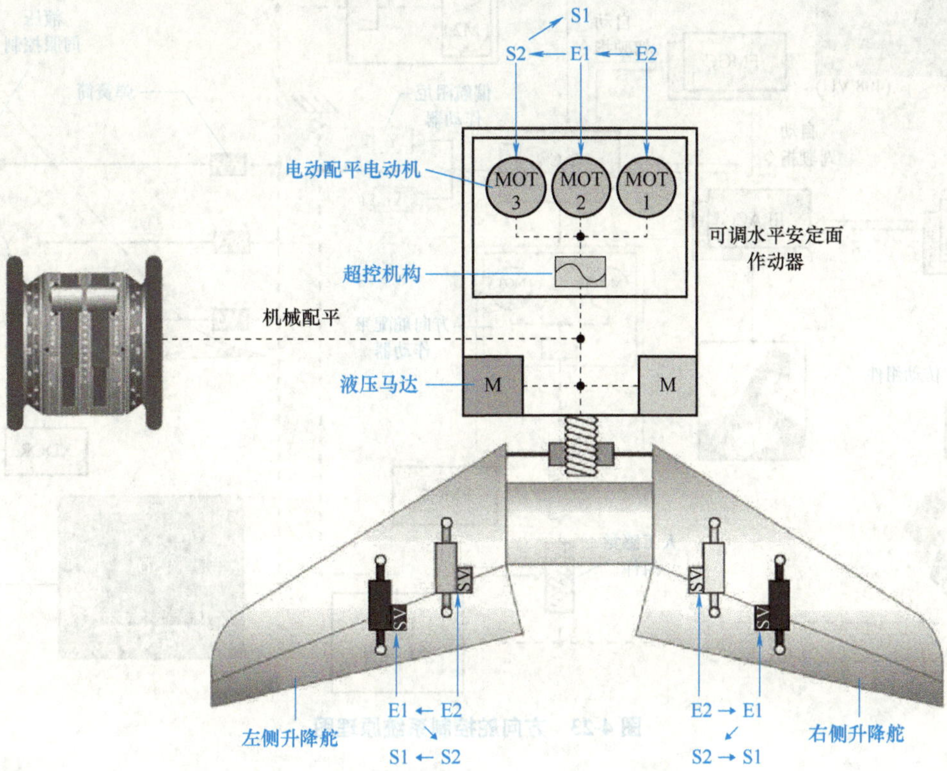

图 4-22 ELAC 和 SEC 1、SEC 2 都失效时飞机俯仰控制系统的工作状态

引导问题 2：俯仰方向的操作在驾驶舱里是如何控制的？请说一说相应舵面的运动特点。

____

____

（3）飞机的偏航控制

飞机的偏航控制由方向舵完成，系统原理如图 4-23 所示。方向舵由三个液压作动器一起作动，这三个作动器使用同一个机械输入，输入的指令可以来自：①方向舵脚蹬输入；②方向舵配平作动器输入；③偏航阻尼输入。

方向舵保留了传统机械方式控制的备用模式：两对方向舵脚蹬相互联动，使用钢索传动通过差动机构连到方向舵液压作动器。驾驶员可以在任何时候通过脚蹬以机械方式控制方向舵。脚蹬的位置信号由传感器送入 ELAC。选装的力传感器测量驾驶员脚蹬的力，此数据并不用飞控系统，但会发送至 FCDC（飞行控制数据集中器），被 DFDR（数字式飞行数据记录仪）记录。方向舵的位置由位置传感器发送至 SDAC（系统数据采集集中器），并在下 ECAM 上显示。

人工驾驶飞行时，ELAC 发送偏航阻尼、协调转弯和方向舵配平的指令至 FAC，用于控制方向舵偏转。其中，偏航阻尼和协调转弯在脚蹬上无反馈。两台 FAC 控制偏航阻尼的伺服作动器、方向舵配平和方向舵行程限制组件。FAC 1 具有优先权，FAC 2 作为热备份。

自动驾驶接通时，FMGC（飞行管理和指引计算机）发送方向舵配平、航向控制和偏航阻尼的指令至 FAC，并给人工感觉增强电磁阀通电，以提高方向舵人工感觉的阈值，避免无意触碰导致自动驾驶脱开。

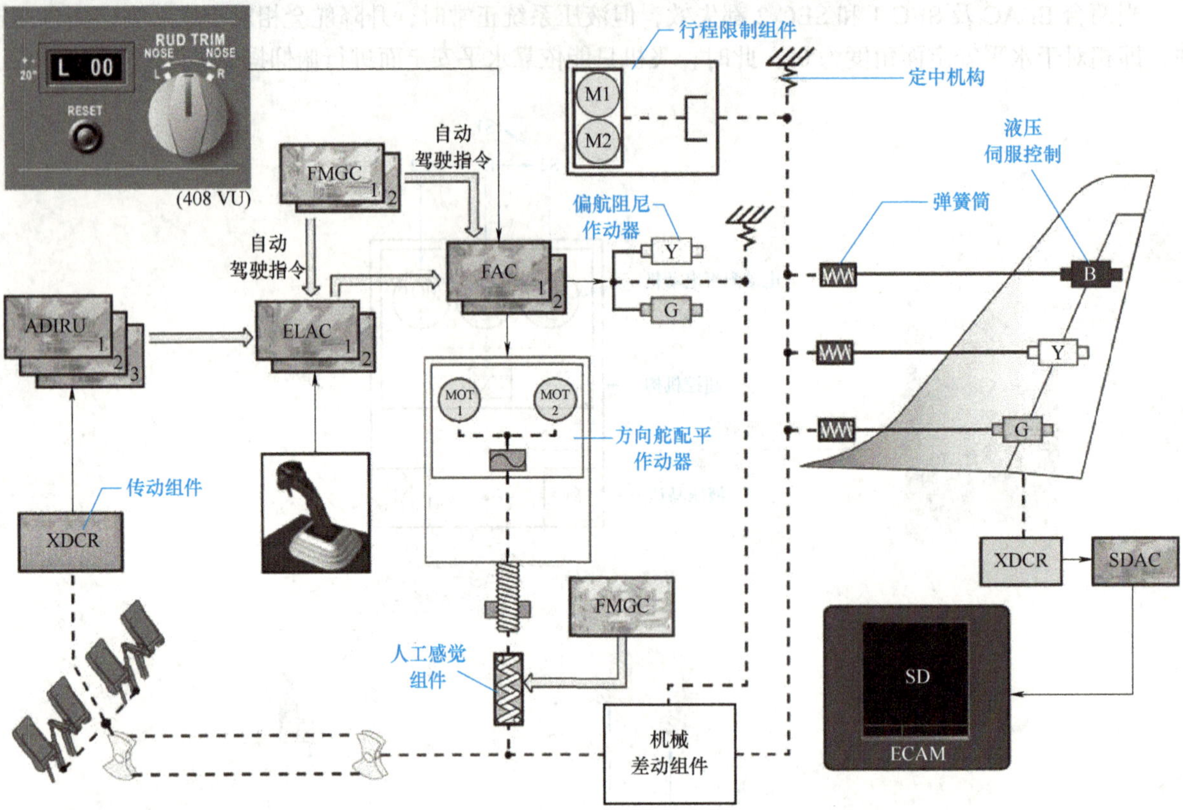

图 4-23　方向舵控制系统原理图

方向舵配平由一个或两个电动机驱动，每个电动机由对应的 FAC 控制。在人工飞行中，驾驶员可以操纵方向舵配平旋钮，获得 1°/s 的方向舵配平。并且，如果出现横向不对称，非对称补偿功能会进行补偿修正。当横向不对称和发动机失效时，航向自动配平会以 5°/s 的速度偏转方向舵进行补偿修正。配平过程中，方向舵脚蹬会随动。

随着飞行速度的增加，方向舵偏转会承担更大的气动载荷，方向舵结构损坏的可能性也会增加，方向舵的最大行程逐渐被限制在更小的范围内，以保障飞行安全。

一个或两个偏航阻尼作动器通过机械差动装置连接到方向舵液压作动器。每个伺服作动器由对应的 FAC 控制。由于差动装置的作用，方向舵脚蹬上不产生反馈。

方向舵位置指示在下 ECAM 飞行控制页面查看。

引导问题 3： 飞机偏航运动的操作在驾驶舱里是如何控制的？请说一说相应舵面的运动特点。

____

____

2. 认识下 ECAM 飞行控制页面指示

图 4-24 为下 ECAM 的飞行控制页面，显示内容主要包括两侧副翼（L AIL 和 R AIL）位置、两侧升降舵（L ELEV 和 R ELEV）位置、方向舵（RUD）位置、水平安定面配平（PITCH TRIM）的方向（UP 或 DW）及度数、全部扰流板（SPD BRK）的位置（箭头表示升起，短横表示收回）。图中还显示了各个舵面使用的液压源：G 表示绿液压系统，B 表示蓝液压系统，Y 表示黄液压系统。当液压源工作正常时，对应字母显示为绿色；当液压系统压力低时，则对应字母显示为琥珀色。

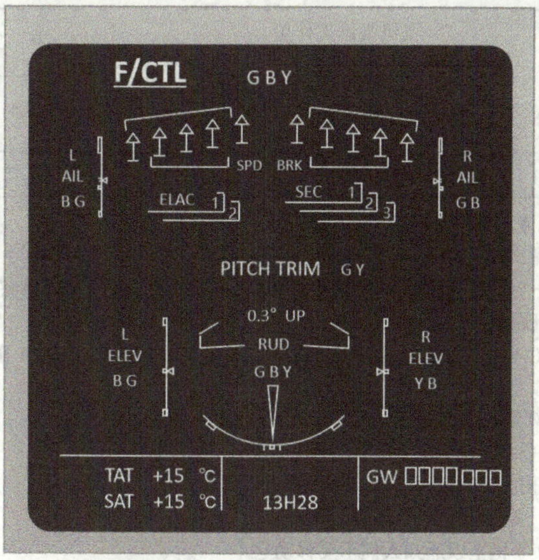

图 4-24 下 ECAM 飞行控制页面

引导问题 4： 了解下 ECAM 飞行控制页面副翼、升降舵、方向舵等主飞行控制舵面的位置指示。

3. 识别接通液压系统进行飞控系统操作测试的危险源

引导问题 5： 操作飞机主舵面时须接通飞机液压系统，分析接通液压系统前应检查哪些项目以避免造成人员和设备的损伤。

引导问题 6： 操作飞机主舵面时需要关注哪些区域？应采取什么安全措施防止造成人员和设备损伤？

五、工作程序与标准

引导问题 7： 请同学们根据工作单的指引在虚拟仿真平台上完成维护任务。

A320 飞机主飞行操纵舵面操作测试

<table>
<tr><td>机号</td><td></td><td rowspan="3">飞机维修工作单
JOB CARD
A320 飞机主飞行操纵舵面
操作测试</td><td>工作单号</td><td colspan="2">4-2</td></tr>
<tr><td>机型</td><td>A320</td><td rowspan="2">工作区</td><td rowspan="2" colspan="2">模拟机教室</td></tr>
<tr><td>工时</td><td>2 课时</td></tr>
<tr><td colspan="4">工作单内容</td><td>工作者</td><td>检查者</td></tr>
</table>

操作步骤

一、使用电动泵给飞机液压系统增压

警告： 1）增压液压系统必须遵守液压安全预防措施

2）增压 / 释压一个液压系统之前，确保飞行操纵舵面的运行范围内无障碍

1. 使用外部电源给飞机通电
2. 在中央操纵台的 ECAM 控制面板上按压 HYD 按钮电门，确保下 ECAM 显示器显示 HYD 页
3. 确保 ECAM 没有下列警告

1）绿、蓝、黄系统液压油箱气压低

2）绿、蓝、黄系统液压油箱油量低

4. 在主仪表板 400VU 上确保起落架手柄在放下位置
5. 将警告牌放在起落架手柄上以通知人们不要移动它
6. 确保下列跳开关闭合

面板	名称	标识	位置
49VU	HYD/HYD PWR/B WARN/&CTL	2702GJ	C12
121VU	HYDRAULIC/HYD POWER Y	3803GX	N30
123VU	Y HYD/ELEC/PUMP	3802GX	AB06
	Y HYD/ELEC PUMP NORM	3801GX	AB03
	B HYD/ELEC PUMP	2701GJ	AB09

7. 在面板 40VU 上确保 PTU 电门在 AUTO 位
8. 在面板 40VU 上确保蓝电动泵电门在 AUTO 位（OFF 和 FAULT 灯熄灭）

注： 通常绿液压系统由黄液压系统通过 PTU 自动增压

9. 在面板 40VU 上按压 ELEC PUMP 电门，电门上 ON 灯点亮

下 ECAM 显示器 HYD 页	PTU 正常工作	是□否□
	黄液压系统的压力为（3000 ± 150）psi	是□否□
	绿液压系统的压力为（3000 ± 150）psi	是□否□

10. 在面板 50VU 上掀开防护盖，按压 BLUE PUMP OVRD 电门，电门上 ON 灯点亮

下 ECAM 显示器 HYD 页	蓝液压系统的压力为 3000psi	是□否□

二、副翼操作测试

1. 确保下列跳开关闭合

面板	名称	标识	位置
49VU	FLIGHT CONTROLS/ELAC1 NORM SPLY	15CE1	B11
121VU	FLIGHT CONTROLS/ELAC2 NORM SPLY	15CE2	R20

2. 在面板 20VU 的 ADIRS 控制显示组件上设置三个（OFF/NAV/ATT）选择电门到 NAV 位
3. 在中央操纵台上确保襟翼和缝翼操纵手柄处于 0 位
4. 在中央操纵台上确保减速板操纵手柄处于 RET 位
5. 确保两根侧杆都处于中立位
6. 在面板 23VU 上确保 FLT CTL/ELAC1 和 FLT CTL/FAC1 电门在接通位（电门上 FAULT 和 OFF 灯熄灭）
7. 在面板 24VU 上确保 FLT CTL/ELAC2 和 FLT CTL/FAC2 电门在接通位（电门上 FAULT 和 OFF 灯熄灭）

（续）

<table>
<tr><th colspan="2">工作单内容</th><th>工作者</th><th>检查者</th></tr>
<tr><td>操作步骤</td><td>8. 在 ECAM 控制面板上按下 F/CTL 功能键，下 ECAM 显示器上：
1）F/CTL 页出现
2）左副翼和右副翼位置指示在中间刻度
9. 向左移动两根侧杆中的一根，直到其触及止动块
1）左副翼位置指示移动到上刻度，与飞机左副翼移动一致
2）右副翼位置指示移动到下刻度，与飞机右副翼移动一致
10. 向右移动两根侧杆中的一根，直到其触及止动块
1）左副翼位置指示移动到下刻度，与飞机左副翼移动一致
2）右副翼位置指示移动到上刻度，与飞机右副翼移动一致
11. 将侧杆置于中间位置
左副翼和右副翼位置指示在中间刻度，与飞机副翼移动一致
三、方向舵操作测试
1. 在中央操纵台 110VU 面板上确保 RUD TRIM 显示为 0
2. 在机长或副驾驶侧踩下右脚蹬直到接触机械止动块，方向舵移动到最右侧，在下 ECAM 显示器 F/CTL 页：
1）RUD/G、B、Y 符号是绿色的
2）RUD 指针平滑地移至右标志，并与飞机舵面移动一致
3. 缓慢松开右脚蹬，然后踩下左脚蹬，直到接触机械止动块，方向舵移动到最左侧，在下 ECAM 显示器 F/CTL 页：
1）RUD/G、B、Y 符号是绿色的
2）RUD 指针平滑地从右标志移至左标志，并与飞机舵面移动一致
4. 缓慢松开左脚蹬，方向舵回到中立位，在下 ECAM 显示器 F/CTL 页：
1）RUD/G、B、Y 符号是绿色的
2）RUD 指针平滑地从左标志移至中间位，并与飞机舵面移动一致
四、升降舵操作测试
1. 确保两根侧杆都处于中立位，升降舵在中立位
在下 ECAM 显示器 F/CTL 页，升降舵指针指在中立位
2. 缓慢推动任意一根侧杆到最前位，升降舵偏转到最下侧
在下 ECAM 显示器 F/CTL 页，升降舵指针平滑移动到最下位，并与飞机舵面移动一致
3. 缓慢把侧杆从最前位移动到最后位，升降舵偏转到最上侧
在下 ECAM 显示器 F/CTL 页，升降舵指针平滑移动到最上位，并与飞机舵面移动一致
4. 缓慢把侧杆回到中立位，升降舵回到中立位
在下 ECAM 显示器 F/CTL 页，升降舵指针指到中立位，并与飞机舵面移动一致
五、结束工作
1. 在 ECAM 控制面板上按压 HYD 电门，下 ECAM 显示器显示 HYD 页
2. 在面板 50VU 上按压 BLUE PUMP OVRD 电门，电门上 ON 灯熄灭
下 ECAM 蓝液压系统压力逐渐变为 0 psi
3. 在面板 40VU 上按压 ELEC PUMP 电门，电门上 ON 灯熄灭
下 ECAM 绿、黄液压系统压力逐渐变为 0 psi
4. 在面板 20VU 上的 ADIRS 控制显示组件上设置三个（OFF/NAV/ATT）选择电门到 OFF 位
5. 将起落架手柄上的警告牌取下
6. 将飞机电路断电</td><td></td><td></td></tr>
<tr><td>分析</td><td>请记录在完成任务的过程中哪些步骤出现了差错，并分析原因
1. 步骤：
原因与解决办法：
2. 步骤：
原因与解决办法：
3. 步骤：
原因与解决办法：</td><td></td><td></td></tr>
</table>

六、学习检验与反思

引导问题 8：请同学们扫描下面的二维码，通过答题检验此次典型工作的学习效果。

引导问题 9：请每位同学撰写学习反思，填入表 4-4 中，并与小组成员进行交流，看看是否达成学习目标。

表 4-4　学习反思清单

学习成就
请说说这节课你学习到了哪些让你觉得有用的内容？
合作学习
1）谈一谈你在团队合作完成任务的过程中做的哪些事情履行了自己的角色职责。 2）今后你会如何提升自己在小组中的表现？
学习体验
1）你对自己在本节课的学习情绪或状态满意吗？是否要做一些改变呢？ 2）你对于学习这门课是否更有信心呢？为什么？

七、业内延伸

民用飞机飞行控制系统的发展及特点

飞控（飞行控制）系统是民用飞机发展中至关重要的一个系统，它对飞机的安全可靠性、运营经济性和乘坐舒适性有着重要影响。

国内外民用飞机的飞控系统经历了多个发展阶段。最早采用的是机械操纵系统，随后发展出增稳与控制增稳系统，最终进化到电传飞控系统阶段。这些发展阶段主要是根据操纵系统的实现方式不断优化，并新增了许多系统功能。

在国际市场上，波音系列飞机和空客系列飞机是比较有名的大型民用飞机。它们的飞控系统具有各自不同的特点。波音飞机是民航历史上最成功的窄体民航客机之一，具有典型特征的飞机有 B737 和 B787。B737 飞机采用机械助力操纵系统，通过钢索滑轮传递操纵指令，通过液压作动器驱动主要舵面。B787 飞机则采用了电传操纵系统，通过四台飞行控制计算机为核心的系统架构控制液压作动器，以实现主要舵面的控制。

波音飞机的飞行控制系统架构由机械操作液压助力的操纵系统发展到电传飞控系统，采用了驾驶杆 / 脚蹬主要发送控制指令。同时，采用了一些新技术，如远程电子单元和可独立运动的内、外襟翼，减轻了传输电缆的重量，减少飞机飞行中的阻力。

空客飞机则是大型民用电传飞机的代表，具有典型代表的飞机有 A320 和 A380。A320 飞机是第一架采用侧杆控制的电传控制系统的民用飞机，采用两套侧杆进行驾驶员控制输入，通过飞行控制计算机处理操纵指令来控制副翼、方向舵、升降舵等。A380 飞机的飞控系统与 A320 飞机类似，但副翼和升降舵采用了电液作动器。

空客飞机的飞行控制系统是在传统电传飞控基础上向多电化方向发展而来的，采用侧杆 / 脚蹬发送主要控制指令，机械备用系统发展为电子备用系统。同时，也采用了一些新技术，如多种类型作动器和可独立运动的内、外襟翼，以提高系统舵面驱动的多样性和减少阻力。

典型工作 3　A320 飞机辅助飞行操纵舵面操作测试

一、工作情境与任务

工作情境：现在有一架飞机在某维修单位机库进行定检，工作包中有一项工作单的检查内容为辅助飞行操纵舵面操作测试。常遇到是舵面卡阻的现象，这时需要及时排除故障，否则将影响机组正常起飞着陆的操纵。

任务难度：★★☆☆☆

工作类型：☑日常检查　□日常勤务　☑系统测试　□故障排除　□ M 项放行维护

技能岗位：航线机电维修员、大修机电维修员、系统工程师

任务内容：请同学们在 A320 飞机虚拟维修平台上完成辅助飞行操纵舵面操作测试任务：

1）学习辅助飞行操纵舵面的工作原理。

2）完成辅助飞行操纵舵面测试程序。

二、学习目标

知识目标：熟悉驾驶舱辅助飞行操纵舵面的操作方法和 ECAM 飞控页面的显示内容。

能力目标：熟练完成飞机辅助飞行操纵舵面操作测试。

素质目标：具有相关安全意识，了解现场液压系统及飞控系统危险源并做好安全防护措施，能够与附近其他工作人员保持良好的沟通。

三、任务分组

请同学们选择在本次任务中扮演的角色，并填入表 4-5 中。

表 4-5　小组任务分配计划表

班级		组名		组长	
组员及任务分工					
角色	姓名	任务	角色	姓名	任务
总结者			检查者		
研究者			经营者		
记录员			支持者		
观察者 / 疑难解答者					

注：如果不清楚各成员角色的任务内容，请查阅表 1《团队角色分工表》。

四、工作准备

1. A320 飞机辅助飞行控制系统原理

飞机的辅助操纵面包括襟翼 / 缝翼、扰流板、水平安定面，分别用来控制飞机升力、减速和俯仰配平。

缝翼和襟翼完成飞机增升的功能，缝翼位于机翼前缘，襟翼位于机翼后缘，主要用于飞机在起飞、降落等低速飞行时增加升力。每个机翼有两块襟翼，分别为内侧襟翼和外侧襟翼；有 5 块缝翼，从翼根往翼尖依次编号。

缝翼和襟翼由两台缝翼 / 襟翼控制计算机（SFCC）负责控制和监测。每台计算机有一个缝翼通道和一个襟翼通道。缝翼和襟翼可由人工操作襟翼手柄发出控制指令，通过 SFCC 控制襟翼和缝翼作动（见图 4-25）。

图 4-25 襟翼、缝翼控制原理

减速板（扰流板）可以实现飞机在空中或地面减速的功能。

减速板可由人工通过减速板手柄控制，减速板手柄发出控制指令通过 SEC 控制减速板作动，如图 4-26 所示。当飞行中用减速板进行减速时，两侧机翼的减速板（2、3、4 号扰流板）是对称工作的。当飞机在地面时，所有的减速板都可完全升起，卸载升力并增加阻力，从而使飞机尽快减速。

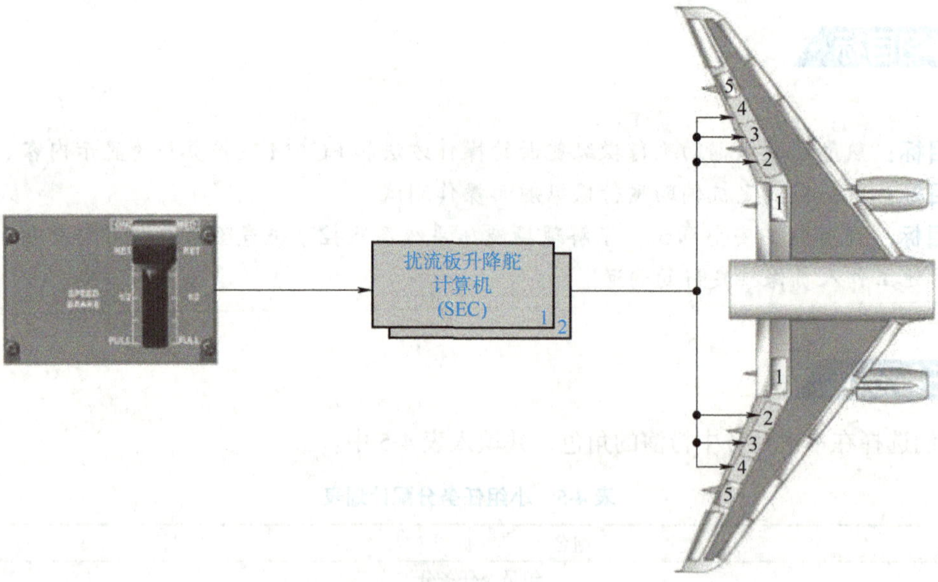

图 4-26 减速板控制原理

因为飞机在俯仰方向可能出现较大的不平衡状态，如果只使用升降舵这个较小的舵面去获得较大的俯仰配平角度，则需要升降舵进行大角度偏转，这样会产生额外的飞行阻力，增加油耗，降低飞机的经济性。所以现代飞机采用可配平水平安定面的形式，用于补偿俯仰方向的不平衡，保证飞机飞行的稳定性。

2. A320飞机辅助飞行舵面控制原理

（1）襟翼和缝翼

空客A320飞机使用的襟翼为富勒襟翼（也称为后退襟翼），它在向后滑动的同时向下偏转，不仅增加翼剖面的弯度，同时还大大增加机翼面积，其增升效果非常明显。但后缘襟翼向下偏转时，虽然能够增大上翼面气流的流速，从而增大升力系数，同时也使得机翼前缘处气流的局部迎角增大。当飞机以大迎角飞行时，容易导致机翼前缘上部发生局部气流分离，使飞机的性能变坏。此时放出前缘缝翼，可以消除机翼前缘上部的局部气流分离，改善后缘襟翼的增升效果。A320飞机前缘缝翼和后缘襟翼协同工作，由电控液压作动。

襟翼、缝翼控制的输入设备是襟翼、缝翼手柄，其作动面涵盖了襟翼和缝翼。控制计算机为SFCC。在电气控制方面，襟翼、缝翼采用双通道设计，而液压控制则通过双液压并联实现（通过差动齿轮箱进行耦合）。值得注意的是，与操纵舵面的不对称工作相比，襟翼、缝翼若卡阻在不平衡位置，将带来更大的风险。因此，翼尖刹车（Wing Tip Brake，WTB）在襟翼、缝翼出现不对称情况时会自动锁定。此外，襟翼、缝翼手柄设有五个卡位，对应六种不同的构型。

如图4-27所示，当控制手柄移动到所需位置时，该位置信号会通过传感器组件传输至SFCC。随后，SFCC将发出相应的命令信号至缝翼PCU和襟翼PCU。随后，PCU将对活门组件进行通电控制。由此，每个PCU中的两个液压马达开始提供液压作动力（每个液压马达的动力源独立于另一个液压系统）。

襟翼、缝翼的位置指示在上ECAM发动机警告显示器显示。

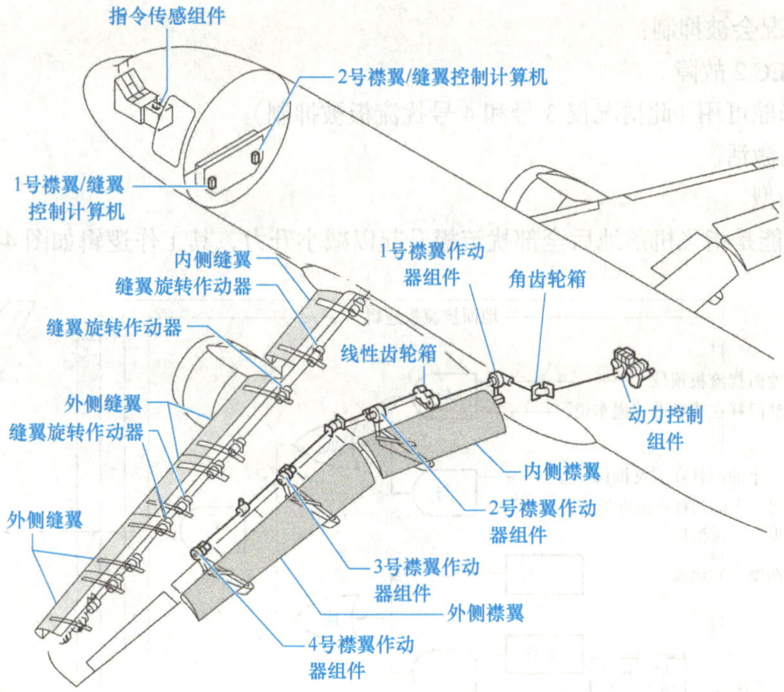

图4-27　襟翼、缝翼控制原理图

（2）扰流板（减速板）

扰流板有三个主要功能。

1）在飞行中作为速度刹车，使飞机增阻降速。

2）协助副翼进行滚转操作。

3）着陆后作为地面扰流板，卸载升力并增加阻力。

如图4-28所示，减速板与飞行扰流板共用部分舵面，横滚指令优先级高于速度刹车功能。当横滚指令和速度刹车指令之和大于某个扰流板最大可能偏转量时，一侧扰流板完全升起，对称另一侧的扰流板保持收回位，直到两个扰流板的差距等于或小于横滚指令。如果减速板升起时迎角保护激活，则减速板自动收回。

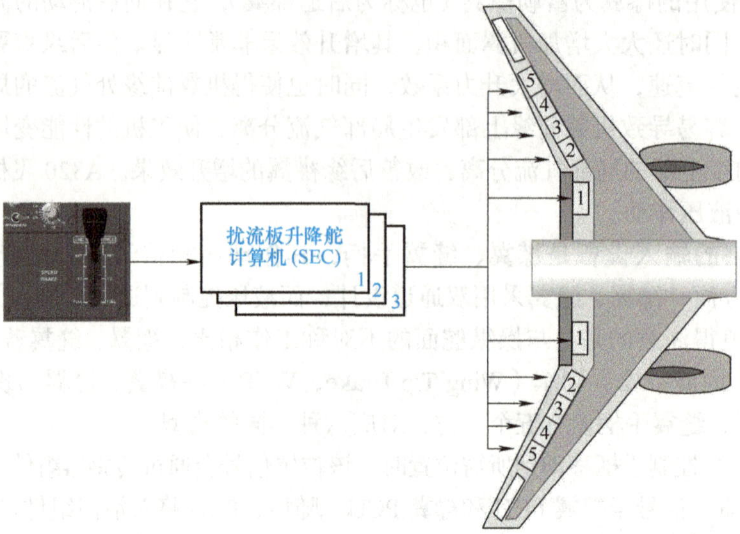

图 4-28　飞机减速板控制原理

SEC 接收到减速板控制手柄给出速度刹车的需求，还接收 SFCC 和推力手柄传感器组件的信息。速度刹车在以下情况会被抑制：

① SEC 1 和 SEC 2 故障。

② 仅一侧升降舵可用（此情况仅 3 号和 4 号扰流板被抑制）。

③ 迎角保护已激活。

④ 襟翼全放构型。

地面扰流板功能是指飞机落地后全部扰流板升起以减小升力，其工作逻辑如图 4-29 所示。

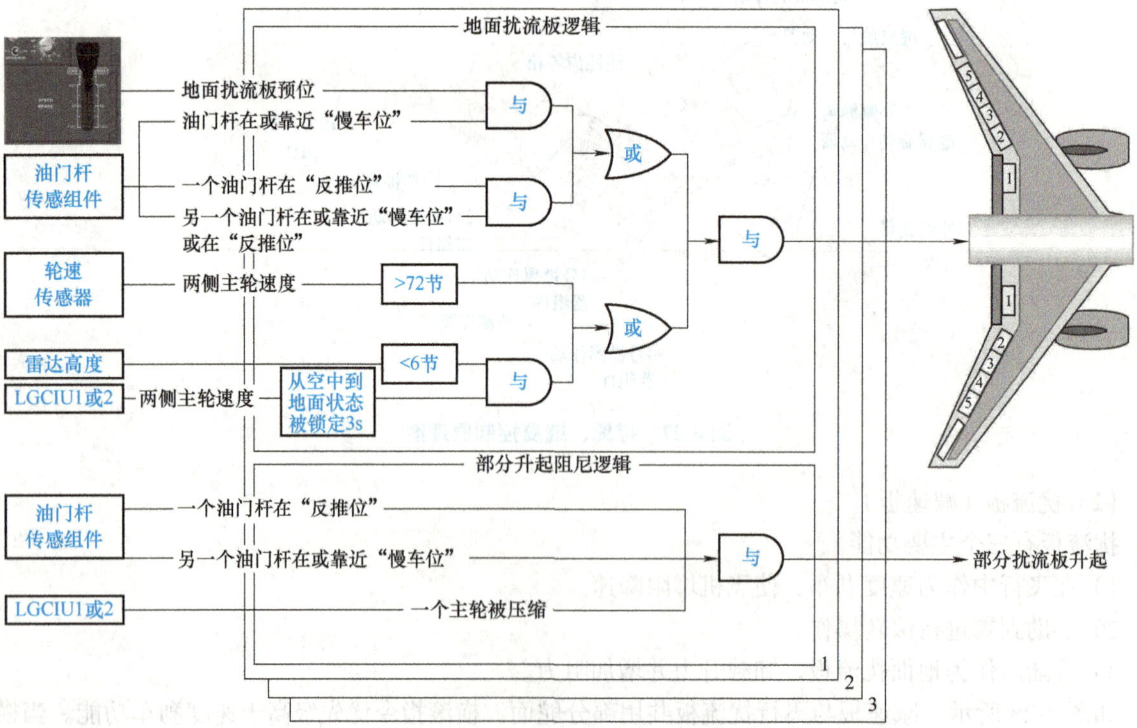

图 4-29　地面扰流板控制逻辑

速度刹车控制手柄提起至 ARMED 位时，地面扰流板预位，再满足以下条件之一，则地面扰流板自动升起：①两个推力手柄在高慢车位且两个主起落架接地（空 / 地转换）；②起飞过程速度大于 72 节且两个推力手柄收回至慢车位。

但满足以下条件之一，也会自动升起：①两个主起落架接地，且至少一台发动机选择反推（另一台发动机保持慢车）；②起飞过程速度大于 72 节，且至少一台发动机选择反推（另一台发动机保持慢车）。

地面扰流板没有预位，当满足以下条件时，地面扰流板部分升起：至少一台发动机选择反推（另一台发动机保持慢车），且一个主起落架压缩。地面扰流板部分升起（10°）会减小升力，有利于第二个主起落架的压缩，然后地面扰流板全部正常升起。

当逻辑条件满足后，一个偏转指令会送到所有扰流板。地面扰流板的功能是全自动的，最大偏转角为 50°，偏转率为 30°/s。

扰流板（减速板）的位置指示在下 ECAM 的飞行控制页面显示。

（3）水平安定面

水平安定面由丝杠机构作动，丝杠机构由两个液压马达驱动，液压马达由三个配平电动机控制，如图 4-30 所示。三个电动机只有一个在工作，其余两个作为备用。其中，1 号电动机由 ELAC 2 控制，2 号电动机由 ELAC 1 或 SEC 1 控制，3 号电动机由 SEC 2 控制。机械方式的配平通过配平手轮操纵，其优先级高于电配平。

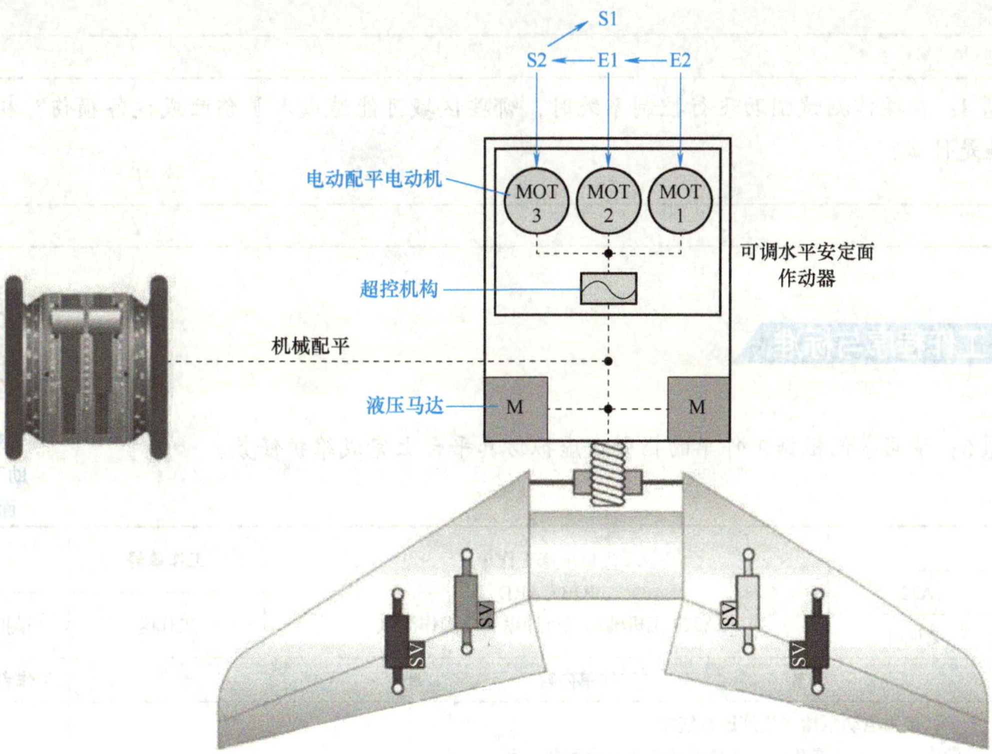

图 4-30　水平安定面配平控制原理

图 4-30 中的 E 代表 ELAC，S 代表 SEC，而且只有两部 SEC 参与飞机俯仰控制，SEC 3 并不参与飞机俯仰控制。当计算机或液压系统故障时，按照箭头所示的顺序切换控制权，实现系统重构。箭头最初始的计算机为系统一切正常时处于激活状态的计算机。

当飞机在正常操作模式工作时，可配平水平安定面的位置会自动调节：电子飞行控制计算机发送一个配平信号到电动机，然后电动机输出控制信号到俯仰作动器。位于中央操作台上的两个俯仰配平手轮用于人工操纵水平安定面，俯仰配平手轮是一个机械备份装置。

在电子飞行控制计算机控制安定面配平时，手轮会随动；但是当通过配平手轮人工输入控制时，来自电子飞行控制计算机的输入将被离合器断开。

水平安定面位置指示在下 ECAM 飞行控制页面显示，也可以通过配平手轮旁带有指针的刻度及靠近水平安定面前缘机身上的刻度查看。

引导问题 1： 找到襟翼手柄、扰流板手柄、安定面手轮的位置，描述它们何时操作、具体的操作方法及注意事项。

____

____

引导问题 2： A320 飞机的缝翼具有迎角 / 低速锁定功能，在飞机的迎角大于 8.5° 或速度小于 148 节，襟翼手柄设置到 0 位时，缝翼迎角 / 低速锁定功能激活，抑制缝翼收上。试分析这样设计的原因。

____

____

3. 识别操作测试飞控系统的危险源

引导问题 3： 分析接通液压系统前应检查哪些项目以避免造成人员和设备的损伤。

____

____

引导问题 4： 在操作测试辅助飞行控制系统时，哪些区域可能造成人员伤亡或设备损伤？相关安全防护措施是什么？

____

____

五、工作程序与标准

A320 飞机辅助飞行操纵舵面操作测试

引导问题 5： 请同学们根据工作单的指引在虚拟仿真平台上完成维护任务。

<table>
<tr><td>机号</td><td></td><td rowspan="3">飞机维修工作单
JOB CARD
A320 飞机辅助飞行操纵舵面操作测试</td><td>工作单号</td><td>4-3</td></tr>
<tr><td>机型</td><td>A320</td><td rowspan="2">工作区</td><td rowspan="2">模拟机教室</td></tr>
<tr><td>工时</td><td>2 课时</td></tr>
<tr><td colspan="4">工作单内容</td><td>工作者</td><td>检查者</td></tr>
<tr><td>操作步骤</td><td colspan="3">一、使用电动泵给飞机液压系统增压
警告：1）增压液压系统必须遵守液压安全预防措施
2）增压 / 释压一个液压系统之前，须确保飞行操纵舵面的运行范围内无障碍
1. 使用外部电源给飞机通电
2. 在中央操纵台的 ECAM 控制面板上按压 HYD 按钮电门，确保下部 ECAM 显示器显示 HYD 页
3. 确保 ECAM 没有下列警告
1）绿、蓝、黄系统液压油箱气压低
2）绿、蓝、黄系统液压油箱油量低
4. 在主仪表板 400VU 上确保起落架手柄在放下位置
5. 将警告牌放在起落架手柄上以通知人们不要移动它</td><td></td><td></td></tr>
</table>

（续）

工作单内容		工作者	检查者
操作步骤	见下		

6. 确保下列跳开关闭合

面板	名称	标识	位置
49VU	HYD/HYD PWR/B WARN/&CTL	2702GJ	C12
121VU	HYDRAULIC/HYD POWER Y	3803GX	N30
123VU	Y HYD/ELEC/PUMP	3802GX	AB06
	Y HYD/ELEC PUMP NORM	3801GX	AB03
	B HYD/ELEC PUMP	2701GJ	AB09

7. 在液压面板 40VU 上确保 PTU 电门设定到 AUTO 位

注：通常绿液压系统由黄液压系统通过 PTU 自动增压

8. 在面板 40VU 上按压 ELEC PUMP 电门，电门上 ON 灯点亮。在下 ECAM 显示器上显示

下 ECAM 显示器 HYD 页	PTU 正常工作	是□否□
	黄液压系统的压力为（3000 ± 150）psi	是□否□
	绿液压系统的压力为（3000 ± 150）psi	是□否□

9. 在面板 40VU 上确保蓝电动泵电门在 AUTO 位（OFF 和 FAULT 灯熄灭）

10. 在面板 50VU 上掀开防护盖，按压 BLUE PUMP OVRD 电门，电门上 ON 灯点亮

下 ECAM 显示器 HYD 页	蓝液压系统的压力为 3000psi	是□否□

11. 在面板 20VU 的 ADIRS 控制显示组件上设置三个 OFF/NAV/ATT 选择电门到 NAV 位

二、可配平水平安定面（THS）操作测试

1. 确保下列跳开关闭合

面板	名称	标识	位置
49VU	FLIGHT CONTROLS/ELAC1 NORM SPLY	15CE1	B11
	FLIGHT CONTROLS/THS ACTR MOT2	19CE2	B09
	FLIGHT CONTROLS/SEC1 NORM SPLY	21CE1	B08
105VU	FLIGHT CONTROLS/ELAC2/STBY SPLY	16CE2	A02
	FLT CTL/ELAC1/STBY SPLY	16CE1	A01
	FLT CTL/SEC1/STBY SPLY	22CE	B01
121VU	FLIGHT CONTROLS/SEC2/SPLY	21CE2	Q18
	FLIGHT CONTROLS/THS ACTR/MOT3	19CE3	Q17
	FLIGHT CONTROLS/THS ACTR/MOT1	19CE1	Q16
	FLIGHT CONTROLS/ELAC2 NORM SPLY	15CE2	R20

2. 在中央操纵台移动俯仰配平控制手轮到 4 DN（向下）位，在下 ECAM 显示器 F/CTL 页

–PITCH TRIM 指示器显示 3.5°~4.3°

3. 在中央操纵台移动俯仰配平控制手轮到 13.5 UP（向上）位，在下 ECAM 显示器 F/CTL 页

–PITCH TRIM 指示器显示 12.9°~13.9°

4. 在中央操纵台移动俯仰配平控制手轮到 0 位，在下 ECAM 显示器 F/CTL 页

–PITCH TRIM 指示器显示 0° ± 0.3°

三、襟缝翼操作测试

警告：确保飞行操纵装置的运行范围内无人员及其他设备，运行的飞行操纵装置可能导致人员受伤和设备损坏

1. 确保下列跳开关闭合

面板	名称	标识	位置
49VU	FLIGHT CONTROLS/FLP/CTL AND/MONG/SYS1	6CV	B07
121VU	FLIGHT CONTROLS/WTB/FLP/SYS2	12CV	P20
	FLIGHT CONTROLS/FLP/CTL AND/MONG/SYS2	8CV	Q21
122VU	FLIGHT CONTROLS/WTB/FLP/SYS1	10CV	S07

（续）

	工作单内容	工作者	检查者
操作步骤	2. 依次设置襟翼 / 缝翼控制手柄到位置 1、2、3、FULL 位 – 上 ECAM 显示器襟翼 / 缝翼指示块依次平滑移动到对应位置并与襟翼 / 缝翼移动位置一致（襟翼移动过程中指示为蓝色，到达对应位置变为绿色） 3. 依次设置襟翼 / 缝翼控制手柄到位置 3、2、1、0 位 – 上 ECAM 显示器襟翼 / 缝翼指示块依次平滑移动到对应位置并与襟翼 / 缝翼移动位置一致，最后停在收上位 **四、扰流板操作测试** 1. 确保下列跳开关闭合		

面板	名称	标识	位置
49VU	FLIGHT CONTROLS/SLT FLP 1 POS IND	1CN	B12
	FLIGHT CONTROLS/FCDC1 SPLY	20CE1	B10
	FLIGHT CONTROLS/SLT CTL&MONG SYST	5CV	B06
	AUTO FLT/FAC1 28VDC	5CC1	B04
	AUTO FLT/FAC1 26VAC	14CC1	B03
105VU	ELEC/HOT BUS/702PP SPLY	5PB2	D02
	ELEC/HOT BUS/701PP SPLY	5PB1	D01
	ELEC/HOT BUS/702PP SPLY	12PB2	E02
	ELEC/HOT BUS/701PP SPLY	12PB1	E01
121VU	AUTO FLT/RUDDER TRIM IND	15CC	M20
	AUTO FLT/FAC2/28VDC	5CC2	M19
	AUTO FLT/FAC2/26VAC	14CC2	M18
	AUTO FLT/RUDDER ARTF FEEL	14CA	N17
	AUTO FLT/STICK LOCK	13CA	N16
	FLIGHT CONTROLS/WTB/SLT/SYS2	11CV	P19
	FLIGHT CONTROLS/SLT FLP POS IND 2	2CN	P16
	FLIGHT CONTROLS/FCDC2 SPLY	20CE2	Q20
	FLIGHT CONTROLS/SEC3 SPLY	21CE3	Q19
	FLIGHT CONTROLS/SLT CTL SYS2	7CV	R21
122VU	FLIGHT CONTROLS/WTB/SLT/SYS1	9CV	S06

2. 在中央操纵台上确保减速板操纵手柄处于 RET 位

3. 确保两根侧杆都处于中立位

4. 在下 ECAM 显示器 F/CTL 页，所有扰流板在收回位

5. 缓慢向左移动任意一个侧杆直到其触及止动块，在下 ECAM 显示器 F/CTL 页，左大翼 2、3、4、5 号扰流板伸出

6. 缓慢操纵侧杆回到中立位，在下 ECAM 显示器 F/CTL 页，左大翼 2、3、4、5 号扰流板收回

7. 缓慢向右移动任意一个侧杆直到其触及止动块，在下 ECAM 显示器 F/CTL 页，右大翼 2、3、4、5 号扰流板伸出

8. 缓慢操纵侧杆回到中立位，在下 ECAM 显示器 F/CTL 页，所有扰流板都在收回位

9. 在中央操纵台上设置减速板操纵手柄到 FULL 位，在下 ECAM 显示器 F/CTL 页，两侧 1、2、3、4 号扰流板伸出

10. 在中央操纵台上设置减速板操纵手柄到 RET 位，在下 ECAM 显示器 F/CTL 页，所有扰流板收回

（续）

工作单内容		工作者	检查者
操作步骤	**五、结束工作** 1. 在 ECAM 控制面板按压 HYD 电门，下 ECAM 显示器显示 HYD 页 2. 在面板 50VU 上按压 BLUE PUMP OVRD 电门，电门上 ON 灯熄灭 - 下 ECAM 蓝液压系统压力逐渐变为 0 psi 3. 在面板 40VU 按压 ELEC PUMP 电门，电门上 ON 灯熄灭 - 下 ECAM 绿、黄液压系统压力逐渐变为 0 psi 4. 在面板 20VU 的 ADIRS 控制显示组件上设置三个（OFF/NAV/ATT）选择电门到 OFF 位 5. 将起落架手柄上的警告牌取下 6. 将飞机电路断电		
分析	请记录在完成任务的过程中哪些步骤出现了差错，请分析原因 1. 步骤： 原因与解决办法： 2. 步骤： 原因与解决办法： 3. 步骤： 原因与解决办法：		

六、学习检验与反思

引导问题 6：请同学们扫描下面的二维码，通过答题检验此次典型工作的学习效果。

引导问题 7：请每位同学撰写学习反思，填入表 4-6 中，并与小组成员进行交流，看看是否达成学习目标。

表 4-6 学习反思清单

学习成就
请说说这节课你学习到了哪些让你觉得有用的内容。
合作学习
1）谈一谈你在团队合作完成任务的过程中做的哪些事情履行了自己的角色职责。 2）今后你会如何提升自己在小组中的表现？
学习体验
1）你对自己在本节课的学习情绪或状态满意吗？是否要做一些改变呢？ 2）你对于学习这门课是否更有信心呢？为什么？

七、业内延伸

波音 737MAX 飞机事件

2019 年 3 月 10 日，一架波音 737 MAX 客机 ET302 航班在飞往肯尼亚途中坠毁，造成 157 人死亡。这是自 2018 年同型号飞机印尼狮航坠机事故后短短 132 天内发生的第二起事故。两起事故的相似性引发了飞行员、乘客、工程师和行业分析师的关注。

根据调查结果，狮航事故是由于“迎角传感器”（Angle Of Attack，AOA）的数据错误导致机头持续下压，飞行员无法控制并最终导致坠海。而这个自动控制下压机头的系统名为 MCAS，是波音 737 MAX 客机的一项操纵辅助系统。

波音公司在为 737 MAX 机型安装新的高涵道比省油发动机时，为了解决改装发动机吊架导致的机身仰角过高失速问题，开发了 MCAS。然而，在狮航事故之前，许多飞行员并不了解这个系统，波音公司和美国联邦航空管理局也决定不告知飞行员有关 737 MAX 飞行控制系统的变化。更让人担忧的是，该系统可能会因为传感器误差而被误触发。在两起事故发生后，中国民航局于 2019 年 3 月 11 日率先发出禁飞令，要求国内运输航空公司停止使用波音 737 MAX 机型。随后，世界各国纷纷宣布禁止波音 737 MAX 机型在本国领空起降和飞越。最终全球停飞了所有 737 MAX 机型。

这一系列事件揭示了飞控系统安全问题的紧迫性。飞控系统是飞机安全运行的关键，而设计中的漏洞和缺陷可能导致灾难性后果。因此，保障飞行安全、加强飞控系统监管和及时、准确地向飞行员、乘客传递信息至关重要。只有通过不断改进和完善飞控系统，才能确保民用飞机的安全可靠性、运营经济性和乘坐舒适性。

典型工作 4　襟缝翼系统故障排除

一、工作情境与任务

工作情境：现有一架飞机在某日完成最后一个航班任务后进行航后检查工作时，发现驾驶舱上 ECAM 显示器出现“F/CTL FLAP SYS 1 FAULT”警告信息，经过飞控系统测试后，出现“SLT/FLP CSU 51CV OR WIRING TO FLP 1”故障信息，有可能是传感器故障或线路故障，现须立刻进行故障排除。

任务难度：★★★★★

工作类型：□日常检查　□日常勤务　□系统测试　☑故障排除　□M 项放行维护

技能岗位：系统工程师

任务内容：请同学们分组在 A320 飞机虚拟维修平台上完成以下任务：

1）找到襟缝翼系统故障隔离程序。

2）根据故障隔离程序排除襟缝翼系统故障。

二、学习目标

知识目标：能够根据故障信息查找到相关故障隔离程序并完成故障隔离。

能力目标： 能够排除襟缝翼系统故障并掌握相关排故方法。

素质目标： 了解现场液压系统及飞控系统危险源，具有相关安全意识；在整个排故过程中能够规范采取相关安全措施确保安全。

三、任务分组

请同学们选择在本次任务中扮演的角色，并填入表 4-7 中。

表 4-7　任务分组计划单

班级		组名		组长	
组员及任务分工					
角色	姓名	任务	角色	姓名	任务
总结者			检查者		
研究者			经营者		
记录员			支持者		
观察者 / 疑难解答者					

注：如果不清楚各成员角色的任务内容，请查阅表 1《团队角色分工表》。

四、工作准备

1. 襟缝翼系统控制原理分析

A320 飞机每个机翼安装两块襟翼，分别为内侧襟翼和外侧襟翼；安装 5 块缝翼，编号从翼根往翼尖依次递增。缝翼和襟翼都是电控液压作动的，由两台 SFCC 负责控制和监测。每台计算机有一个缝翼通道和一个襟翼通道。

驾驶舱的襟缝翼操作手柄下面有一个 CSU（指令传感组件），移动襟缝翼控制手柄，会带动旋转 CSU，会使 CSU 给 SFCC 发送新的襟翼指令位置信号。这个信号会在 SFCC 内部的襟翼通道 1（2）中处理。指令位置信号和来自 FPPU 的当前位置信号比较，产生驱动指令信号。

SFCC 2 襟翼通道（Flap Channel）故障而 SFCC 1 正常工作。SFCC 1 襟翼通道上的每个通路（Lane）都在生成指令信号，在动力控制组件输入级生成的驱动指令控制襟翼动力控制组件对应的电磁阀，只有对应的绿液压马达工作。黄液压模块没有通电，释压刹车将黄液压马达输出轴锁住。由于差动齿轮箱只有一半在工作，运转的绿液压马达以一半的速度提供全扭矩输出。

2. 分析故障隔离手册，梳理排故思路

引导问题 1： 请按照模块一中 TSM 的查询方法，找到“F/CTL FLAP SYS 1 FAULT”故障信息所对应的排故程序，并列出可能发生故障的所有部件。

____

____

引导问题 2： 了解排故过程中的排故思路，详细说明在本排故过程中是如何判断部件是否正常工作的。

____

____

五、工作程序与标准

引导问题 3： 请同学们根据工作单的指引在虚拟仿真平台上完成维护任务。

机号		飞机维修工作单 JOB CARD A320 飞机襟缝翼系统故障排除	工作单号	4-4
机型	A320		工作区	模拟机教室
工时	1 课时			

工作单内容	工作者	检查者

操作步骤

一、模拟机准备

飞机状态	停在停机坪
地面电源	连接
外接电源开关	ON
蓄电池开关 1 和 2	ON
发动机	未起动

二、工作准备

1. 检查下 ECAM STATUS 页面

在下 ECAM STATUS 页面	无 INOP 系统	是□否□

2. 设置“FLAP SYSTEM 1”故障

音响警告	单谐音	是□否□
MASTER CAUT 琥珀色灯	亮	是□否□
在上 ECAM 显示器	出现故障信息：F/CTL FLAP SYS 1 FAULT	是□否□
在下 ECAM STATUS 页面	INOP SYS 出现：FLAP SLOW	是□否□

3. 在 MCDU 上打印航后报告，航后报告内容

ECAM WARNING MESSAGES	27-00 F/CTL FLAP SYS 1 FAULT
FAULT MESSAGES	27-51-17 SLT/FLP CSU 51CV OR WIRING TO FLP 1

4. 在 AirN@v 手册中搜索 TSM 任务

1）选择 Start Troubleshooting

2）选择 ECAM Warning

3）输入“27-00　F/CTL FLAP SYS 1 FAULT”，单击“Search”

4）在结果中选择“27-51-17 SLT/FLP SCU 51CV OR WIRING TO FLP 1”，单击“Open”

5）进入 TSM 27-51-00-810-805

三、故障确认

1. 进行襟缝翼操作测试

1）在外部电源面板插上耳机，在操纵飞机舵面期间驾驶舱与地面观察人员保持良好沟通

2）使用电动泵给飞机液压系统增压

警告： 在给飞机液压系统增压前，要确保飞机所有舵面与其控制手柄位置一致，否则飞机舵面可能突然作动

3）拔出下列跳开关并夹上保险夹

面板	名称	标识	位置
49VU	AUTO FLT/FAC 1/26VAC	14CC1	B03
121VU	AUTO FLT/FAC 2/26VAC	14CC2	M18

（续）

	工作单内容	工作者	检查者

4）将襟缝翼手柄依次置于 1、2、3、4 位置

襟缝翼放出，但速度只有正常的一半（正常襟翼从 0 位到 FULL 位的时间约为 36s）	是□否□

5）将襟缝翼手柄置于 0 位置

襟缝翼收回，但速度只有正常的一半（正常襟翼从 FULL 位到 0 位的时间约为 36s）	是□否□

6）给飞机液压系统卸压

7）取下保险夹并闭合下列跳开关

面板	名称	标识	位置
49VU	AUTO FLT/FAC 1/26VAC	14CC1	B03
121VU	AUTO FLT/FAC 2/26VAC	14CC2	M18

2. 在 MCDU 上检查故障信息

1）进入 MCDU

→ CFDS

→ SYSTEM REPORT/TEST

→ F/CTL

→ SFCC 1

→ SYSTEM STATUS 页面

2）选择 SYSTEM STATUS FLP 行选键

MCDU 上	TEST IN PROGRESS 字符显示几秒	是□否□
	然后显示信息：27-51-17 SLT/FLP CSU 51CV OR WIRING TO FLP 1	是□否□

3）按压 RETURN 行选键直到返回 MCDU 主菜单

操作步骤

四、故障隔离

1. 打开电子舱门 824

2. 交换 SFCC 1 和 SFCC 2

1）拔出下列跳开关并夹上保险夹

面板	名称	标识	位置
49VU	FLIGHT CONTROLS/SLT FLP/POS/IND 1	1CN	B12
	FLIGHT CONTROLS/FLP/CTL&MONG/SYS 1	6CV	B07
	FLIGHT CONTROLS/SLT/CTL&MONG/SYS 1	5CV	B06
105VU	ELEC/HOT BUS/701PP SPLY	5PB1	D01
		12PB1	E01
	ELEC/HOT BUS/702PP SPLY	5PB2	D02
		12PB2	E02
121VU	FLIGHT CONTROLS/SLT FLP/POS/IND 2	2CN	P16
	FLIGHT CONTROLS/FLP/CTL&MONG/SYS 2	8CV	Q21
	FLIGHT CONTROLS/SLT/CTL&MONG/SYS 2	7CV	R21

2）交换 SFCC 1 和 SFCC2

3）取下保险夹并闭合 1）拔出的跳开关。

3. 重复步骤三中第 2 步检查信息

MCDU 上依旧出现故障信息：27-51-17 SLT/FLP CSU 51CV OR WIRING TO FLP 1，说明本故障与____________________无关

4. 重复步骤四中第 2 步换回 SFCC 1 和 SFCC 2

5. 交换襟翼控制手柄插头 51CV-A 和 51CV-B

（续）

工作单内容	工作者	检查者

操作步骤

1）拔出下列跳开关并夹上保险夹

面板	名称	标识	位置
49VU	FLIGHT CONTROLS/SLT FLP/POS/IND 1	1CN	B12
	FLIGHT CONTROLS/FLP/CTL&MONG/SYS 1	6CV	B07
	FLIGHT CONTROLS/SLT/CTL&MONG/SYS 1	5CV	B06
105VU	ELEC/HOT BUS/701PP SPLY	5PB1	D01
		12PB1	E01
	ELEC/HOT BUS/702PP SPLY	5PB2	D02
		12PB2	E02
121VU	FLIGHT CONTROLS/SLT FLP/POS/IND 2	2CN	P16
	FLIGHT CONTROLS/FLP/CTL&MONG/SYS 2	8CV	Q21
	FLIGHT CONTROLS/SLT/CTL&MONG/SYS 2	7CV	R21
122VU	LIGHTING/INSTL LT/MAIN INST/PNL AND/PED	4LF	Y04

2）交换襟翼控制手柄插头 51CV-A 和 51CV-B

3）取下保险夹并闭合 1）拔出的跳开关

6. 重复步骤三中第 2 步检查信息

MCDU 上依旧出现故障信息：27-51-17 SLT/FLP CSU 51CV OR WIRING TO FLP 1，说明本故障与________________________无关

7. 重复步骤四中第 5 步换回 CSU 51CV-A 和 51CV-B

8. 拔出下列跳开关并夹上保险夹

面板	名称	标识	位置
49VU	FLIGHT CONTROLS/SLT FLP/POS/IND 1	1CN	B12
	FLIGHT CONTROLS/FLP/CTL&MONG/SYS 1	6CV	B07
	FLIGHT CONTROLS/SLT/CTL&MONG/SYS 1	5CV	B06
105VU	ELEC/HOT BUS/701PP SPLY	5PB1	D01
		12PB1	E01
	ELEC/HOT BUS/702PP SPLY	5PB2	D02
		12PB2	E02
121VU	FLIGHT CONTROLS/SLT FLP/POS/IND 2	2CN	P16
	FLIGHT CONTROLS/FLP/CTL&MONG/SYS 2	8CV	Q21
	FLIGHT CONTROLS/SLT/CTL&MONG/SYS 2	7CV	R21
122VU	LIGHTING/INSTL LT/MAIN INST/PNL AND/PED	4LF	Y04

9. 拆下 SFCC1 组件

10. 拆下襟翼控制手柄组件

（续）

	工作单内容	工作者	检查者

操作步骤

11. 参考 ASM27-51/02 检查线路，找到下表中 SFCC1-AA 插座插钉在 51CV-A 插头中的对应插钉，并测量其电阻值（当阻值不超过 2Ω 时线路属于正常导通状态）

SFCC1-AA 插座	51CV-A 插头	测量阻值 /Ω	是否正常
13A	e		是□否□
14B	B		是□否□
13B	T		是□否□
15C	A		是□否□
15A	U		是□否□
14A	V		是□否□
13J	b		是□否□
14K	R		是□否□
15H	P		是□否□
13K	d		是□否□
15J	c		是□否□
14J	N		是□否□

12. 从上表可以判断出 SFCC1-AA 插座的______插钉到 51CV-A 插头的______插钉之间的导线断路
13. 修复损坏的线路
14. 安装 SFCC1 组件
15. 安装襟翼控制手柄组件
16. 取下保险夹并闭合下列跳开关

面板	名称	标识	位置
49VU	FLIGHT CONTROLS/SLT FLP/POS/IND 1	1CN	B12
	FLIGHT CONTROLS/FLP/CTL&MONG/SYS 1	6CV	B07
	FLIGHT CONTROLS/SLT/CTL&MONG/SYS 1	5CV	B06
105VU	ELEC/HOT BUS/701PP SPLY	5PB1	D01
		12PB1	E01
	ELEC/HOT BUS/702PP SPLY	5PB2	D02
		12PB2	E02
121VU	FLIGHT CONTROLS/SLT FLP/POS/IND 2	2CN	P16
	FLIGHT CONTROLS/FLP/CTL&MONG/SYS 2	8CV	Q21
	FLIGHT CONTROLS/SLT/CTL&MONG/SYS 2	7CV	R21
122VU	LIGHTING/INSTL LT/MAIN INST/PNL AND/PED	4LF	Y04

五、测试验证

重复步骤三的襟缝翼操作测试

襟缝翼	移动正常	是□否□
MCDU 上 STATUS 信息	无故障信息	是□否□

六、结束工作

1. 断开飞机外部电源并撤走电源车
2. 关闭电子舱门 824
3. 拔掉耳机，关闭外部电源接近盖板 121AL

（续）

	工作单内容	工作者	检查者
分析	请记录在完成任务的过程中哪些步骤出现了差错，并分析原因 1. 步骤： 原因与解决办法： 2. 步骤： 原因与解决办法： 3. 步骤： 原因与解决办法：		

六、学习检验与反思

引导问题 4：请同学们扫描下面的二维码，通过答题检验此次典型工作的学习效果。

引导问题 5：请每位同学撰写学习反思，填入表 4-8 中，并与小组成员进行交流，看看是否达成学习目标。

表 4-8 学习反思清单

学习成就
请说说这节课你学习到了哪些让你觉得有用的内容。
合作学习
1）谈一谈你在团队合作完成任务的过程中做的哪些事情履行了自己的角色职责。 2）今后你会如何提升自己在小组中的表现？
学习体验
1）你对自己在本节课的学习情绪或状态满意吗？是否要做一些改变呢？ 2）你对于学习这门课是否更有信心呢？为什么？

七、业内延伸

法航 447 号班机空难事故的警示——技术与责任的交织

2009 年 6 月 1 日，法国航空 447 号班机原定从巴西飞往法国，却在巴西圣佩德罗和圣保罗岛屿附近坠毁，机上 228 人全数遇难。这起空难是法国航空史上最严重的事故，也是空中客车 A330 型飞机的首次商业飞行失事。

调查取证是一个漫长而困难的过程，花费了近两年的时间来打捞黑匣子和分析数据。最后的调查报告指出，空速管结冰导致飞机无法探测空速，进而使自动驾驶关闭，机组错误操作使得飞机失速，最终导致空难。

事故的起因是飞机的空速管失灵，这是由于高空低温下冰晶堵塞了管道。飞机失去了自动驾驶系统的辅助，警报声随之而起。

此时，机长正在休息舱，两名副驾驶本应手动操作飞机控制飞行。然而，他们没有正确判断形势，当机长返回驾驶舱时，已经无法掌控飞机的失控状态。

在驾驶舱录音中，自动驾驶断开时，警告声响起并持续了 2.2s。同时，感应速度的皮托管被冻结失灵，飞行员被迫转为手动驾驶。除了速度丢失的仪表读数外，其他系统正常工作。然而两名副驾驶没有接受过此类训练，不知道在高速状态下应该如何手动驾驶。

一名副驾驶在接下来的过程中做出了极端不明智的反应，持续向后拉动自己一侧的操纵杆，导致飞机爬升，速度急剧下降，最低只有 93 节。这种操作导致飞机在高空面临过大迎角和升力不足的情况下迅速失速。

尽管在降落中另一名副驾驶试图纠正飞行并向前推动操纵杆。然而，空客飞机的操纵侧杆可以被两边同时操纵，两名副驾驶的操作互相抵消，相当于侧杆未接受人工输入，导致飞机仍然保持着机头朝上的状态。

最终，法航 447 号航班的空客 A330-200 型飞机坠入大西洋。飞机在最后一秒仍然保持完好无损的状态，但以时速 200km 的速度撞向海面，超过 200t 的物体和人体撞击使飞机和人员瞬间四分五裂。飞机在撞击中粉碎，除了相对完好的垂直尾翼，其余残骸的面积都不超过 $1m^2$。

这起空难案例向我们展示了责任与技术交融的危机。在面对高风险和紧迫情况时，精准的人机协同和科学的决策至关重要。维持安全的生命线需要技术的支撑，也需要人的智慧和冷静。

模块五

飞机空调系统典型工作任务

典型工作 1　空调系统部件识别与检查

典型工作 2　空调组件温度控制系统操作测试

典型工作 3　飞机座舱增压系统功能测试

典型工作 4　增压系统外流活门电气组件故障排除

典型工作 1　空调系统部件识别与检查

一、工作情境与任务

工作情境：现在有一架飞机执行完当天最后一个航班，开始进行航后工作，根据工作单要求，须对空调系统部件（进气口和排气口）进行检查。空调系统的检查项目较少，因为在关键部位均布置了传感器，通常在出现故障后会在 ECAM 上有所显示，机务人员根据显示内容进行进一步检查。

任务难度：★☆☆☆☆

工作类型：☑日常检查　□日常勤务　□系统测试　□故障排除　□M 项放行维护

技能岗位：航线机电维修员、大修机电维修员、系统工程师

任务内容：请同学们分组在波音 737-800 或 A320 飞机虚拟维修平台上完成以下任务：

1）在地面找到冲压空气涡轮门和空调组件进、排气门。

2）检查识别空调面板状态。

3）打开空调舱，找到空调系统主要部件。

二、学习目标

知识目标：能识别出飞机空调系统的重要部件。

能力目标：了解空调系统部件常见的故障现象，能评估飞机空调系统部件的状态是否正常。

素质目标：了解飞机空调系统的工作原理及主要部件的功能。

三、任务分组

请同学们选择在本次任务中扮演的角色，并填入表 5-1 中。

表 5-1　小组任务分配计划表

班级		组名		组长	
组员及任务分工					
角色	姓名	任务	角色	姓名	任务
总结者			检查者		
研究者			经营者		
记录员			支持者		
观察者 / 疑难解答者					

注：如果不清楚各成员角色的任务内容，请查阅表 1《团队角色分工表》。

四、工作准备

1. 空调系统组成与功用

（1）空调系统介绍

A320 飞机空调系统是完全自动工作的，在整个工作期间能提供舒适的空气。空调系统的主要功能是保持机身增压区域空气的温度、压力和清洁度处于一个合适的水平。主要子系统是区域温度控制系统、增压系统、电子设备通风系统和货舱通风 / 加热系统。主要作用是通过控制空气流量来控制机舱压力及换气，控制驾驶舱及座舱的温度，用于通风的座舱空气再循环。

气源系统从发动机压气机、APU 压气机或地面高压气源车为空调系统提供高压空气。高压热空气经冷却、调节后供给机舱，然后经外流活门排出机外。在地面上，可通过地面低压空气接口直接提供空调空气到空调分配系统。

A320 飞机装有两台空调组件（Pressurization Air Conditioning Kit，PACK），位于起落架舱前部的翼根处。空调组件主要包括空气循环机、热交换器、冷凝器、再加热器、水分离器和引射器等。空调组件是空调系统的核心部件，提供空调空气到座舱。

（2）空调系统工作原理

两套空调组件是自动工作且相互独立的。空调系统控制器（Air Conditioning System Controller，ACSC）或组件控制器的信号控制着空调组件的工作。预调的较暖引气通过组件流量控制活门进入冷却管道后，再进入初级热交换器。然后被冷却的引气进入空气循环机的压气机部件，被压缩至较高压力和温度。经主热交换器再次冷却后，空气进入涡轮部件，此时，空气膨胀并产生动力来驱动压气机和冷却风扇。此过程中损失的能量会降低温度，进而导致涡轮排气温度很低。

正常情况下，空调系统控制器计算所需空气流量，将流量控制活门设定到所需要的位置。组件温度控制系统控制组件出口温度，设定最高和最低限制值。为了控制组件出口温度，ACSC 调整旁通活门和冲压空气进气口，两个组件向混合组件供气，混合组件向飞机上三个独立区域（驾驶舱、前座舱、后座舱）供气，如图 5-1 所示。为了减少热引气需求从而节省燃油，飞机上装有两个座舱再循环风扇。

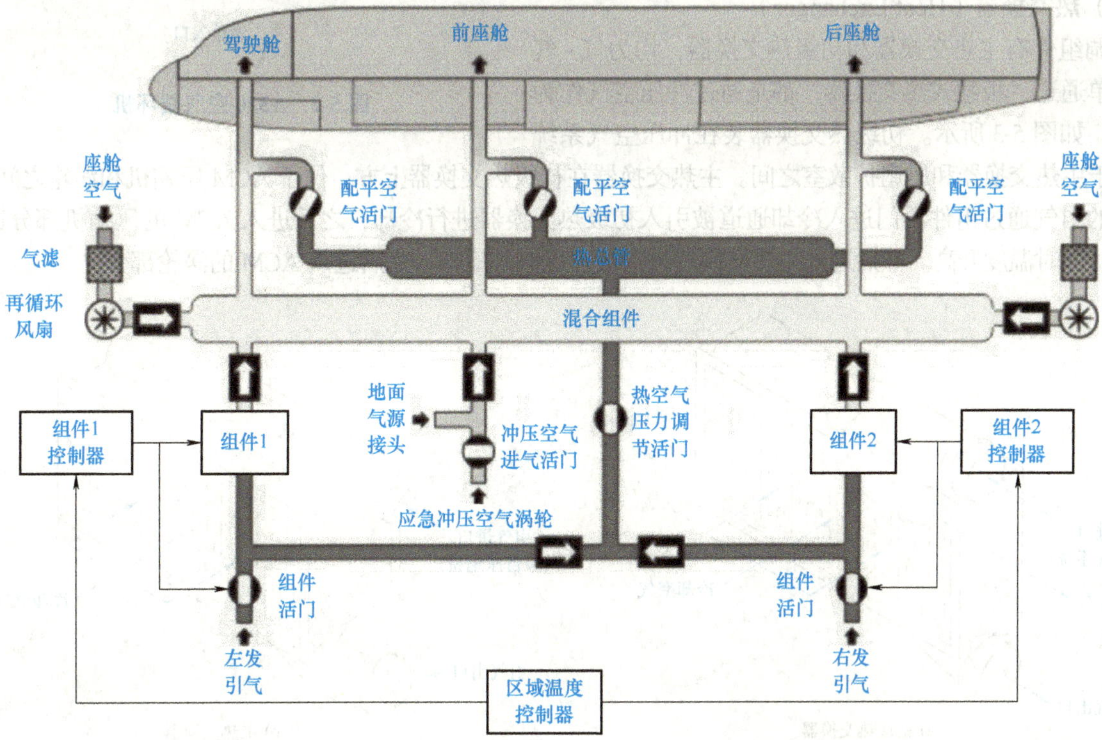

图 5-1 空客 A320 空调系统原理

风扇在座舱区域收集部分空气到混合组件。正常操作下，在ECAM上没有关于座舱再循环风扇的指示。ACSC控制并监控座舱温度调节系统。在头顶面板的空调面板上，飞行机组可以调节各区域的温度。提供到座舱温度控制的热空气系统有一个配平压力调节活门和多个配平活门。哪个区域要提高温度，ACSC向相关的配平空气活门发送打开信号，该区域温度就会升高。

引导问题1：请同学们根据空客A320飞机空调系统原理图，回答空调提供到驾驶舱的空气与提供到座舱的空气有什么不同，为什么这样做？

____

____

2. 典型空调部件介绍

（1）空气循环机（Air Cycle Machine，ACM）

ACM位于空调舱空调组件前部下方，由转轴、风扇、压缩机和涡轮组成，如图5-2所示。ACM可以看作一款特殊的离心式涡轮发动机，热空气既是工作介质又是动力源。高温高压空气经热交换器第一次降温后，压力不变，温度下降；降温后的空气被ACM压气机压缩增压，压力上升，温度上升；被增压的空气经热交换器第二次降温，压力不变，温度下降；低温的高压空气驱动涡轮工作，压力降低，温度降低。被调制后的低温空气和经过旁通活门引入的高温空气混合，最终在PACK出口获得合适温度的空气。ACM涡轮同时驱动压气机和热交换器中的风扇。如果ACM故障，PACK会以热交换冷却的模式降级工作。

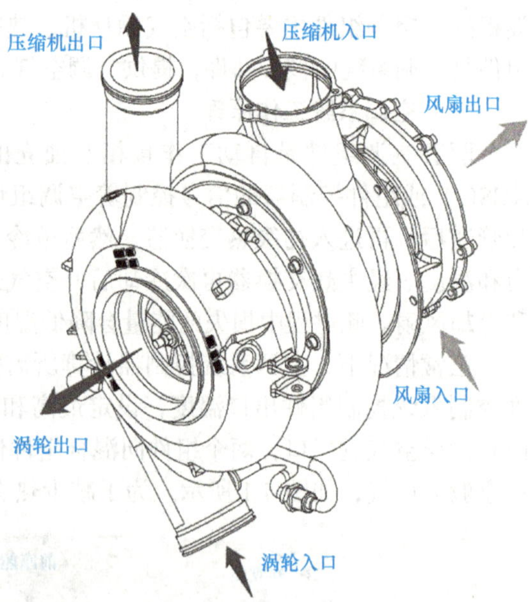

图5-2　A320空气循环机

（2）热交换器（Heat Exchanger）

空调组件有主热交换器和初级热交换器，均为气-气冷却式单通道、板翘式热交换器，都是通过冲压空气作为冷却源，如图5-3所示。初级热交换器装在冲压空气系统上，位于主热交换器和风扇扩散室之间。主热交换器在初级热交换器上方，位于ACM压缩机和涡轮之间。预调后的引气通过组件活门进入冷却通道被引入初级热交换器进行冷却，之后进入ACM的压缩机部分进行压缩，同时温度升高。然后进入主热交换器再次被冲压空气冷却，之后进入ACM的涡轮部分。

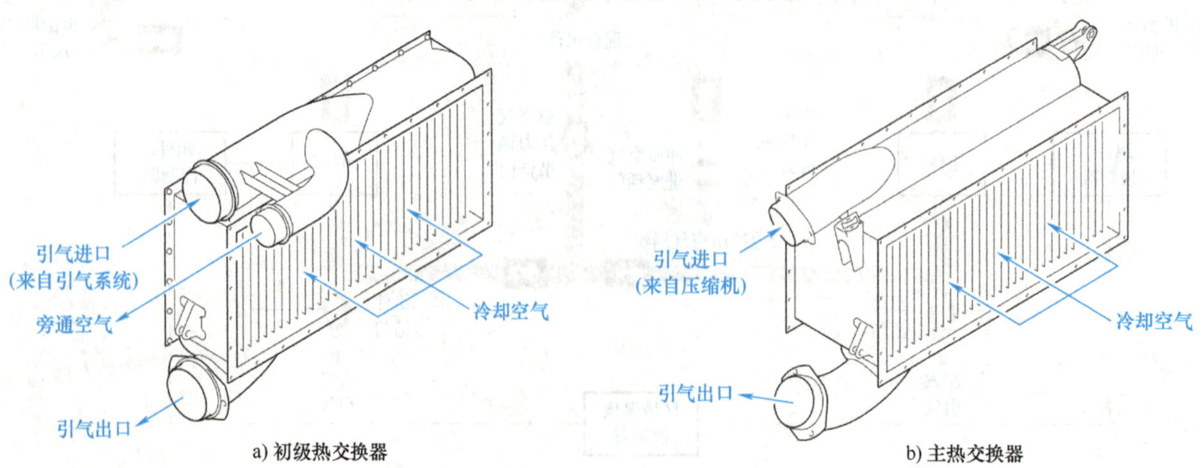

图5-3　初级热交换器和主热交换器

（3）冷凝器和再加热器

冷凝器和再加热器也是气 - 气型热交换器，如图 5-4 所示。冷凝器位于 ACM 和混合组件之间，再加热器位于主热交换器和冷凝器之间。冷凝器用来把空气温度降低到露点温度以下。来自再加热器的热空气进入冷凝器，被来自涡轮的冷空气降温冷却，其中的湿气会凝结成水滴，这对于分离出空气中的水分是必要的；基本不包含水分的空气进入再加热器，再加热器使用从主热交换器来的暖空气升高从水分离器来的冷空气温度，使残留在空气中的水在进入空气循环机涡轮前被气化，防止损坏涡轮。

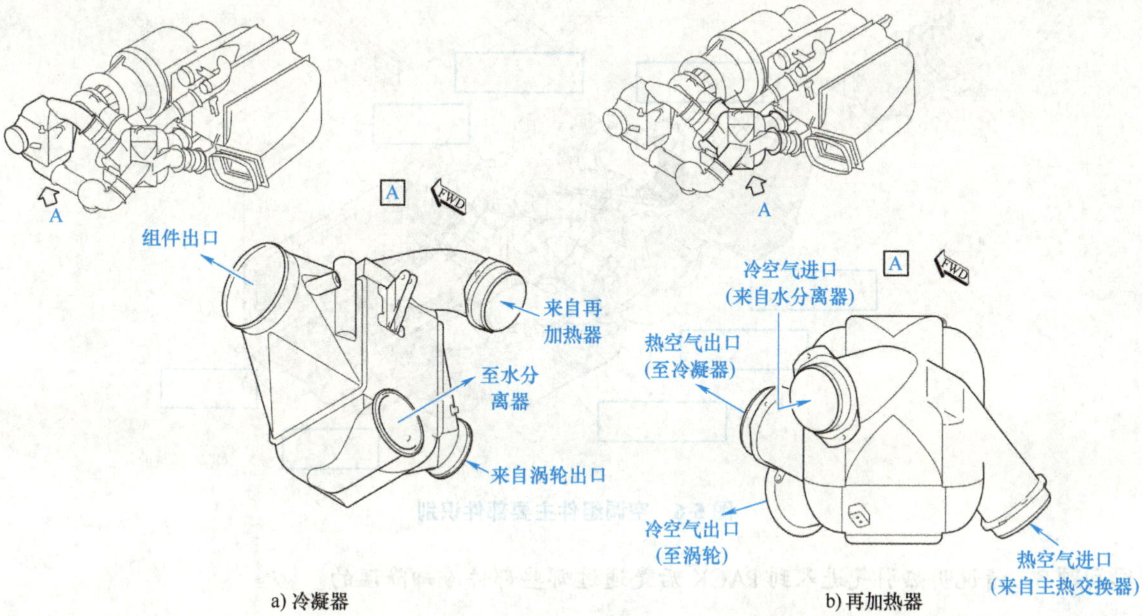

图 5-4 冷凝器和再加热器

（4）水分离器和引射器

水分离器在冷凝器和再加热器之间，位于冷凝器出口位置，用于去除冷凝器中凝结出来的水分。引射器位于冲压空气进口管路，热交换器下游，它通过一根小直径的管路连接到水分离器底部。从冷凝器出来的空气被送入水分离器，导向叶轮使气体速度升高，在离心力的作用下从空气中分离出水；被分离出的水通过引射器排出，提高了初级热交换器和主热交换器的冷却效率，如图 5-5 所示。

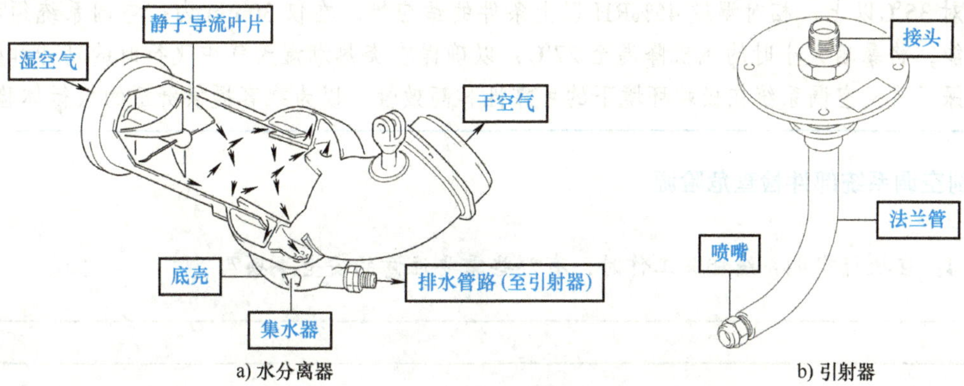

图 5-5 水分离器和引射器

引导问题 2： 请同学们在图 5-6 所示方框中填入各部件的名称。

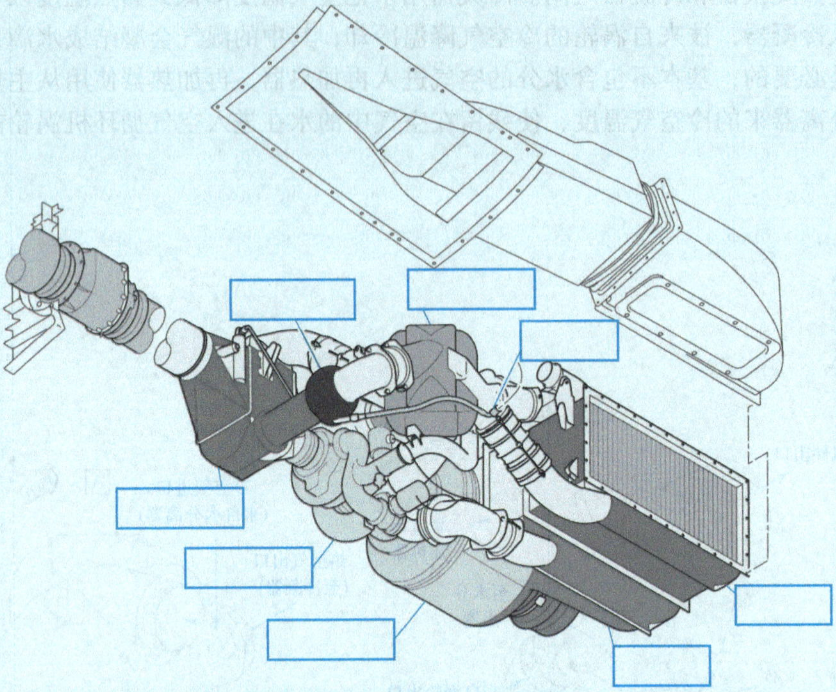

图 5-6 空调组件主要部件识别

引导问题 3： 请说明热引气进入到 PACK 后是通过哪些部件冷却降温的。

____

____

技术前沿

国产商用飞机如何开展空调系统高寒和高温高湿试验

飞机空调系统必须经过严苛的考验，以确保为乘客提供舒适的环境。其中，高寒试验旨在验证空调系统对 −30℃以下条件的适应性。在仅 30min 内，空调系统须利用其快速加温功能，将在寒冷中沉浸一夜的飞机升温至 21℃，以确保在严寒天气中飞行时的功能和性能。而高温高湿试验则验证空调系统对 35℃以上、相对湿度 45%RH 以上条件的适应性。在仅 30min 内，空调系统须利用其快速冷却功能，将暴晒数小时的飞机降温至 27℃，以确保在炎热潮湿天气中飞行时的功能和性能。这些试验确保了飞机空调系统在极端环境下的可靠性和高效性，以为乘客提供舒适的旅行体验。

3. 识别空调系统部件检查危险源

引导问题 4： 在执行空调系统相关工作时，有哪些需要注意的安全事项？

____

____

五、工作程序与标准

引导问题 5：请同学们根据工作单的指引在虚拟仿真平台上完成维护任务。

<table>
<tr><td>机号</td><td></td><td rowspan="3">飞机维修工作单
JOB CARD
A320 飞机空调系统典型部件检查</td><td>工作单号</td><td>5-1</td></tr>
<tr><td>机型</td><td>A320</td><td rowspan="2">工作区</td><td rowspan="2">模拟机教室</td></tr>
<tr><td>工时</td><td>1 课时</td></tr>
</table>

<table>
<tr><td colspan="3">工作单内容</td><td>工作者</td><td>检查者</td></tr>
<tr><td>操作步骤</td><td>1. 空调系统舱门盖板检查
在模拟机主起落架机身下区域找到应急冲压空气进气门、空调组件进排气门、外部空调和高压地面连接门，如图 5-7~图 5-9 所示。根据以下检查点进行检查：
检查点 1：检查冲压空气涡轮门是否关好，有无外来物和损坏
检查点 2：检查空调组件进、排气门有无外来物和损坏</td><td>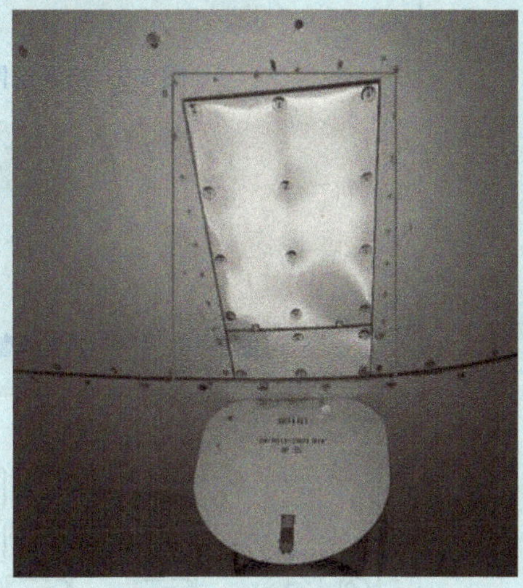
图 5-7　冲压涡轮空气门
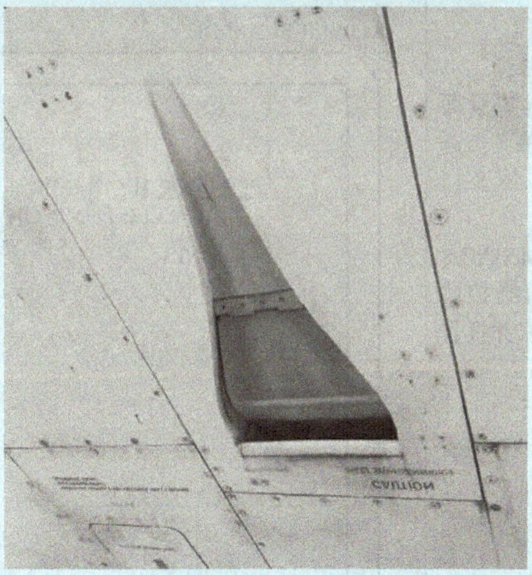
图 5-8　空调组件进气门</td><td></td><td></td></tr>
</table>

（续）

<table>
<tr><th colspan="3">工作单内容</th><th>工作者</th><th>检查者</th></tr>
<tr><td rowspan="2">操作步骤</td><td>检查点 3：检查外部空调和高压地面连接门有无外来物，是否关好，是否有损坏，如图 5-10 所示</td><td>
图 5-9　空调组件排气口
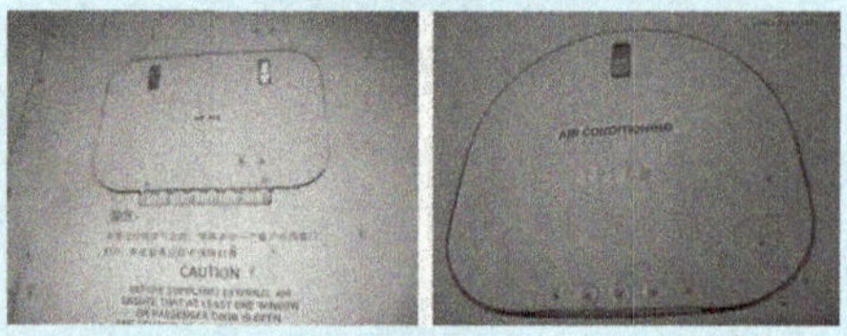
图 5-10　外部空调和高压地面连接门</td><td></td><td></td></tr>
<tr><td>2. 驾驶舱空调系统检查
在驾驶舱对空调维护页面和控制面板根据以下检查点进行检查，如图 5-11~ 图 5-13 所示
检查点 1：进入 ECAM STATUS 状态页，检查是否有维护信息。如有，请记录下来并报告教师</td><td>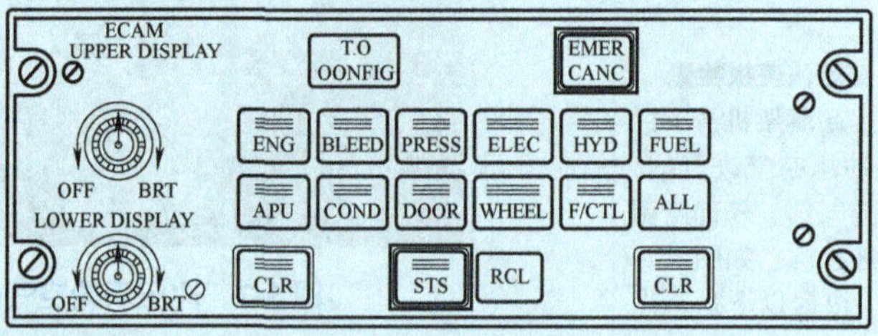

图 5-11　ECAM 控制面板
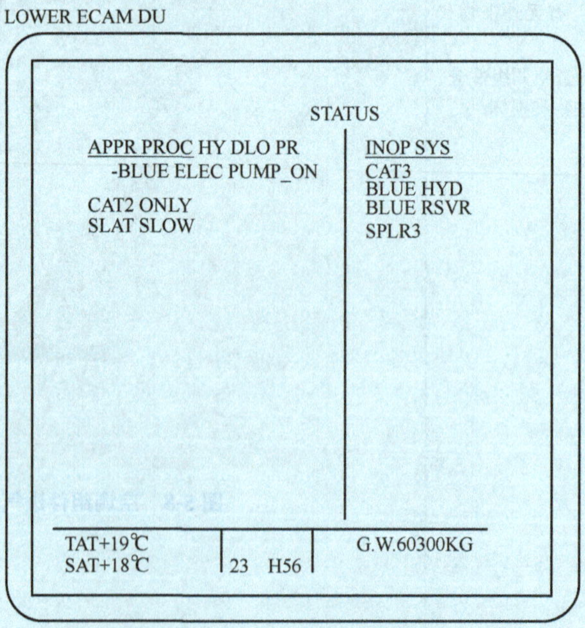

图 5-12　ECAM STATUS 状态页</td><td></td><td></td></tr>
</table>

（续）

工作单内容			工作者	检查者
操作步骤	**检查点 2**：在空调控制面板上打开左右空调组件，并调节驾驶舱温度 **检查点 3**：在 ECAM 上进入 COND 页查看空调组件参数，如图 5-14 所示，并记录后座舱温度______℃	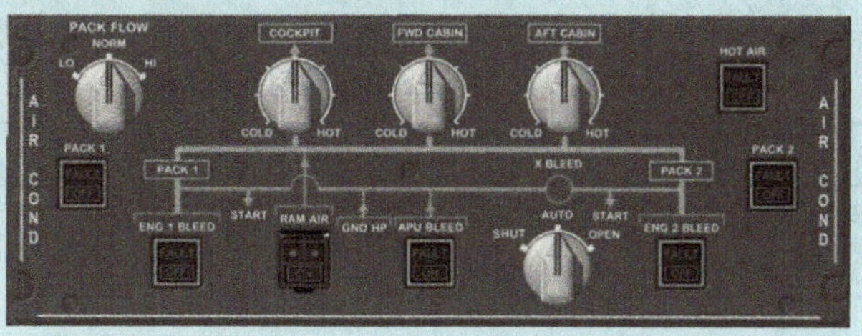 **图 5-13　空调控制面板** 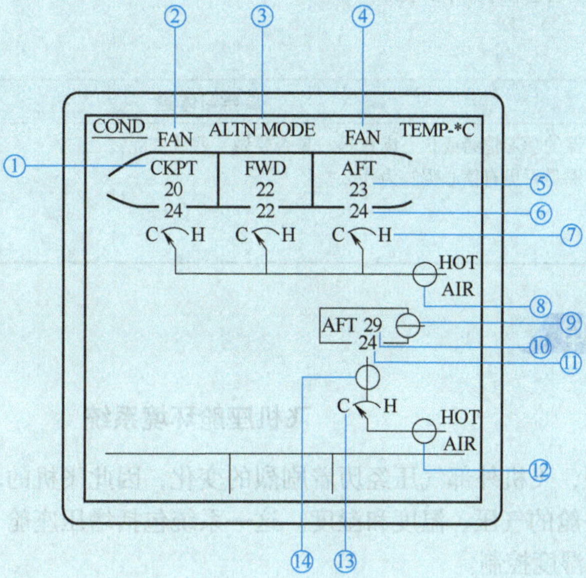 **图 5-14　COND 页**		
分析		请记录在完成任务的过程中哪些步骤出现了差错，并分析原因 1. 步骤： 原因与解决办法： 2. 步骤： 原因与解决办法： 3. 步骤： 原因与解决办法：		

六、学习检验与反思

引导问题 6：请同学们扫描下面的二维码，通过答题检验此次典型工作的学习效果。

引导问题 7：请每位同学撰写学习反思，填入表 5-2 中，并与小组成员进行交流，看看是否达成学习目标。

表 5-2　学习反思清单

学习成就
请说说这节课你学习到了哪些让你觉得有用的内容。
合作学习
1）谈一谈你在帮助组员完成本次学习任务方面给予了哪些支持。 2）今后你会如何提升自己在小组中的表现？
学习体验
1）你对自己在本节课的学习情绪或状态满意吗？是否要做一些改变呢？ 2）你对于学习这门课是否更有信心呢？为什么？

七、业内延伸

飞机座舱环境系统

高空飞行期间，飞机外部气压经历着剧烈的变化，因此飞机的环境控制系统至关重要。它主要负责控制座舱和设备舱的气压、温度和湿度。这一系统包括增压座舱，座舱供气和空气分配，座舱压力控制、温度控制及湿度控制。

在实现这些功能时，采用增压座舱技术可以抵御高空的低气压、缺氧、寒冷和高速气流的影响。增压座舱系统必须考虑多个因素，包括飞机性能、任务需求和工程技术条件等。通过座舱调压系统，飞机在飞行过程中可以调整座舱的气压，确保座舱的气压始终维持在适合人体生理的水平，而无论飞行的高度如何。

座舱的压力调节是关键的一部分。座舱内的总压力（座舱高度气压）等于外界大气压力和座舱余压之和。提高座舱高度气压有助于提高飞行员吸入的氧气分压，从而维持他们的健康。座舱的余压是指座舱内空气压力与外界大气压力之间的差异，它与飞机座舱结构、座舱内空气绝对压力及最大飞行高度的大气压力值有关。座舱的压力变化速率也要受到限制，以确保乘客和机组人员的舒适性和安全性。

座舱控制系统由多个子系统组成，包括座舱供气和通风装置、座舱压力调节器、座舱温度调节装置、冷却系统和加温系统。这些子系统共同协作，确保座舱内的气压、温度和湿度在合适的范围内。

座舱的气密性至关重要，它由金属蒙皮、隔框、桁条和有机玻璃构成，用于隔离座舱内外的环境。气密座舱分为通风式和再生式两种，通风式座舱利用发动机压气机供给的增压空气来维持气密性。这种系统构造简单，但适用于升限在 20~25km 范围内的飞机。

综上所述，飞机座舱环境控制系统是复杂的，但至关重要。它负责确保飞行员和乘客在高空飞行中拥有舒适且安全的气压、温度和湿度条件，以满足人体生理需求。这一系统的各个组成部分协同工作，以确保飞行的顺利进行。

典型工作 2　空调组件温度控制系统操作测试

一、工作情境与任务

工作情境：现有一架飞机落地后，机组向机务反映飞行过程中座舱中部较热，尝试调节温度后没有明显改善。现需要机务人员对空调组件进行空调温度控制系统操作测试，找到故障原因，确保乘客乘机的舒适性，减少投诉率。

任务难度：★★★☆☆

工作类型：□日常检查　□日常勤务　☑系统测试　□故障排除　□M 项放行维护

技能岗位：航线机电维修员、大修机电维修员、系统工程师

任务内容：请同学们分组在 A320 飞机虚拟维修平台上完成温度控制系统测试任务：

1）学习飞机座舱温度控制系统的工作原理。

2）完成飞机座舱温度控制系统操作测试的程序。

二、学习目标

知识目标：熟悉驾驶舱空调面板和 ECAM 空调页面显示内容。

能力目标：熟练完成温度控制系统测试的操作。

素质目标：具有相关安全意识，了解空调系统操作的现场危险源并做好安全防护措施。

三、任务分组

请同学们选择在本次任务中扮演的角色，并填入表 5-3 中。

表 5-3　小组任务分配计划表

班级		组名		组长	
组员及任务分工					
角色	姓名	任务	角色	姓名	任务
总结者			检查者		
研究者			经营者		
记录员			支持者		
观察者 / 疑难解答者					

注：如果不清楚各成员角色的任务内容，请查阅表 1《团队角色分工表》。

四、工作准备

1. 温度调节工作原理分析

温度调节通过空调系统控制器（ACSC）实现，空调系统控制器用于调节两个座舱区域和驾驶舱

的温度。空调系统控制器 2 用于调节两个座舱区域的温度，空调系统控制器 1 用于调节驾驶舱的温度，如图 5-15 所示。

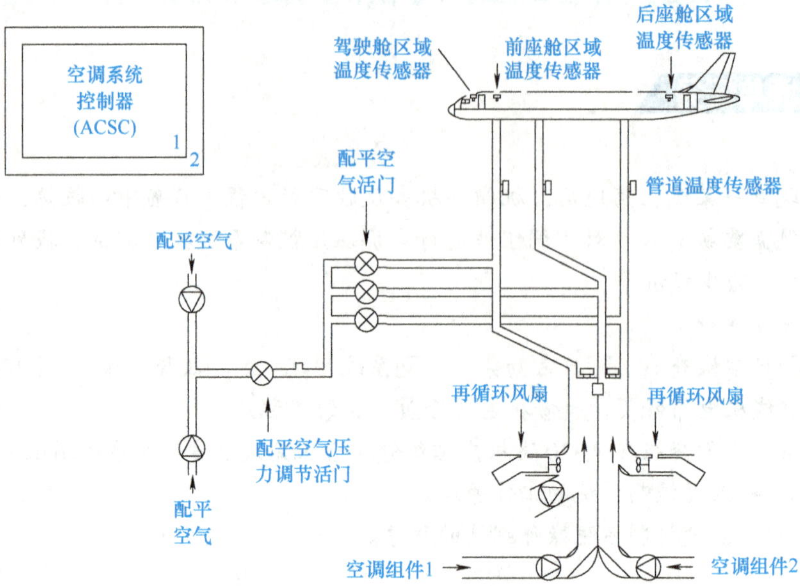

图 5-15　驾驶舱、座舱温度控制简图

图中左上角的是的空调系统控制器，如果说其他部分是身体，那么这部分就是空调系统的大脑。每一架 A320 飞机有两个完全相同的控制器，每个控制器有两个功能不同的通道，分别负责温度调节、流量控制和监控，在每次飞行中，正常情况下，两个控制器都是工作的，只是分工有所不同。

基本温度调节是飞行机组使用空调面板上的温度选择器来选择所期望的驾驶舱和座舱温度。空调系统控制器根据选择的温度和实际温度计算所需的管道温度。前乘务员面板座舱温度控制功能可以对前、后座舱区域的期望温度进行微调。巡航时，座舱乘务员可以通过前乘务员面板（Forward Attendant Panel）修改驾驶舱内选择的任一座舱区域温度，修改范围是 ±2.5℃。实际温度由下列传感器测量：在驾驶舱内的传感器，用于驾驶舱区域；盥洗室排气线路和厨房通风系统内的传感器用于座舱。空调系统控制器根据三个区域的最低温度需求控制组件的出口温度，其余区域的温度通过配平空气进行补偿。

最佳温度调节是空调系统控制器通过调节配平空气活门的工作使温度达到最佳。温度选择范围是从 18～30℃（64~86°F）。

飞行机组通过温度调节旋钮设置三个区域的温度，组件根据设置的三个区域最低温度设置混合总管的温度，其他高于这个温度的区域温度由配平活门来调节。温度调节旋钮将所需要的温度信号传给空调系统控制器，空调系统控制器根据所选择的温度和实际温度计算所需的管道温度。空调系统控制器通过调节配平活门的开度来调整区域的温度。

温度控制就是空调系统控制器控制组件出口温度（基础温度），通过配平空气优化温度调节得到需要的温度。

2. 认识温度系统控制面板和系统

引导问题 1：请同学们在图 5-16 所示空调系统控制面板图的空白方框中填写相应电门的名称，并说出各个电门的作用。在图 5-17 所示空调系统页面的空白方框中填写相应参数名称和活门名称。

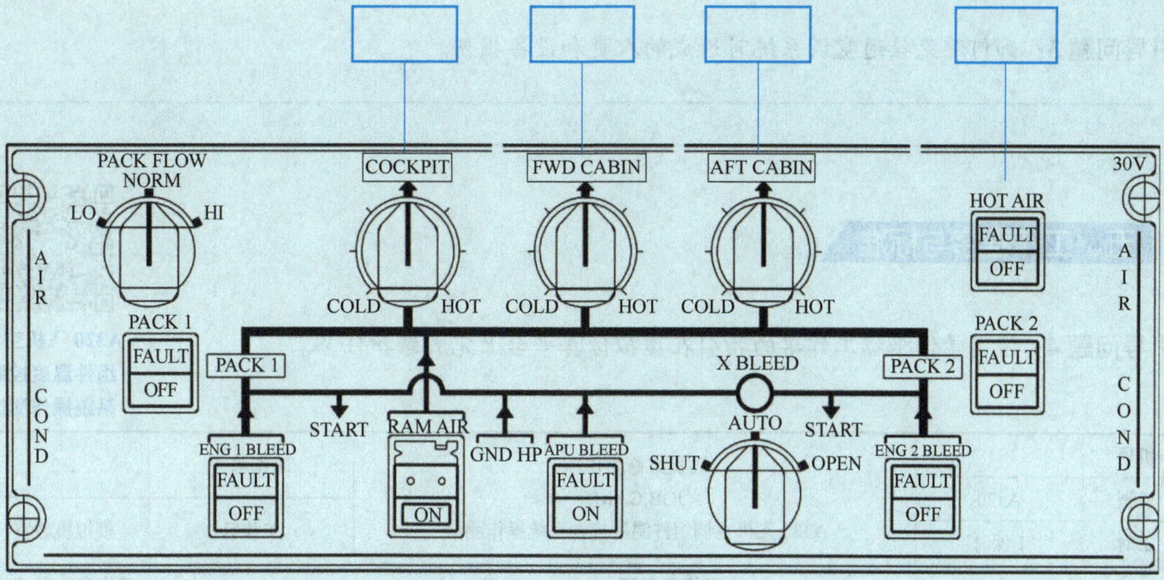

图 5-16　A320 飞机空调控制面板

注意：温度选择电门放在中间位，温度为 24℃，可以根据各个区域的要求进行左右温度调节。

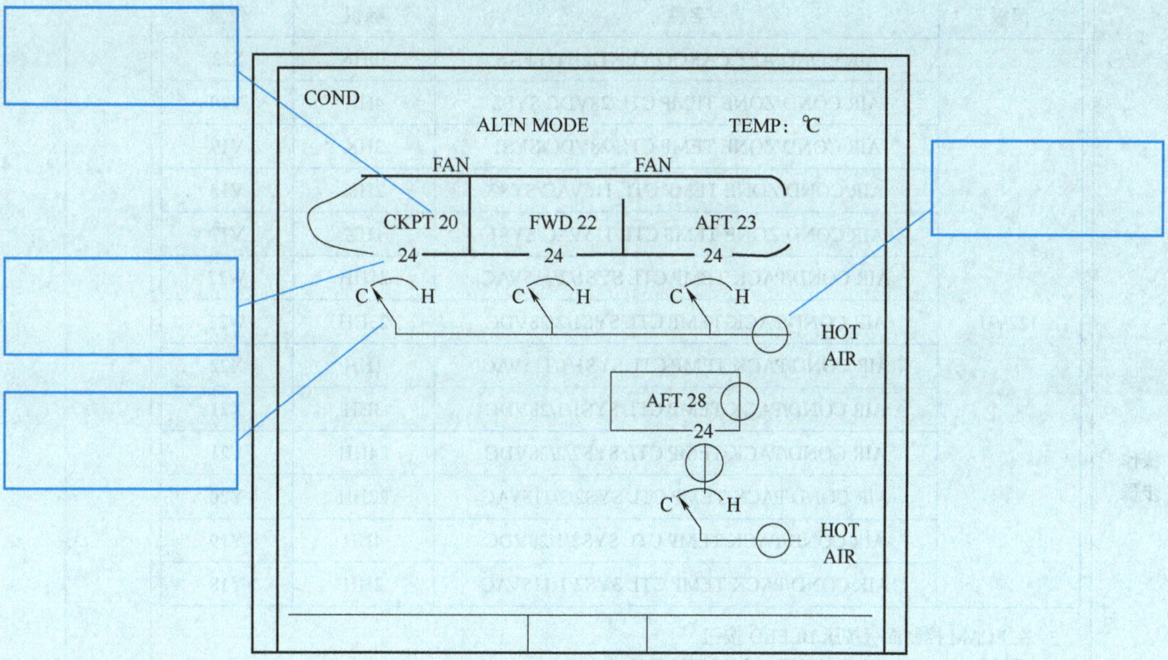

图 5-17　A320 飞机空调系统页面

3. 识别接通空调系统的危险源

引导问题 2：分析接通空调系统前应检查哪些项目以避免造成人员和设备的损伤。

____

____

引导问题 3： 如何避免接通空调系统时造成的人员和设备损伤。

____

____

五、工作程序与标准

A320 飞机空调组件温度控制系统操作测试

引导问题 4： 请同学们根据工作单的指引在虚拟仿真平台上完成维护任务。

机号		飞机维修工作单 JOB CARD A320 飞机空调组件温度控制系统操作测试	工作单号	5-2
机型	A320		工作区	模拟机教室
工时	1 课时			

工作单内容	工作者	检查者

操作步骤

一、工作准备

1. 给飞机电路供电
2. 确保下列跳开关闭合

面板	名称	标识	位置
122VU	AIR COND/AFT CARGO VENT&HTG FAN	30HN	S22
	AIR COND/ZONE TEMP CTL/28VDC/SYS2	4HK	V20
	AIR COND/ZONE TEMP CTL/28VDC/SYS1	3HK	V19
	AIR COND/ZONE TEMP CTL/115VAC/SYS2	2HK	V18
	AIR COND/ZONE TEMP CTL/115VAC/SYS1	1HK	V17
	AIR COND/PACK TEMP CTL SYS1/2/115VAC	21HH	W22
	AIR COND/PACK TEMP CTL SYS1/2/28VDC	23HH	W21
	AIR COND/PACK TEMP CTL SYS1/1/115VAC	1HH	X22
	AIR COND/PACK TEMP CTL SYS1/1/28VDC	3HH	X21
	AIR COND/PACK TEMP CTL SYS2/2/28VDC	24HH	Y21
	AIR COND/PACK TEMP CTL SYS2/2/115VAC	22HH	Y20
	AIR COND/PACK TEMP CTL SYS2/1/28VDC	4HH	Y19
	AIR COND/PACK TEMP CTL SYS2/1/115VAC	2HH	Y18

3. 在 ECAM 控制面板按压 BLEED 按钮
4. 确保 BLEED 页两个组件流量控制活门符号显示关闭

注： 测试仅在两个组件流量控制符号引气页显示关闭时可用

5. 在 AIR COND 面板 30VU 上确保：

1）热空气电门处于 ON 位（OFF 和 FAULT 灯熄灭）

2）组件 1 和组件 2 电门处于 OFF 位（OFF 灯亮）

6. 在货舱加温面板 22VU 上确保热空气电门处于 ON 位（OFF 和 FAULT 灯熄灭）
7. 在 MCDU 上通过 CFDS 进入 SYSTEM REPORT/TEST 里的 AIR COND 菜单页

二、程序

警告： 确保没有人或设备接近冲压排气口挡板。RAM 空气出口挡板的运行能够导致人员受伤或设备损坏。

1. 在 AIR COND 菜单页按压 TEMP CTL 行选键

在 MCDU 上	座舱温度控制菜单页出现	是□否□

（续）

<table>
<tr><th colspan="2">工作单内容</th><th>工作者</th><th>检查者</th></tr>
<tr><td>操作步骤</td><td>2. 在座舱温度控制菜单页按压 TEST 行选键
<table>
<tr><td>在 MCDU 上</td><td>PACK 1 AND PACK2 SELCET OFF 显示</td><td>是□否□</td></tr>
</table>
3. 再次确保组件 1 和组件 2 电门处于 OFF 位置（OFF 灯亮）
4. 在座舱温度控制菜单页按压 CONTINUE 行选键
<table>
<tr><td rowspan="2">在 MCDU 上</td><td>信息 IN PROGRESS MAX 300S 出现</td><td>是□否□</td></tr>
<tr><td>然后 TEST OK 和 END OF TEST 出现</td><td>是□否□</td></tr>
</table>
三、结束工作
1. 在 MCDU 上按压 RETURN 行选键直到 CFDS 菜单页出现
2. 将飞机电路断电</td><td></td><td></td></tr>
<tr><td>分析</td><td>请记录在完成任务的过程中哪些步骤出现了差错，并分析原因
1. 步骤：
原因与解决办法：
2. 步骤：
原因与解决办法：
3. 步骤：
原因与解决办法：</td><td></td><td></td></tr>
</table>

六、学习检验与反思

引导问题 5：请同学们扫描下面的二维码，通过答题检验此次典型工作的学习效果。

引导问题 6：请每位同学撰写学习反思，填入表 5-4 中，并与小组成员进行交流，看看是否达成学习目标？

表 5-4　学习反思清单

学习成就
请说说这节课你学习到了哪些让你觉得有用的内容。
合作学习
1）谈一谈你在团队合作完成任务的过程中做的哪些事情履行了自己的角色职责。 2）今后你会如何提升自己在小组中的表现？
学习体验
1）你对自己在本节课的学习情绪或状态满意吗？是否要做一些改变呢？ 2）你对于学习这门课是否更有信心呢？为什么？

七、业内延伸

某公司空客飞机起飞后出现烟雾并有焦糊味致使飞机返航

2023 年 5 月 6 日，某公司一架空客飞机起飞后不久，机舱出现烟雾，有些乘客反映有烧焦味，机组决定返航，安全落地深圳机场，后续航班取消，并对航班上的乘客进行了妥善安排。经地面机务维修人员系统检查，确认为位于机舱腹部的空调组件故障，不会对飞行安全造成影响。

空调组件故障一般不会对飞行安全造成影响，下面详细了解一下空调产生异味的具体原因。

（1）异味的来源

1）发动机或 APU 吸收除冰液，从其他飞机或地面电源车排放的废气、污染（如烟尘、鸟类，甚至花粉等）。

2）发动机油液渗漏进入引气系统。

3）APU 油液泄漏进入引气系统。

4）厨房设备，如烤箱、咖啡机等。

5）货舱内装载特殊产品或污染产生的异味。

6）损坏的导线或元器件，如加热器、变压器、风扇、ACM 等。

（2）不同的异味属性对应的原因

1）刺鼻的异味主要由电气设备问题或发动机润滑油泄漏引起。

2）焦糊味可能由电气设备故障、厨房设备问题或鸟击进入引气系统引起。

3）化工品味可能由污染引气管道、APU 或发动机吸入化学物质，或防雨液体泄漏引起。

4）氯味可能由防烟面罩或门排水系统堵塞引起。

5）电糊味主要由电气设备故障引起。

6）臭袜子味可能由 APU 或发动机滑油泄漏，或受到污染的空调模块引起。

7）恶臭主要在厕所区域出现。

8）燃油味可能由 APU 燃油控制单元或燃油管路外漏，或吸入发动机排放的油烟引起。

根据座舱记录本的记录，可以了解异味出现和消失的阶段、持续时间、位置及异味属性描述。同时，也可以尽可能区分是由 APU 引气还是发动机引气引起的。

典型工作 3　飞机座舱增压系统功能测试

一、工作情境与任务

工作情境：现有一架飞机在执行航班后，机组人员向机务反映，在飞行过程中座舱左侧应急门处有啸叫刺耳声，可能的原因是应急门的密封出现破损，导致座舱轻微漏气。现组织当班机务人员对座舱增压系统进行功能测试，以便确认啸叫具体位置，更换相应的故障件。

任务难度：★★★☆☆

工作类型：☐日常检查　☐日常勤务　☑系统测试　☐故障排除　☐M 项放行维护

技能岗位：航线机电维修员、大修机电维修员、系统工程师

任务内容：请同学们分组在 A320 飞机虚拟维修平台上完成增压系统功能测试任务：

1）学习飞机座舱增压系统的工作原理。

2）完成飞机座舱增压系统操作测试的程序。

二、学习目标

知识目标： 熟悉座舱增压控制面板和ECAM增压页面显示内容。
能力目标： 熟练完成增压测试。
素质目标： 了解飞机增压测试的危险源，禁止有感冒鼻塞等不舒服症状的人员进行增压测试。

三、任务分组

请同学们选择在本次任务中扮演的角色，并填入表5-5中。

表5-5　小组任务分配计划表

班级		组名		组长	
组员及任务分工					
角色	姓名	任务	角色	姓名	任务
总结者			检查者		
研究者			经营者		
记录员			支持者		
观察者/疑难解答者					

注：如果不清楚各成员角色的任务内容，请查阅表1《团队角色分工表》。

四、工作准备

1. 增压系统工作原理

民航飞机就像是“飞行的易拉罐”，所有的增压区域被简化成带开关的盒子，两部组件给盒子供气，一个外流活门给盒子放气。安全活门是个保护开关，电子设备舱通风系统的入口和出口也和增压系统相关。

正常放气的活门是外流活门（Outflow Valve，OFV）。增压系统通过控制放气的速率将机舱的压力维持在合理的范围内，如图5-18所示。增压系统控制增压舱里的压力，采用全自动控制，同时也有一个备用的手动控制系统。压力根据不同的情况而改变，从而给乘客和机组提供一个舒适安全的压力值。在增压系统里，座舱和驾驶舱是一个气密的整体舱，它能使舱内压力高于外界的大气压力。增压空气由座舱空气分配系统供入座舱，为座舱加温后经排气活门排出机外。由于在最大设计高度以下的所有高度上，空调引气系统经座舱空气分配系统将恒定流量的气体送入气密座舱，因此座舱的增压规律可通过控制座舱的排气规律实现：需要座舱内压力下降时，排气量应增大；需要座舱内压力升高时，排气量应减小。根据气体节流原理，排气活门的排气量取决于活门的开度和座舱内外的压差。因此，为控制座舱压力，应根据座舱内外压差的大小相应地控制排气活门的开度。在整个飞行过程中，座舱内绝对压力大小取决于排气活门的开启程度，座舱压力变化率取决于活门的开启（或关闭）速率。它由座舱压力控制器（Cabin Pressure Controller，CPC）全自动地控制一个排气活门，使座舱保持在一个合适的压力值之下。如果自动系统失效，可以由人工系统控制。座舱后承压隔框安装有两个安全活门，它们可以防止座舱中压力太高或太低。

系统有两个完全相同的座舱压力控制器：一个工作，一个备用。两部座舱压力控制器会在着陆后70s或故障后自动转换，也可以提供人工方式切换。座舱增压的主要功能是飞行中调节座舱高度和气压变化率，系统正常时是全自动工作的。自动工作模式下有固定的座舱增压计划，类似于飞行阶段的转换，也会自动转换增压阶段。当自动模式不能满足需求时，可以人工控制。增压系统有四个基本

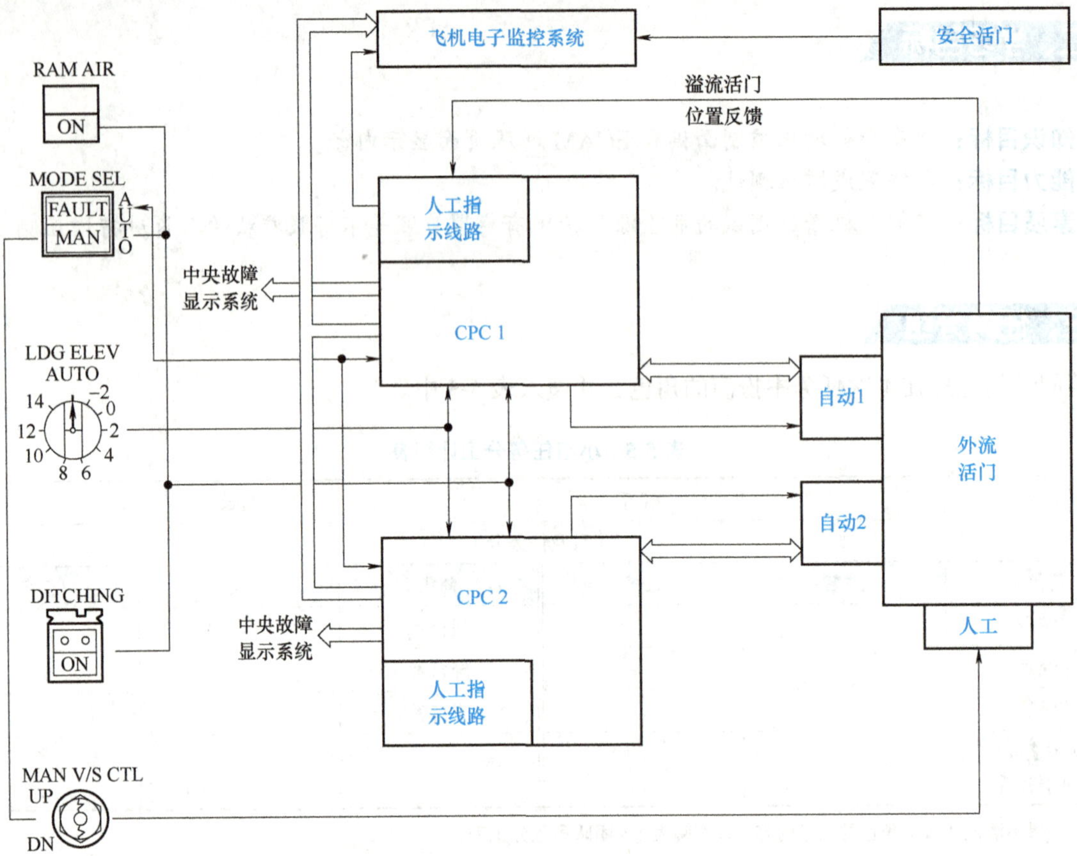

图 5-18　增压系统控制图

功能：①地面功能，在地面把外流活门完全打开；②起飞增压，在起飞期间增加座舱压力，避免座舱压力波动；③飞行增压，调节座舱高度和气压变化率；④着陆释压，接地后逐渐释放座舱压力。

另外还有两个功能：剩余压力控制组件（Residual Pressure Control Unit，RPCU），用于在地面出现不正常剩余压力时自动释压；水上迫降（DITCHING）按钮，用于在水上迫降时将飞机活门关闭，延长漂浮时间。具体功能包括关闭外流活门、应急冲压空气进口、电子设备舱通风进口和排气活门、组件流量控制活门等（外流活门在人工控制时除外）。

2. 认识增压系统控制面板和系统

引导问题 1：请同学们在图 5-19 所示增压系统控制面板图的空白方框中填写相应电门的名称，并说出各个电门的作用

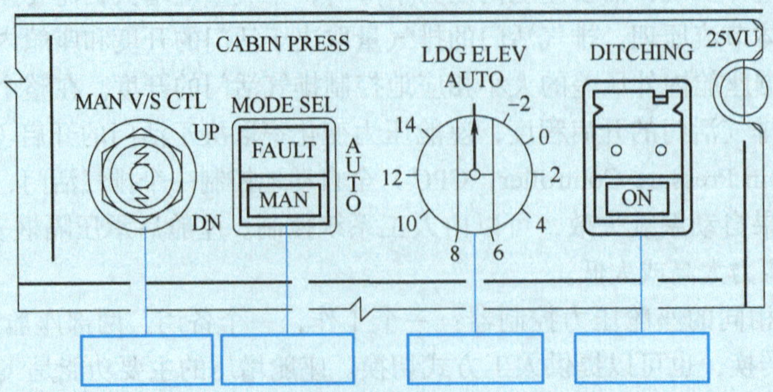

图 5-19　增压系统控制面板

引导问题 2： 请同学们说一说飞机上的哪些地方需要增压。

____

____

引导问题 3： 分析做增压系统测试时有哪些风险点。

____

____

五、工作程序与标准

引导问题 4： 请同学们根据工作单的指引在虚拟仿真平台上完成维护任务。

<table>
<tr><td>机号</td><td></td><td rowspan="3">飞机维修工作单
JOB CARD
A320 飞机座舱增压系统
功能测试</td><td>工作单号</td><td colspan="2">5-3</td></tr>
<tr><td>机型</td><td>A320</td><td rowspan="2">工作区</td><td rowspan="2" colspan="2">模拟机教室</td></tr>
<tr><td>工时</td><td>1 课时</td></tr>
<tr><td colspan="4">工作单内容</td><td>工作者</td><td>检查者</td></tr>
<tr><td>操作步骤</td><td colspan="3">
一、工作准备
1. 给飞机电路供电
2. 确保下列跳开关闭合
<table>
<tr><th>面板</th><th>名称</th><th>标识</th><th>位置</th></tr>
<tr><td>49VU</td><td>AIR COND/CAB/PRESS/CTL1</td><td>1HL</td><td>D09</td></tr>
<tr><td rowspan="2">122VU</td><td>AIR COND/CAB PRESS/CTL/MAN</td><td>3HL</td><td>Y23</td></tr>
<tr><td>AIR COND/CAB PRESS/CTL/2</td><td>2HL</td><td>Y22</td></tr>
</table>
3. 在 ECAM 控制面板按压 BLEED 按钮，下 ECAM 显示器显示座舱压力页面
4. 在 MCDU 上通过 CFDS 进入 SYSTEM REPORT/TEST 里的 AIR COND 菜单页
5. 在 AIR COND 面板 30VU 上确保
1）组件 1 和组件 2 电门处于 OFF 位（OFF 灯亮）
2）冲压空气电门处于 OFF 位（ON 灯熄灭）
6. 在座舱压力面板 25VU 上确保
1）模式选择电门处于 AUTO 位（FAULT 灯和 MAN 灯熄灭）
2）LDG ELEV 旋钮位于 AUTO 位
3）DITCHING 电门处于 AUTO 位（ON 灯熄灭）
注：确保在测试期间外流活门附件没有人员接近。
二、程序
警告：确保外流活门活动区域没有人或者外来物，否则外流活门的动作可能导致人员受伤或设备损坏
1. 在座舱压力面板 25VU 上顺时针旋转 LDG ELEV 旋钮离开 AUTO 位
<table>
<tr><td>在上 ECAM 显示器</td><td>绿色 MAN LDG ELEV 信息出现</td><td>是□否□</td></tr>
<tr><td>在下 ECAM 显示器</td><td>绿色 AUTO xxx FT 信息被 MAN xxx FT 信息替代</td><td>是□否□</td></tr>
</table>
注：实际的手动高度指示取决于 LDG ELEV 选择器的位置
</td><td></td><td></td></tr>
</table>

（续）

<table>
<tr><th colspan="2">工作单内容</th><th>工作者</th><th>检查者</th></tr>
<tr><td>操作
步骤</td><td>
2. 在座舱压力面板 25VU 上
1）按压模式选择电门
<table>
<tr><td>在 25VU 面板上</td><td>白色 MAN 灯点亮</td><td>是□否□</td></tr>
<tr><td rowspan="2">在下 ECAM 显示器</td><td>白色 LDG ELEV 指示和绿色 MAN xxx FT 信息消失</td><td>是□否□</td></tr>
<tr><td>绿色 SYS1（或 SYS2）信息被 MAN 替代</td><td>是□否□</td></tr>
</table>
2）按压 MAN V/S CTL 按钮并保持在 DN 位置，外流活门指示逐渐关闭
3）按压 MAN V/S CTL 按钮并保持在 UP 位置，外流活门指示逐渐打开
4）松开 MAN V/S CTL 按钮，外流活门指示仍保持打开位置
3. 在座舱压力面板 25VU 上按压模式选择电门
<table>
<tr><td>在 25VU 面板上</td><td>白色 MAN 灯熄灭</td><td>是□否□</td></tr>
<tr><td rowspan="2">在下 ECAM 显示器</td><td>白色 LDG ELEV 指示和绿色 MAN xxx FT 信息出现</td><td>是□否□</td></tr>
<tr><td>绿色 MAN 信息被 SYS1（或 SYS2）替代</td><td>是□否□</td></tr>
</table>
4. 在座舱压力面板 25VU 上逆时针旋转 LDG ELEV 旋钮到 AUTO 位
<table>
<tr><td>在上 ECAM 显示器</td><td>绿色 MAN LDG ELEV 信息消失</td><td>是□否□</td></tr>
<tr><td>在下 ECAM 显示器</td><td>绿色 MAN xxx FT 信息被 AUTO xxx FT 信息替代</td><td>是□否□</td></tr>
</table>
5. 在 MCDU 上按压 RETURN 行选键直到 CFDS 菜单页出现
三、结束工作
将飞机电路断电
</td><td></td><td></td></tr>
<tr><td>分析</td><td>
请记录在完成任务的过程中哪些步骤出现了差错，并分析原因
1. 步骤：
原因与解决办法：
2. 步骤：
原因与解决办法：
3. 步骤：
原因与解决办法：
</td><td></td><td></td></tr>
</table>

六、学习检验与反思

引导问题 5：请同学们扫描下面的二维码，通过答题检验此次典型工作的学习效果。

引导问题 6： 请每位同学撰写学习反思，填入表 5-6 中，并与小组成员进行交流，看看是否达成学习目标。

表 5-6　学习反思清单

学习成就
请说说这节课你学习到了哪些让你觉得有用的内容。
合作学习
1）谈一谈你在团队合作完成任务的过程中做的哪些事情履行了自己的角色职责。 2）今后你会如何提升自己在小组中的表现？
学习体验
1）你对自己在本节课的学习情绪或状态满意吗？是否要做一些改变呢？ 2）你对于学习这门课是否更有信心呢？为什么？

七、业内延伸

A320 系列飞机 16HB 和 17HB 故障信息导致的增压失效

2018 年 12 月 30 日，某 A320 飞机在桂林过站维护期间发生了故障。起飞后，机组发现座舱无法增压，导致航班返航。经排故确认，问题源于 ACSC1（1 号空调系统控制计算机）故障，其内部继电器 17HB（发动机启动控制继电器）失效，导致飞机无法增压。调查表明，ENG 1 EIU 维护信息和单引气故障在 MEL（最低设备清单）保留项目中没有关联限制。

对于此次事件，航空公司应对 A320 系列飞机机队的 MEL70-00-02 EIU 维护信息条款进行限制，维修人员在出现 EIU 维护信息后必须核实 CHECK 17HB REALY CIRCUIT OR EIU1 或 CHECK 16HB REALY CIRCUIT OR EIU2 的维护信息，并在 ECAM 的 BLEED 页面确认左、右组件流量控制活门（FCV）状态，确保两个 PACK 的三角形显示绿色，并且没有涉及需要将引气交输活门置于开位的故障保留。

在 MEL 修订批准前、过站维护期间，如果 A320 系列飞机出现 EIU 维护信息，航线维修放行人员必须按照相关故障处理要求核实信息，确切了解故障原因，并正确掌握保留放行标准，确保飞机持续适航。地面运行过程中出现 EIU 维护信息时，建议机组在发动机启动完成后检查 ECAM 的 BLEED 页面，确认 FCV 状态，并在 FCV 处于非指令关闭状态时通知机务维修人员进行处理。

这次事件强调了航空公司在维护和故障处理方面的重要性，特别是对于 MEL 项目的限制和相关故障处理要求的明确执行，以确保飞机运营的安全性和适航性。这也提醒我们在航空安全领域要始终坚守严格的维护标准和程序，以保障乘客和机组人员的生命安全。

典型工作 4　增压系统外流活门电气组件故障排除

一、工作情境与任务

工作情境：现有一架飞机执行增压控制系统操作测试时测试不通过，很可能是增压系统外流活门出现故障。现须立刻对增压控制进行系统操作测试，查看是否为电气组件出现故障，一旦确认，须对外流活门电气组件进行更换，否则飞机在空中无法增压，导致飞机返航，甚至可能出现空中失压。

任务难度：★★★★☆

工作类型：□日常检查　□日常勤务　□系统测试　☑故障排除　□M 项放行维护

技能岗位：系统工程师

任务内容：请同学们分组在 A320 飞机虚拟维修平台上完成以下任务：

1）找到增压系统故障隔离程序。

2）根据故障隔离程序排除外流活门电气组件故障。

二、学习目标

知识目标：能够找到故障信息并根据信息查找到故障隔离程序。

能力目标：能排除增压系统故障。

素质目标：具有相关安全意识，了解空调系统操作的现场危险源并做好安全防护措施，具有基本的排故思路。

三、任务分组

请同学们选择在本次任务中扮演的角色，并填入表 5-7 中。

表 5-7　任务分组计划单

班级		组名		组长	
组员及任务分工					
角色	姓名	任务	角色	姓名	任务
总结者			检查者		
研究者			经营者		
记录员			支持者		
观察者 / 疑难解答者					

注：如果不清楚各成员角色的任务内容，请查阅表 1《团队角色分工表》。

四、工作准备

1. 外流活门控制与组成介绍

外流活门的控制分三种工作模式：在自动模式下，座舱压力控制器（CPC）根据飞行阶段设定增压程序，作动外流活门来控制座舱的增压；在半自动工作模式下，当飞行管理指引计算机（FMGC）失效后，增压系统使用人工调定的着陆标高调整内部计划来控制座舱压力；在人工模式下，飞行员可操作增压控制面板的控制器，通过外流活门的人工电动机来控制座舱高度，松开方式选择人工（MAN），且向上或向下推人工控制电门，增加或者减小座舱高度。

外流活门控制着飞机增压系统的排气，由两个电子盒、两个电动机、一个人工电动机、反馈模块和齿轮箱组成，如图 5-20 所示。电子盒用于数据接收 / 发送、微控、记忆、电动机驱动、活门位置反馈、自检电路、提供动力。每个电子盒里都有一个压力电门，当海拔高度达到 15000ft（1ft=0.3048m），座舱压力低于大气压力时，它会促使外流活门关闭。电动机属于带机电制动的直流无刷电动机，用于自动模式下工作；人工电动机属于带机电制动的直流无刷电动机，用于人工模式下工作；反馈模块是一个旋转变量变压器，它通过外流活门电子盒向座舱压力控制器发送位置数据。齿轮箱从工作的电动机处获得动能，来打开或关闭外流活门，有一个机械止挡用于限制活门打开位置。

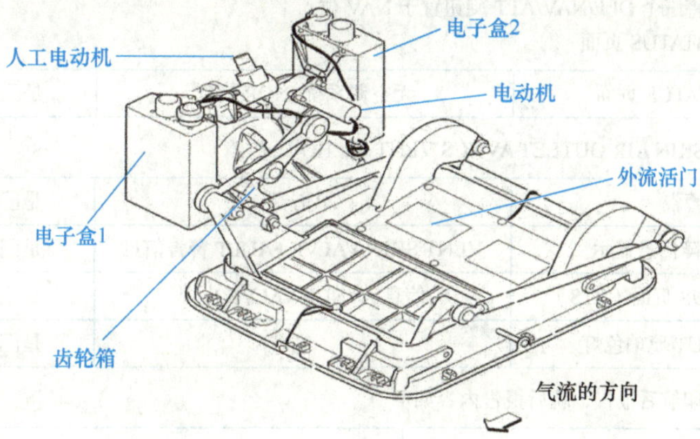

图 5-20 外流活门的组成

2. 分析故障隔离手册，梳理排故思路

引导问题 1：请按照“模块一”中 TSM 的查询方法，找到“Outflow Valve Electronic Module 1 Fault”故障信息所对应的排故程序，并列出可能发生故障的所有部件。

____

____

引导问题 2：请说一说人工垂直速度控制电门，这个电门什么时候才能起作用？UP 和 DOWN 两个方向分别控制 OFV 往哪个方向移动？

____

____

五、工作程序与标准

引导问题3：请同学们根据工作单的指引在虚拟仿真平台上完成维护任务。

<table>
<tr><td>机号</td><td></td><td rowspan="2">飞机维修工作单
JOB CARD</td><td>工作单号</td><td>5-4</td></tr>
<tr><td>机型</td><td>A320</td><td rowspan="2">工作区</td><td rowspan="2">模拟机教室</td></tr>
<tr><td>工时</td><td>1课时</td><td>A320飞机增压系统外流活门电气组件故障排除</td></tr>
<tr><td colspan="3">工作单内容</td><td>工作者</td><td>检查者</td></tr>
<tr><td>操作步骤</td><td colspan="2">

一、模拟机准备

飞机状态	停在停机坪
地面电源	已连接
外接电源开关	ON
蓄电池开关1和蓄电池2	ON
发动机	未起动
外界温度	15℃

二、工作准备

1. 在ADIRS面板将三个OFF/NAV/ATT旋钮置于NAV位
2. 检查下ECAM STATUS页面

下ECAM STATUS页面	无空调系统INOP信息	是□否□

3. 激活“VALVE-SKIN AIR OUTLET AVNCS VENT（22HQ）”故障

音响警告	单谐音	是□否□
上ECAM故障信息显示	VENT SKIN VALVE FAULT警告信息	是□否□
下ECAM STATUS页面（STS）	信息AVNCS VALVE出现	是□否□
MASTER CAUT琥珀色灯	亮	是□否□

4. 在MCDU上打印航后报告，航后报告内容如下

ECAM WARNING MESSAGES	21-26 VENT SKIN VALVE FAULT
FAULT MESSAGES	21-26-53 SKIN AIR OUTLET V 22HQ

5. 在AirN@v手册中搜索TSM任务：

1）选择Start Troubleshooting
2）选择CFDS Warning
3）输入21-26-53 SKIN AIR OUTLET V 22HQ，单击Search
4）在结果中选择21-26-53 SKIN AIR OUTLET V 22HQ AEVC 1
5）在结果中选择21-26 VENT SKIN VALVE FAULT
6）进入TSM 21-26-00-810-804

三、故障确认

1. 参考AMM 21-26-00-710-001在MCDU上对AEVC进行功能测试

1）确保22VU上BLOWER和EXTRACT电门在AUTO位
2）按压ECAM控制面板上的PRESS按钮

下ECAM	显示PRESS页面	是□否□

3）检查PRESS页面上的INLET活门和OUTLET活门状态

PRESS页面	INLET和OUTLET活门打开	是□否□

</td><td></td><td></td></tr>
</table>

（续）

	工作单内容	工作者	检查者
操作步骤	4）拔开跳开关 3HQ、5HQ、6HQ。 AMM 找出对应位置：________________ 5）闭合跳开关 3HQ、5HQ、6HQ 6）按压 MCDU 选择 CFDS → SYSTEM REPORT/TEST → AIR COND → AEVC 选择 TEST		

MCDU 显示	TEST WAIT	是□否□
22VU	EXTRACT 电门 FAULT 灯亮	是□否□
	BLOWER 电门 FAULT 灯亮	是□否□
21VU	GEN 1 LINE 电门 SMOKE 灯亮	是□否□

7）10s 后

22VU	EXTRACT 电门 FAULT 灯熄灭	是□否□
	BLOWER 电门 FAULT 灯熄灭	是□否□
21VU	GEN1 LINE 电门 SMOKE 灯熄灭	是□否□
PRESS 页面	INLET 和 OUTLET 活门打开	是□否□

8）20s 后

PRESS 页面	INLET 和 OUTLET 活门关闭	是□否□

9）40s 后

PRESS 页面	INLET 活门关闭和 OUTLET 活门半开	是□否□

10）1min 后

PRESS 页面	INLET 和 OUTLET 活门打开	是□否□
MCDU 显示	TEST OK	是□否□
如测试现象与手册不一致，则证明测试不通过，记录不一致的测试结果信息：		

2. 查看上一段航段的航后报告
按压 MCDU 选择 CFDS
→ SYSTEM REPORT/TEST
→ AIR COND
→ AEVC
选择 LAST LEG REPORT

在 MCDU 上	ATA 212653	是□否□

3. 查看三级故障信息
按压 RETURN
→ 选择 CLASS 3 FAULT

在 MCDU 上	NO FAULT DETECTED	是□否□

四、故障隔离

更换外流活门 22HQ

1）断开以下跳开关并夹上保险夹

面板	名称	标识	位置
49VU	AIR COND/AVNCS VENT/CTL	6HQ	D06

（续）

	工作单内容	工作者	检查者
操作步骤	2）找到外流活门 22HQ 3）拆下外流活门 22HQ 4）在航材库（Maintenance Shop）中找到新的外流活门 5）安装新的外流活门		

面板	名称	标识	位置
49VU	AIR COND/AVNCS VENT/CTL	6HQ	D06

五、测试验证

在 MCDU 上对更换部件进行测试

1）确保 22VU 面板上 BLOWER 和 EXTRACT 电门在 AUTO 位

2）按压 ECAM 控制面板上的 PRESS 按钮

下 ECAM	显示 PRESS 页面

3）检查 PRESS 页面上的 INLET 活门和 OULET 活门状态

PRESS 页面	INLET 和 OUTLET 活门打开

4）拔开跳开关 3HQ、5HQ、6HQ

5）闭合跳开关 3HQ、5HQ、6HQ

6）按压 MCDU，选择 CFDS

→SYSTEM REPORT/TEST

→AIR COND

→AEVC

选择 TEST

MCDU 显示	TEST WAIT	是□否□
22VU	EXTRACT 电门 FAULT 灯亮	是□否□
	BLOWER 电门 FAULT 灯亮	是□否□
21VU	GEN1 LINE 电门 SMOKE 灯亮	是□否□

7）10s 后

22VU	EXTRACT 电门 FAULT 灯熄灭	是□否□
	BLOWER 电门 FAULT 灯熄灭	是□否□
21VU	GEN1 LINE 电门 SMOKE 灯熄灭	是□否□
PRESS 页面	INLET 和 OUTLET 活门打开	是□否□

8）20s 后

PRESS 页面	INLET 和 OUTLET 活门关闭	是□否□

9）40s 后

PRESS 页面	INLET 活门关闭和 OUTLET 半开	是□否□

10）1min 后

PRESS 页面	INLET 和 OUTLET 活门打开	是□否□
MCDU 显示	TEST OK	是□否□

六、结束工作

1. 在 ADIRS 面板将三个 OFF/NAV/ATT 旋钮置于 OFF 位
2. 断开飞机电源

（续）

工作单内容		工作者	检查者
分析	请记录在完成任务的过程中哪些步骤出现了差错，请分析原因 1. 步骤： 原因与解决办法： 2. 步骤： 原因与解决办法： 3. 步骤： 原因与解决办法：		

六、学习检验与反思

引导问题 4：请同学们扫描下面的二维码，通过答题检验此次典型工作的学习效果。

引导问题 5：请每位同学撰写学习反思，填入表 5-8 中，并与小组成员进行交流，看看是否达成学习目标。

表 5-8 学习反思清单

学习成就
请说说这节课你学习到了哪些让你觉得有用的内容。
合作学习
1）谈一谈你在团队合作完成任务的过程中做的哪些事情履行了自己的角色职责。 2）今后你会如何提升自己在小组中的表现？
学习体验
1）你对自己在本节课的学习情绪或状态满意吗？是否要做一些改变呢？ 2）你对于学习这门课是否更有信心呢？为什么？

七、业内延伸

特定航段增压异常情况

某航 A320 飞机在库尔勒—兰州航班中发生了两起座舱高度异常事件。其中一个原因是起飞机场使用的是场压基准，而目的地兰州机场使用的是修正海压基准，造成了座舱高度上升的问题。这时机组采取了人工增压方式降低座舱高度，问题得以解决。

造成这个问题的原因主要是机组没有正确设置 QNH（修正海平面气压）值。飞机在不同的阶段需要使用不同的高度测量基准，以确保飞行安全。特别是对于兰州这样的高原机场，使用正确的修正海压值非常重要。

CPC（座舱压力控制器）在巡航模式下，会因为外界气压变化或下降率的改变而切换到下降模式，这会导致座舱高度异常上升。一旦进入下降模式，只能通过再次爬升才能回到巡航模式。

要解决这个问题，机组人员需要确保在MCDU中正确输入目的地机场的QNH值，这样，CPC才能根据目标气压值进行增压控制，使座舱内气压接近目的地机场气压。此外，在飞行中如果发生了增压异常，机组人员需要检查QAR数据来确认增压系统的工作情况。

总的来说，这两起事件的根本原因是QNH值的设置问题。特别是在高原机场，正确设置QNH值非常重要。机组人员在飞行过程中需要注意，如果出现增压异常，应该检查是否在MCDU中正确设置了目的地机场的QNH值。维修过程中如果无法发现增压系统故障，可以通过查看QAR数据来确认增压异常发生的具体阶段和数据，以确保增压系统正常运行。

模块六

飞机燃油系统典型工作任务

典型工作 1　燃油系统部件识别与检查

典型工作 2　自动控制压力加油

典型工作 3　油箱间的燃油传输

典型工作 4　左 1 号燃油泵低压故障排除

典型工作 1　燃油系统部件识别与检查

一、工作情境与任务

工作情境：现在有一架飞机等待出港，需要做航前检查，根据工作单对燃油系统各油箱外部部件完整性进行检查及对加油控制面板进行测试。

任务难度：★☆☆☆☆

工作类型：☑日常检查　□日常勤务　□系统测试　□故障排除　□M 项放行维护

技能岗位：航线机电维修员、大修机电维修员、系统工程师

任务内容：请同学们分组在 A320 飞机虚拟维修平台上完成以下任务：

1）找到燃油沉淀排放口。

2）找到地面加油控制面板。

3）能指出飞机大翼油箱、中央油箱位置，找到通气油箱。

二、学习目标

知识目标：能够在虚拟维修平台上识别飞机燃油系统的重要部件。

能力目标：了解燃油系统部件常见故障现象，能评估飞机燃油系统部件的状态是否正常。

素质目标：了解飞机燃油系统工作原理，清楚燃油油液对人体的危害及相关安全防护措施。

三、任务分组

请同学们选择在本次任务中扮演的角色，并填入表 6-1 中。

表 6-1　小组任务分配计划表

班级		组名		组长	
组员及任务分工					
角色	姓名	任务	角色	姓名	任务
总结者			检查者		
研究者			经营者		
记录员			支持者		
观察者 / 疑难解答者					

注：如果不清楚各成员角色的任务内容，请查阅表 1《团队角色分工表》。

四、工作准备

1. 燃油系统介绍

飞机燃油系统的主要功能是为飞机储存、供应发动机燃烧所用的燃油。

飞机的油箱包括中央油箱和大翼油箱。中央油箱位于机身的中央翼盒中，大翼油箱分为外油箱和内油箱。为了平衡大翼上的载荷，会优先使用内油箱中的燃油，在内油箱燃油减少到低油量时，才会使用外油箱中的燃油。在标准密度下，所有油箱可以装载约 18.7t 燃油。

在中央油箱中安装了两个燃油泵，在每个大翼内油箱中各装有两个燃油泵，同时还有一个 APU 燃油泵为 APU 供油。飞机会优先使用中央油箱中的燃油，当中央油箱中的燃油用尽后，再从大翼内油箱为飞机供油。大翼外油箱不能直接为发动机供油，当大翼内油箱中燃油达到低油量时，外油箱中的燃油通过两个内传输活门进入内油箱，再通过燃油泵供往发动机。

机身左右两侧的大翼油箱通过一个交输活门相连，这样任意一个可用的燃油泵可以为任意发动机供油。在地面时，通过打开交输活门可以完成油箱之间的倒油。正常状态下，这个交输活门是关闭的。左侧的燃油系统可以直接为 APU 提供燃油，APU 低压活门控制 APU 燃油的供给和关断。当 APU 关车或火警按压电门松出时，低压活门关闭，切断燃油供给。

引导问题 1：请同学们在图 6-1 所示燃油系统简图方框中填入各部件名称。

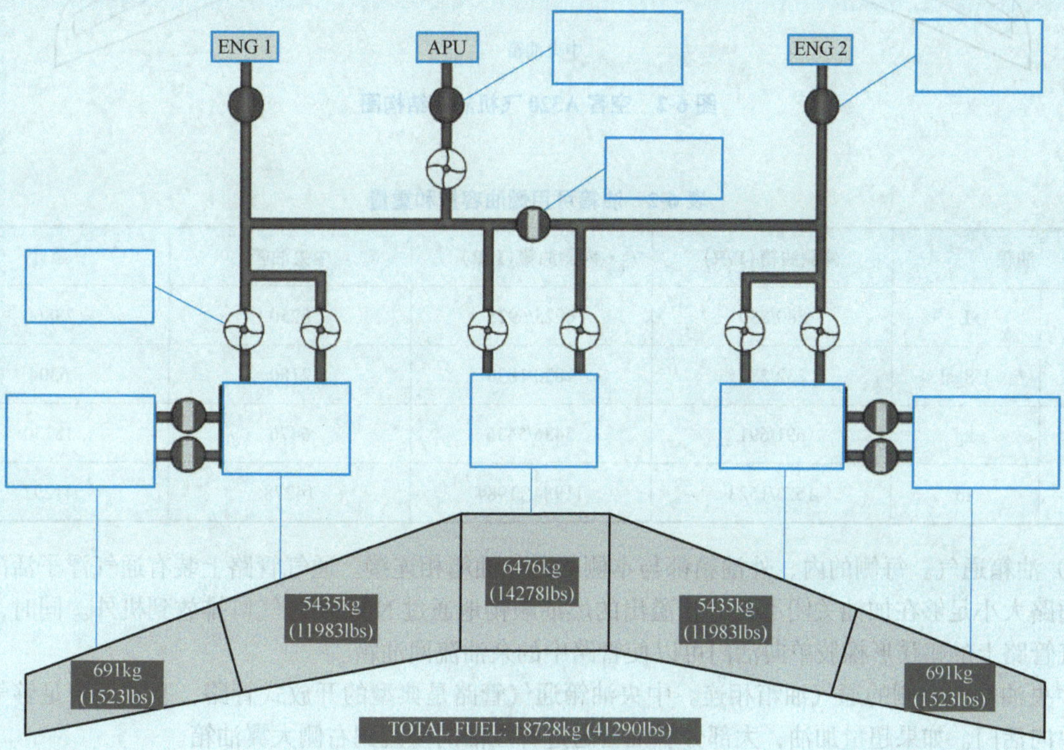

图 6-1　燃油系统简图

2. 典型燃油部件介绍与识别

（1）油箱

1）部件位置。A320 飞机有三个油箱，分别是左、右大翼油箱和中央油箱。在左、右大翼的外侧分别有一个通气油箱，用于平衡油箱内外的压力，如图 6-2 所示。

大翼油箱和通气油箱均在大翼前梁和后梁与机翼上下蒙皮形成的翼盒内，并通过翼肋连接前后梁，使翼盒分隔成单独的结构油箱。通过机翼下表面蒙皮的接近盖板可以接近检查油箱。大翼油箱又分成内侧油箱和外侧油箱，通过外侧油箱供油活门进行交输。

2）油箱容量。A320 飞机标准型的载油量是 23860L，最新的 A321NEO 飞机接近 30000L。各油箱容量见表 6-2。需要注意的是，每个油箱里都有部分不可用燃油，这部分油是无法被燃油泵抽出的。加油到最大油箱容量后继续加油，燃油将进入通气油箱，因其有 2%（温升 20°C）的膨胀空间而不会溢出。

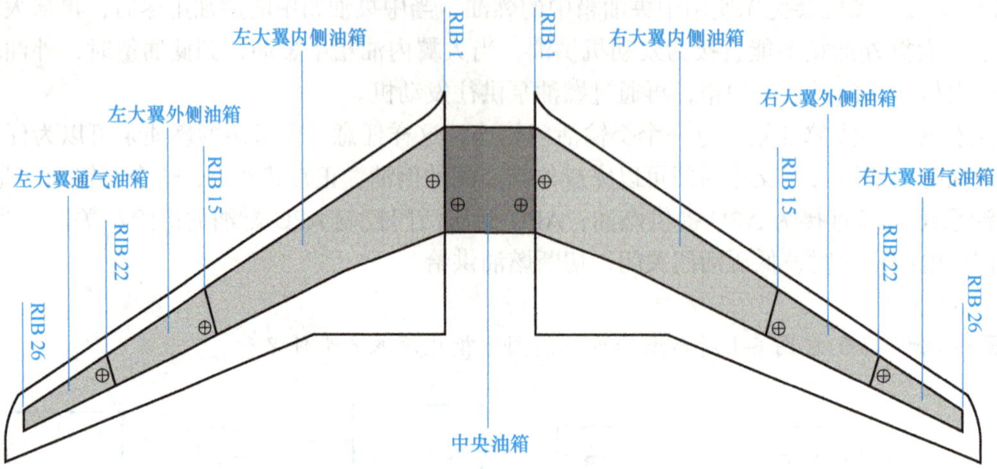

图 6-2　空客 A320 飞机油箱结构图

表 6-2　油箱可用燃油容量和重量

油箱		外侧油箱（L/R）	内侧油箱（L/R）	中央油箱	总计
容量	L	880/880	6925/6925	8250	23860
	USgal	232/232	1830/1830	2180	6304
重量	kg	691/691	5436/5436	6476	18730
	lb	1523/1523	11984/11984	14278	41292

3）油箱通气。每侧的内、外油箱都与本侧的通气油箱相连接。通气管路上装有通气浮子活门，管道的通路大小足够在加油关闭不住时让溢出的燃油顺畅地通过 NACA 进气口排放到机外。同时，分布在通气管路上的鸭蹼形橡胶单向活门可以使管路中的余油流回油箱。

中央油箱与左侧的通气油箱相连。中央油箱通气管路是典型的开放式管路，装有一个足够气流通过的单向活门。如果超量加油，大部分燃油会通过释压活门溢流到右侧大翼油箱。

（2）燃油泵

1）主燃油泵。主燃油泵用于为发动机供应燃油，不同构形的 A320 飞机所拥有的主燃油泵数量并不一样。A318/319/320 飞机共有 6 个燃油泵，左、右大翼油箱和中央油箱分别有两个燃油泵。而最新的 A321 飞机则只有 4 个燃油泵，位于左、右大翼，中央油箱则是用引射泵取代了传统的燃油泵。

主燃油泵是一个离心叶轮泵，由转子组件、叶轮组件、导流器、传动轴、三个热控开关组成。泵组件采用垂直装配的形式：转子组件在顶部，叶轮在中间，导流器在底部，传动轴在中心连接三个部件。

主燃油泵由 115V 三相交流电驱动，每个燃油箱的两个燃油泵由不同的交流汇流条供电。运转时，每个主燃油泵供油给其相关的发动机、燃油再循环冷却系统、交输供油系统、加放油系统。

2）APU 燃油泵。APU 燃油泵位于中央翼盒后梁上，与主燃油泵同样是一个由 115V 三相交流电驱动的离心叶轮泵。油箱中的燃油用于冷却与润滑 APU 燃油泵的壳体。

供往 APU 的燃油压力既可以来自 APU 自身的供油泵，也可以由发动机燃油泵提供。通常，由交流重要汇流条 801XP（115VAC）驱动 APU 燃油泵电动机。这个汇流条断电后，由静变流机汇流条 901XP（115V AC）驱动燃油泵电动机。

引导问题 2： 飞机为什么先使用中央油箱的燃油，再使用大翼油箱的燃油？

____

____

（3）燃油控制与指示部件

1）燃油控制面板。燃油控制面板位于头顶板上，包括主燃油泵控制电门和交输活门控制电门，如图 6-3 所示。大翼油箱燃油泵是人工控制的，而中央油箱燃油泵在正常情况下是自动控制的，机组可以通过在燃油控制面板上的模式选择按压电门使中央油箱燃油泵在指定控制模式和人工控制模式之间切换。

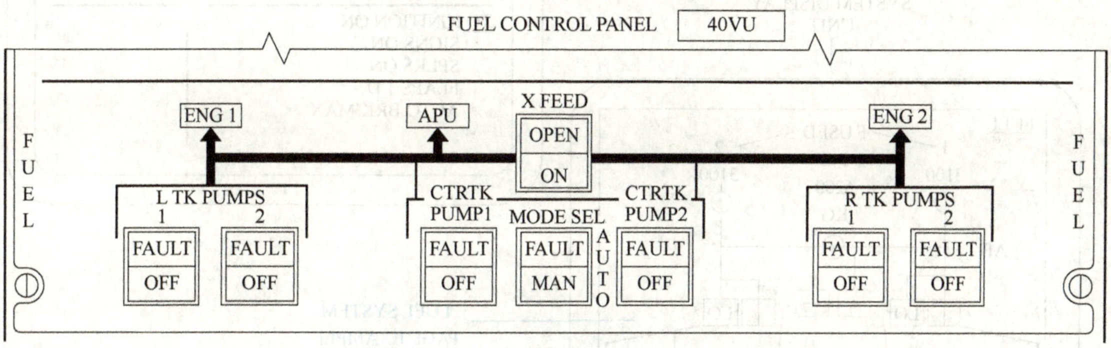

图 6-3　燃油控制面板

2）ECAM 燃油页面。通过按压中央操纵台 ECAM 控制面板上的燃油电门，可在 ECAM 页面上显示燃油系统的信息，包括燃油系统活门的状态、燃油泵的工作状态、燃油量指示等信息。其中，机载总燃油量（FOB）指示在 E/WD（Engine/Warning Display，发动机 / 警告显示）上也同时有指示，如图 6-4 所示。

3）加油 / 放油面板。加油放油面板的功能有自动加油、人工加油、高油面测试、放油、倒油等，如图 6-5 所示。

4）加油 / 放油接头和加油活门。加油放油接头位于右大翼前缘下方位置，同时还可以在左大翼选装一个加油接头。每个油箱都有一个加油活门，每个加油活门都有一个手动塞，当加油活门电控失效时，按压手动塞会使活门保持在打开位，完成加油。

引导问题 3： A320 飞机燃油系统如何保证先使用中央油箱的燃油，再使用大翼油箱的燃油？

____

____

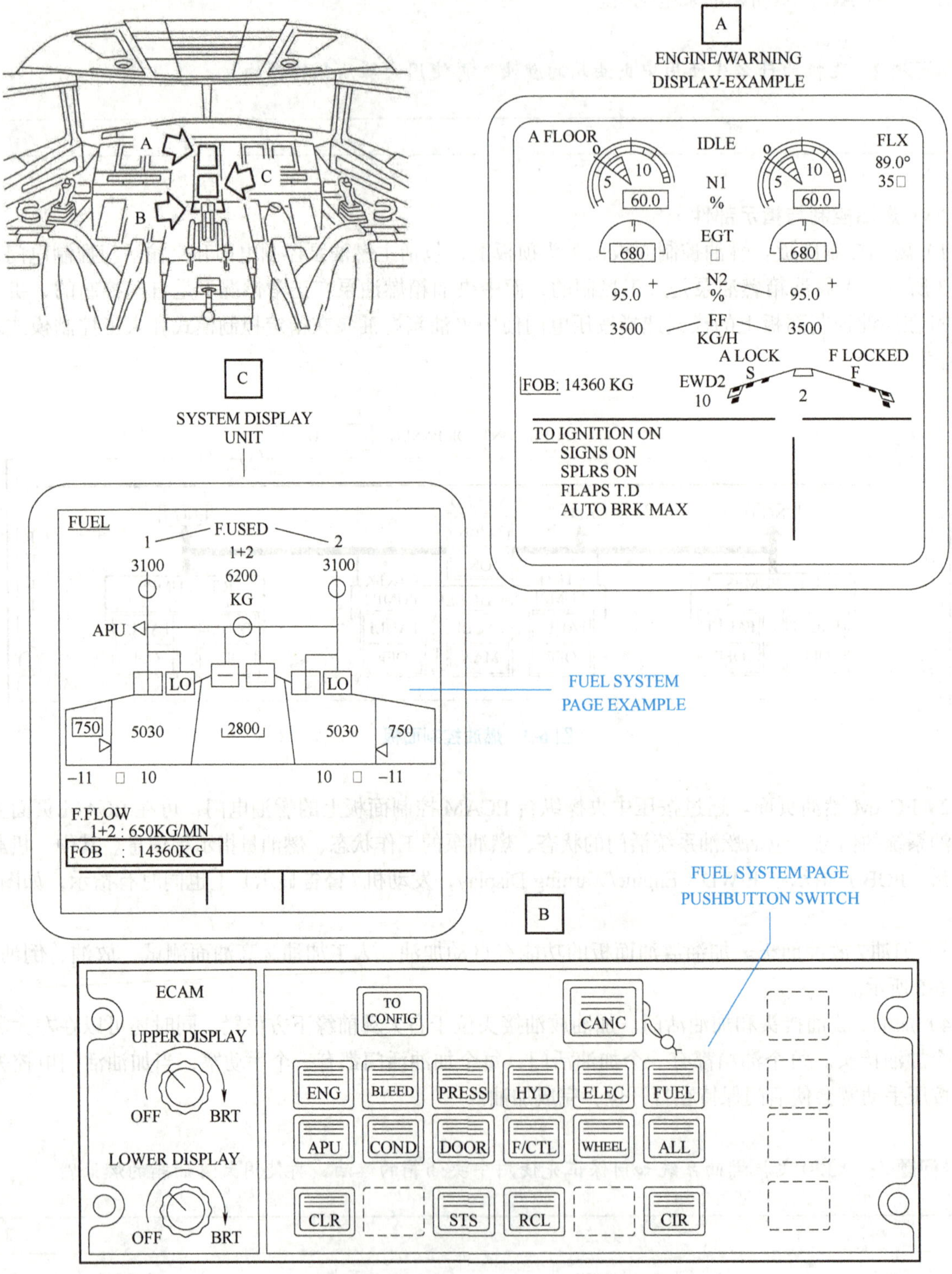

图 6-4　ECAM 燃油页面

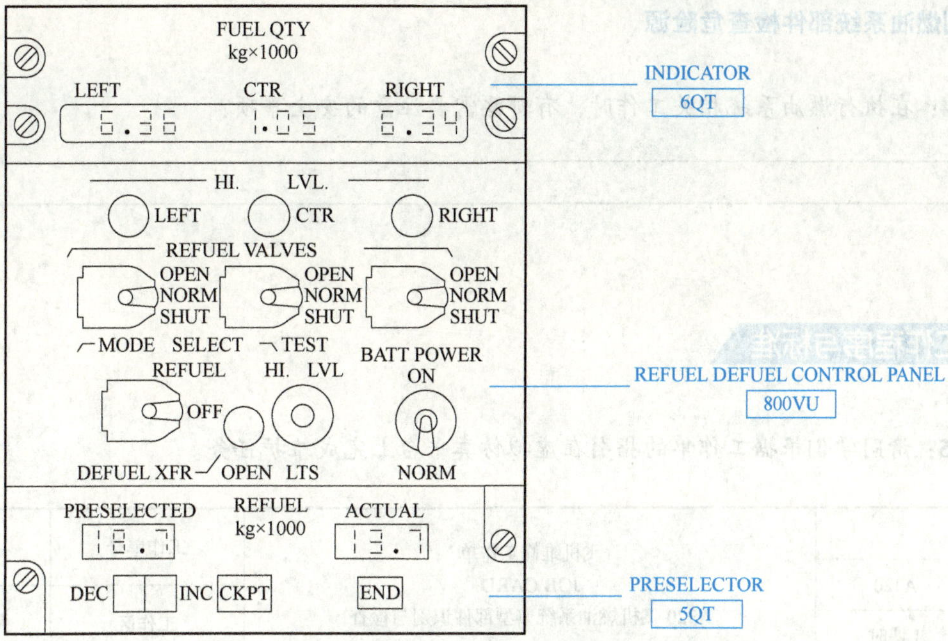

图 6-5　加油 / 放油面板

技术前沿

C919 燃油系统：我国民机研发能力又上新台阶！

C919 燃油系统机翼油箱输油单向阀是一款备受挑战的产品，其设计参数由美国派克公司设定，标准高且难度大。鉴于缺乏相关经验可供参考，派克公司表示可以提供付费的产品设计方案。面对这项艰巨任务，我们坚信只要派克公司表示能够完成，我们也有能力胜任。因此，民机事业部组建了一个攻关团队迎接这一挑战。

项目组成员首先面临的问题是如何找到能够满足设计参数的零件结构，并确保零件组合能够实现最低的流阻。在零制度、零文件和零经验的情况下，设计、发图、加工、调试、试验等工作都需要从零开始。

在研发设计的过程中，为了找到符合参数要求的零件，设计员通过头脑风暴不断地碰撞思维，先后设计了多种零件结构，包括磁钢式翻板活门、变轨道拉簧杠杆式活门、先导式阻流活门等。然而考虑到零件的使用寿命、生产加工等多方面因素，为了规避研制风险，最终确定了先导式阻流活门的结构。按照预定节点安排，项目组迅速进入方案设计阶段。

在方案设计阶段，每个零件都需要设计出多套加工方案，而产品需要由五六个零件组合而成。在短短一个月内，项目组设计出了上百套方案，并不断进行设计反馈、结构变更、试验确认的循环。为了更好地掌握试验进展和监控试验过程的技术状态，项目组密切跟进每一次试验。试验过程中，认真记录每个试验项目的试验现场细节和试验结果，不放过任何与试验要求不符的细节。正是通过这一次次的研讨和探索，最终满足了有关技术要求。

经过紧张而忙碌的持续奋战，产品按时通过了 PDR（初步设计评审），并获得了美国派克公司的高度赞扬。这是民机事业部研发设计能力提升的又一里程碑。

3. 识别燃油系统部件检查危险源

引导问题 4： 在执行燃油系统相关工作时，有哪些需要注意的安全事项？

____

____

五、工作程序与标准

引导问题 5： 请同学们根据工作单的指引在虚拟仿真平台上完成维护任务。

<table>
<tr><td>机号</td><td></td><td rowspan="3">飞机维修工作单
JOB CARD
A320 飞机燃油系统典型部件识别与检查</td><td rowspan="2">工作单号</td><td rowspan="2">6-1</td></tr>
<tr><td>机型</td><td>A320</td></tr>
<tr><td>工时</td><td>1 课时</td><td>工作区</td><td>模拟机教室</td></tr>
<tr><td colspan="3">工作单内容</td><td>工作者</td><td>检查者</td></tr>
<tr><td rowspan="2">操作步骤</td><td>1. 中部机身下部区域
1）找到中央油箱磁性燃油位置指示，确保处于齐平，如图 6-6 所示
2）找到中央油箱排放口，确保无渗漏</td><td>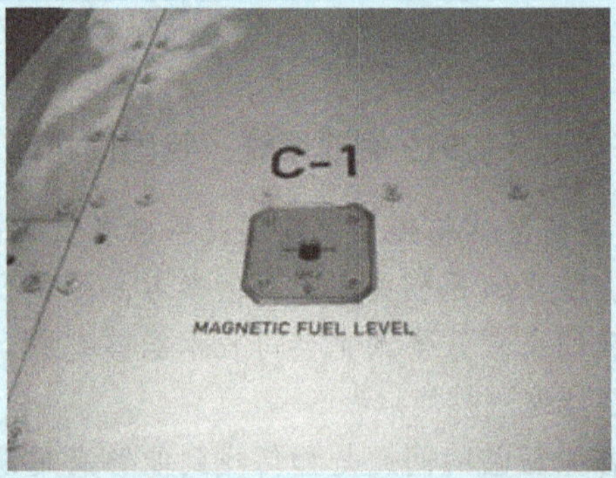

图 6-6 中央油箱磁性燃油位置指示</td><td></td><td></td></tr>
<tr><td>2. 左、右大翼前缘区域
根据以下检查点进行检查：
1）检查大翼下表面燃油盖板是否有油液渗漏
2）找到外侧燃油箱磁性油位，确保齐平，如图 6-7 所示</td><td>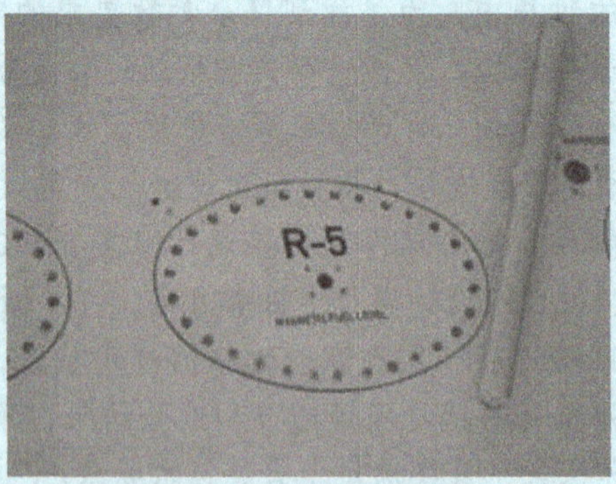

图 6-7 外侧油箱磁性油位</td><td></td><td></td></tr>
</table>

（续）

<table>
<tr><th colspan="3">工作单内容</th><th>工作者</th><th>检查者</th></tr>
<tr><td rowspan="2">操作步骤</td><td>3）找到外侧油箱排水活门，确保无渗漏。找到缓冲油箱进气口，确保清洁，无外来物，如图 6-8 所示
4）找到加油接头，确保关闭，无渗漏，如图 6-9 所示
5）找到通气油箱泄压口，检查十字标记带在位，如图 6-10 所示</td><td>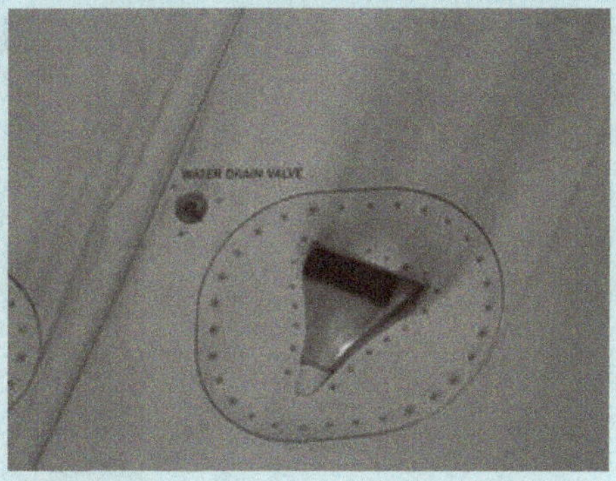
图 6-8　外侧油箱排水口和缓冲油箱进气口

图 6-9　加油接头
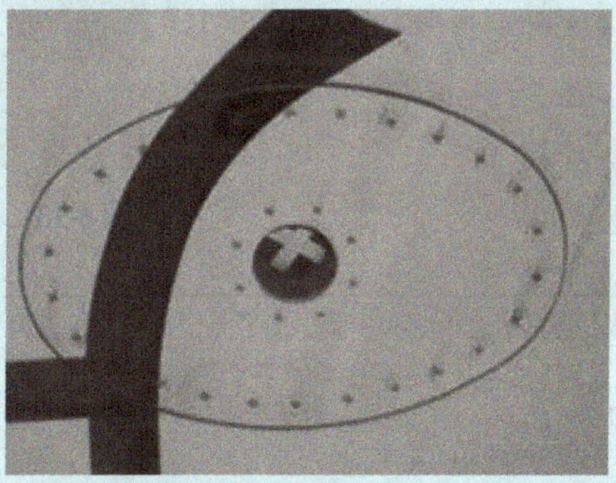
图 6-10　燃油通气超压断开指示器</td><td></td><td></td></tr>
<tr><td>**3. 机翼中部区域**
根据以下检查点进行检查：
1）找到燃油加油控制盖板，如图 6-11 所示</td><td>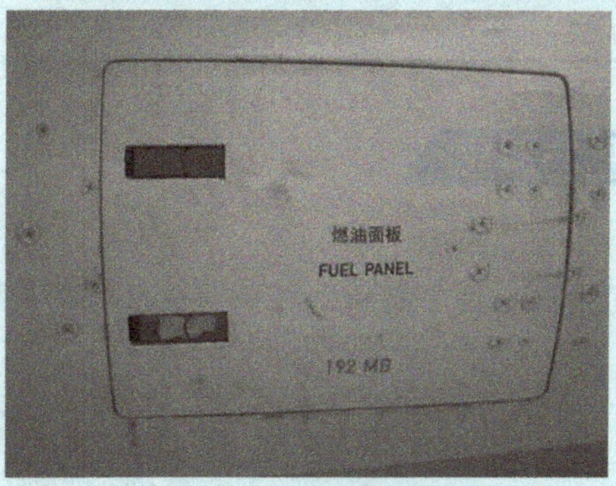
图 6-11　燃油加油控制盖板</td><td></td><td></td></tr>
</table>

（续）

<table>
<tr><th colspan="3">工作单内容</th><th>工作者</th><th>检查者</th></tr>
<tr><td>操作步骤</td><td>2）打开加油控制盖板，查看加油控制面板，如图 6-12 所示
3）找到内油箱磁性燃油位置指示，确保位置指示齐平，找到燃油排水活门，检查有无渗漏，如图 6-13 所示</td><td>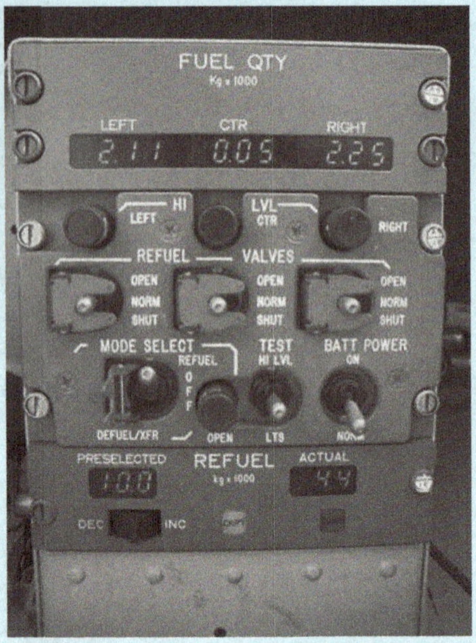

图 6-12　燃油加油控制面板
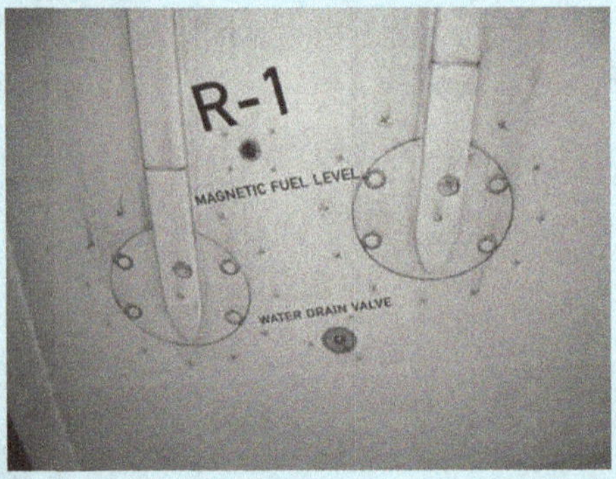

图 6-13　大翼内油箱磁性燃油位置指示和排水活门</td><td></td><td></td></tr>
<tr><td>分析</td><td colspan="2">请记录在完成任务的过程中哪些步骤出现了差错，并分析原因
1. 步骤：
原因与解决办法：
2. 步骤：
原因与解决办法：
3. 步骤：
原因与解决办法：</td><td></td><td></td></tr>
</table>

六、学习检验与反思

引导问题 6：请同学们扫描下面的二维码，通过答题检验此次典型工作的学习效果。

引导问题 7： 请每位同学撰写学习反思，填入表 6-3 中，并与小组成员进行交流，看看是否达成学习目标。

表 6-3 学习反思清单

学习成就
请说说这节课你学习到了哪些让你觉得有用的内容。
合作学习
1）谈一谈你在帮助组员完成本次学习任务方面给予了哪些支持。 2）今后你会如何提升自己在小组中的表现？
学习体验
1）你对自己在本节课的学习情绪或状态满意吗？是否要做一些改变呢？ 2）你对于学习这门课是否更有信心呢？为什么？

七、业内延伸

燃油系统研发团队，请随我前进

中国商飞 C919 燃油系统研制项目于 2008 年启动，肖凝担任技术负责人，带领团队进行了长达一年的技术经济可行性论证工作。这次项目是肖凝民机生涯的开端，也是一个全新的、开放的、充满挑战的工作模式的开启。

研制团队在开始阶段，面临着国内外技术标准和要求的差距。肖凝通过检索国外文献、技术标准，以及与国际公司进行咨询与沟通，逐渐掌握了民机燃油系统研制的各个阶段和任务。然而，他深刻认识到国际合作只是手段，自主创新才是目的。他始终强调国际技术标准和要求的宣贯，以确保项目的顺利进行。

在研制过程中，肖凝花费了大量时间与精力在需求识别、试验设计等方面。他还通过广泛调研，提出方案并建立与供应商的合作关系，确保试验条件与环境的设计。经过 3 年的努力，肖凝成功保障了试验项目的进行，避免了重新设计与风险的发生。

然而在研制过程中，团队也面临了多次挫折和失败。每当面临困难时，肖凝总能保持冷静，并激励团队成员依靠团队力量克服困难。

其中一次挑战是在 2016 年 9 月，试验中发生断裂给项目带来了危机，肖凝带领团队迅速分析原因，制定改进方案，并迅速落实计划。在两个月内完成了产品的设计优化、试验及评审等一系列任务，最终成功将满足要求的新构型产品送到中国商飞总装现场，保证了后续试验的进行。

通过这个案例我们看到，肖凝在研制过程中面对的挑战和困难时的努力，以及坚持自主创新的决心。肖凝及其团队的努力和成就得到了中国商飞的高度赞赏，这不仅涉及技术和工程知识，也体现了团队合作、决策与领导的重要性。

典型工作 2　自动控制压力加油

一、工作情境与任务

工作情境：现有一架飞机短停时，旅客登机完毕后，由于天气原因无法正常出港，飞机长时间原地等候，机组反馈燃油量不足，需要补加燃油，由机下维修人员操作。正常补充燃油是机组人员下机操作加油面板，但是一旦出现加油故障，机务人员在故障排除的过程中也要进行加油操作。

任务难度：★★★☆☆

工作类型：☑日常检查　☑日常勤务　☐系统测试　☐故障排除　☐M 项放行维护

技能岗位：航线机电维修员、大修机电维修员、系统工程师

任务内容：请同学们分组在 A320 飞机虚拟维修平台上完成自动控制压力加油任务：

1）学习飞机加油系统的工作原理。

2）完成自动控制压力加油的程序。

二、学习目标

知识目标：熟悉加油面板和下 ECAM 燃油页面内容。

能力目标：熟练完成自动控制压力加油。

素质目标：了解并遵守燃油系统工作的安全规章制度、防火防爆要求，清楚燃油泄漏紧急处理措施。

三、任务分组

请同学们选择在本次任务中扮演的角色，并填入表 6-4 中。

表 6-4　小组任务分配计划表

班级		组名		组长	
组员及任务分工					
角色	姓名	任务	角色	姓名	任务
总结者			检查者		
研究者			经营者		
记录员			支持者		
观察者 / 疑难解答者					

注：如果不清楚各成员角色的任务内容，请查阅表 1《团队角色分工表》。

四、工作准备

1. 飞机加油工作原理

（1）加油方式

飞机加油方式有两种：压力加油（自动或人工控制）和重力加油。

目前大部分空客 A320 飞机都只能通过压力加油（自动或人工控制），无重力加油的方式。若想把飞机油箱加满油，飞机必须处于完全水平状态停放，如果飞机的停放角度大于 2°，则有可能不能完全加满油。图 6-14 所示是压力加油系统图。

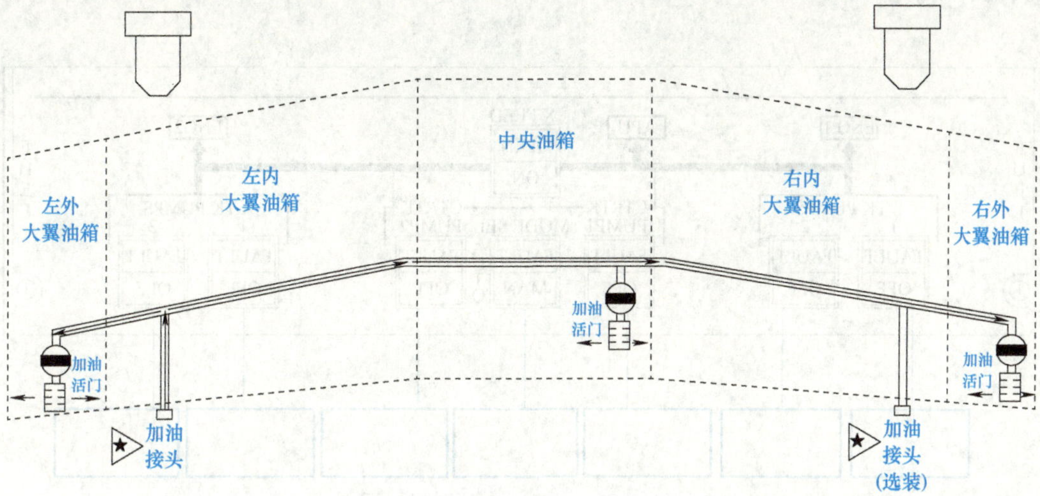

图 6-14　压力加油系统图

（2）自动控制压力加油操作

1）飞机做好接地，用搭地线将飞机与加油车相连，再连接到接地桩上，加油车的加油管接到右大翼加油口。打开加油面板，可以看到油量指示。

2）将加油面板模式选择电门置于加油（REFUEL）位，调节预选器得到预选油量，飞机开始自动加油（此时，三个加油活门置于正常位，由自动加油逻辑控制开、关），如图 6-15 所示。

3）当油量达到预选油量，加油活门自动关闭，结束灯亮。

小贴士：① 对于使用蓄电池供电的自动加油，接通蓄电池，系统自检结束后，按照同样的操作方式进行加油。

② 在加油操作过程中，可以人工操作三个加油活门控制电门，强制打开或关闭某个加油活门来控制燃油加到指定油箱。

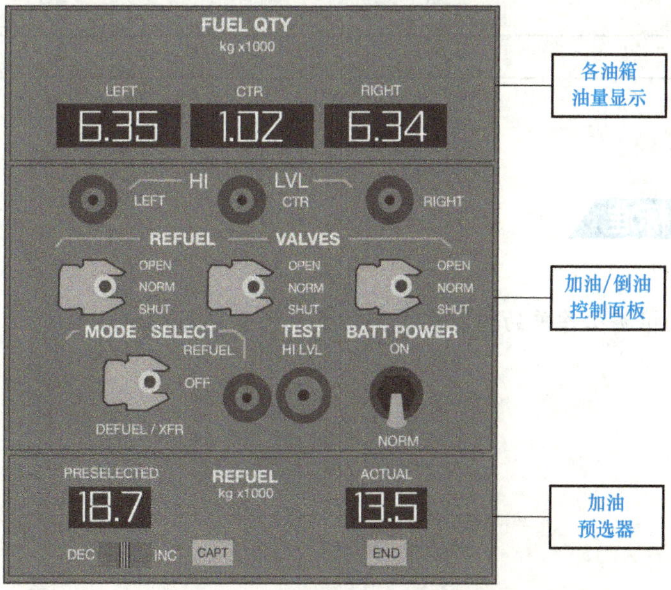

图 6-15　A320 加油控制面板

2. 认识燃油系统控制面板

引导问题 1：请同学们在图 6-16 所示燃油系统控制面板的空白方框中填写相应电门的名称，并说出各个电门的作用。

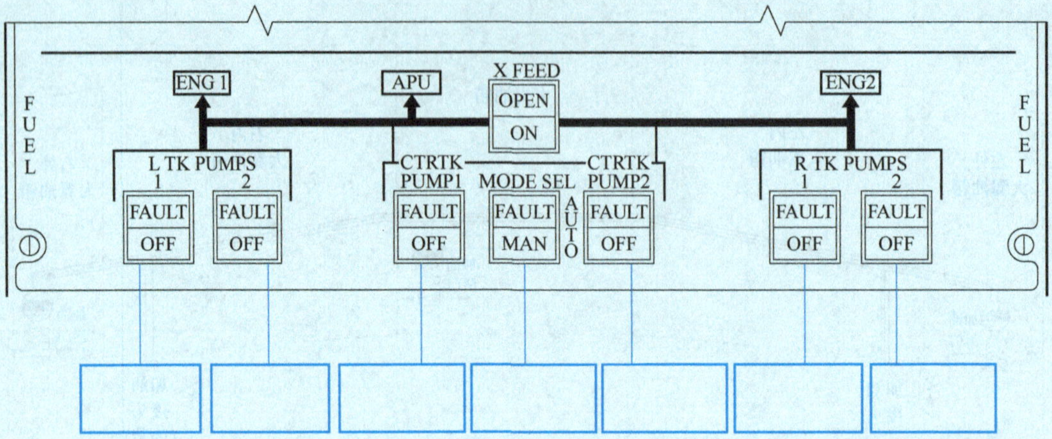

图 6-16　A320 飞机燃油控制面板

注意：模式选择电门（MODE SEL）的默认情况是自动位，无须人工控制。只要在自动控制下，各燃油泵会根据内部逻辑供油，当电门选择在人工位时，供油逻辑将根据各燃油泵控制电门而定。

3. 识别操作燃油系统危险源

引导问题 2：分析操作燃油系统前应检查哪些项目以避免造成人员和设备的损伤。

____

____

引导问题 3：如何避免操作燃油系统时造成的人员和设备损伤。

____

____

五、工作程序与标准

A320 飞机自动控制压力加油

引导问题 4：请同学们根据工作单的指引在虚拟仿真平台上完成维护任务。

机号		飞机维修工作单 JOB CARD A320 飞机自动控制压力加油	工作单号	6-2
机型	A320		工作区	模拟机教室
工时	1 课时			

	工作单内容	工作者	检查者
操作步骤	（见下）		

一、模拟机准备

飞机状态	停在停机坪
地面电源	已连接
外接电源开关	ON
蓄电池开关 1 和 2	ON
发动机	未起动

二、工作准备

警告：1）遵守燃油安全程序，可以防止人员伤害和设备损坏

2）当气象雷达操作时，加油车须停在离飞机机头 60m 外的地方。在气象雷达停止操作前，不要操作加油车和燃油泵

3）在加油和放油操作时，确保飞机周围区域安全。安全区域不能有以下情况出现，否则会引起燃油着火

① 吸烟

② 火星或火焰

③ 使用任何加油和放油操作时不允许操作的设备

④ 不要将燃油溅射到发动机或刹车上，热的发动机或刹车会使溅射到其上的燃油着火

1. 在右大翼打开加油口盖
2. 将加油管连接到加油口盖
3. 打开加油面板接近盖板 192MB
4. 确保 EIS 已启动
5. 在 ECAM 控制面板按压 FUEL 按钮

下 ECAM STATUS 页面	显示 FUEL 页面	是□否□

6. 进行加油面板 800VU 测试

警告：在执行加油程序或燃油量达到满油量的 70% 前，须执行加油面板测试。失效的高油量传感器会导致燃油从油箱溢出

1）在 800VU 上将 TEST 电门置于 LTS 位置并保持

在 800VU 上	HI LVL 和 DEFUEL/XFR OPEN 灯亮	是□否□
	END 灯亮	是□否□
	FUEL QTY、PRESELECTED 和 ACTUAL 都显示 8	是□否□

2）松开 800VU 上的 TEST 电门

在 800VU 上	点亮的灯回到初始状态	是□否□
	FUEL QTY、PRESELECTED 和 ACTUAL 显示都回到初始状态	是□否□

3）在 800VU 上将 TEST 电门置于 HIGH 位置并保持

在 800VU 上	HI LVL 灯改变状态（之前点亮则转为熄灭，之前熄灭则转为点亮）	是□否□

4）松开 800VU 上的 TEST 电门

在 800VU 上	HI LVL 灯回到初始状态	是□否□

三、自动控制压力加油

警告：在执行加油程序前，须确保所有燃油泵关闭，或者燃油泵操作且模式选择电门 48QA 在自动位置如果燃油泵在工作或模式选择电门不在自动位置，会有燃油溢出的风险

注意：1）在关闭交输活门前，须确保燃油泵关闭，防止交输活门损坏

（续）

<table>
<tr><th colspan="2">工作单内容</th><th>工作者</th><th>检查者</th></tr>
<tr><td>操作步骤</td><td>
2）在启动大翼油箱泵前，需确保：
① 相应的大翼油箱最少有 750kg 的燃油
② 模式选择电门 48QA 在自动位置
这样可以防止大翼和中央油箱由于干转而损坏
1. 为了防止燃油溢出，确保 40VU 上
<table>
<tr><td>X FEED 电门</td><td>ON 和 OPEN 灯熄灭</td><td>是□否□</td></tr>
<tr><td>MODE SEL 电门在 AUTO 位</td><td>MAN 灯熄灭</td><td>是□否□</td></tr>
<tr><td>CTR TK PUMP 1 和 PUMP 2 电门按出</td><td>OFF 灯亮</td><td>是□否□</td></tr>
</table>
2. 在加油控制面板 800VU 上确保所有加油活门电门在 NORM 位
3. 将预选器开关置于 INC 位并保持
<table>
<tr><td>在预选器上</td><td>数值显示增加</td></tr>
</table>
4. 需加油量数值达到时松开预选器上的开关
5. 在加油控制面板 800VU 上将 MODE SELECT 电门置于 REFUEL 位
<table>
<tr><td>在 800VU 上</td><td>确认 ACTUAL 和 FUEL QTY 读数增加</td></tr>
</table>
6. 当油箱油量达到需求值时
<table>
<tr><td rowspan="2">在预选器上</td><td>END 灯点亮</td></tr>
<tr><td>ACTUAL 和 FUEL QTY 读数显示相同</td></tr>
</table>
7. 在加油面板 800VU 上将 MODE SELECT 电门置于 OFF 位
8. 确保下 ECAM 燃油量显示正确
9. 脱开加油管路
10. 关闭加油口盖
四、结束工作
1. 关闭加油面板接近盖板 192MB
2. 给飞机电路断电
</td><td></td><td></td></tr>
<tr><td>分析</td><td>
请记录在完成任务的过程中在哪些步骤出现了差错，并分析原因
1. 步骤：
原因与解决办法：
2. 步骤：
原因与解决办法：
3. 步骤：
原因与解决办法：
</td><td></td><td></td></tr>
</table>

六、学习检验与反思

引导问题 5：请同学们扫描下面的二维码，通过答题检验此次典型工作的学习效果。

引导问题 6：请每位同学撰写学习反思，填入表 6-5 中，并与小组成员进行交流，看看是否达成学习目标。

表 6-5　学习反思清单

学习成就
请说说这节课你学习到了哪些让你觉得有用的内容。
合作学习
1）谈一谈你在团队合作完成任务的过程中做的哪些事情履行了自己的角色职责。 2）今后你会如何提升自己在小组中的表现？
学习体验
1）你对自己在本节课的学习情绪或状态满意吗？是否要做一些改变呢？ 2）你对于学习这门课是否更有信心呢？为什么？

七、业内延伸

1996 年的环球航空 800 号航班空难事件震惊了全世界，230 名乘客和机组人员的生命在短短的 12min 内被夺去。经过长时间的调查与分析，研究人员最终解开了这起空难背后的奥秘。官方报告指出，爆炸起因于飞机内部导线绝缘层的损毁，高压电力被传送到连接油箱内油量感测器的导线，引发了油箱内燃油气雾的爆炸，进而导致飞机解体。这场事故引起了各国当局的重视，为避免类似事件再次发生，他们制定了一系列新规定。然而这次事故的根本问题并没有得到解决。世界上大多数航班仍然会挂载空油箱，而并非满油起飞，潜藏的危险依然存在。

对此，惰性系统应运而生。通过过滤技术，惰性系统将进入油箱的空气进行分离，确保只有不易燃的氮气进入油箱，大分子的氧气被隔绝在油箱之外。这样的创新断绝了油箱爆炸的可能性。为了提高航空安全，美国投入了数十亿美元为全国的飞机安装了惰性系统。

这起空难事件警示我们，一个看似空无一物的油箱背后可能隐藏着致命的危险。保障人民的生命安全是我们的责任，而自主创新是解决问题的关键。只有通过科技创新与自主研发，我们才能真正保障人民的安全，让每一次的飞行都充满安全与信心。

典型工作 3　油箱间的燃油传输

一、工作情境与任务

工作情境：现有一架飞机在短停期间，机组人员向机务反映，飞机落地后上 ECAM 出现传输活门故障，警告信息为“FUEL L（R）OUTER XFR CLOSE”，现组织当班机务人员对燃油系统的燃油传输功能进行操作测试，如测试不通过，则立即对系统进行深入排查。

任务难度：★★★★☆

工作类型：☐日常检查　☐日常勤务　☑系统测试　☐故障排除　☐M 项放行维护

技能岗位：航线机电维修员、大修机电维修员、系统工程师

任务内容： 请同学们分组在A320飞机虚拟维修平台上完成油箱间的燃油传输操作测试任务：

1）学习飞机燃油传输的工作原理。

2）完成飞机燃油传输操作测试的程序。

二、学习目标

知识目标： 熟悉驾驶舱燃油系统维修面板和ECAM燃油页面显示内容。

能力目标： 熟练完成油箱燃油传输操作测试。

素质目标： 了解燃油系统工作的安全规章制度、防火防爆要求，清楚燃油泄漏紧急处理措施。

三、任务分组

请同学们选择在本次任务中扮演的角色，并填入表6-6中。

表6-6 小组任务分配计划表

班级		组名		组长	
组员及任务分工					
角色	姓名	任务	角色	姓名	任务
总结者			检查者		
研究者			经营者		
记录员			支持者		
观察者/疑难解答者					

注：如果不清楚各成员角色的任务内容，请查阅表1《团队角色分工表》。

四、工作准备

1. 燃油传输定义

燃油传输是指燃油在不同的飞机油箱之间传输，其中包括从中央油箱到大翼油箱之间的传输，也包括从大翼外侧油箱到内侧油箱的传输。

大翼油箱被大翼15号肋分割成内油箱和外油箱。两个内油箱传输活门在每个大翼的RIB15底部附近，如图6-17所示。当内油箱传输活门打开时，外油箱的油会由于重力作用进入内油箱。

大翼油箱是按“先加外侧油箱油、后加内侧油箱油”的顺序加油。在正常加油程序的开始，四个内侧油箱的传输活门是打开的。大翼油箱是按“先使用内侧油箱、后使用外侧油箱油”的顺序供油。

在实际工作中，更多的是需要人工将不同油箱中的燃油传输到另外的油箱中，如将左大翼油箱的燃油传输到右大翼油箱中。下面先简单了解下ECAM中燃油页面各常用符号的含义，如图6-18和图6-19所示。

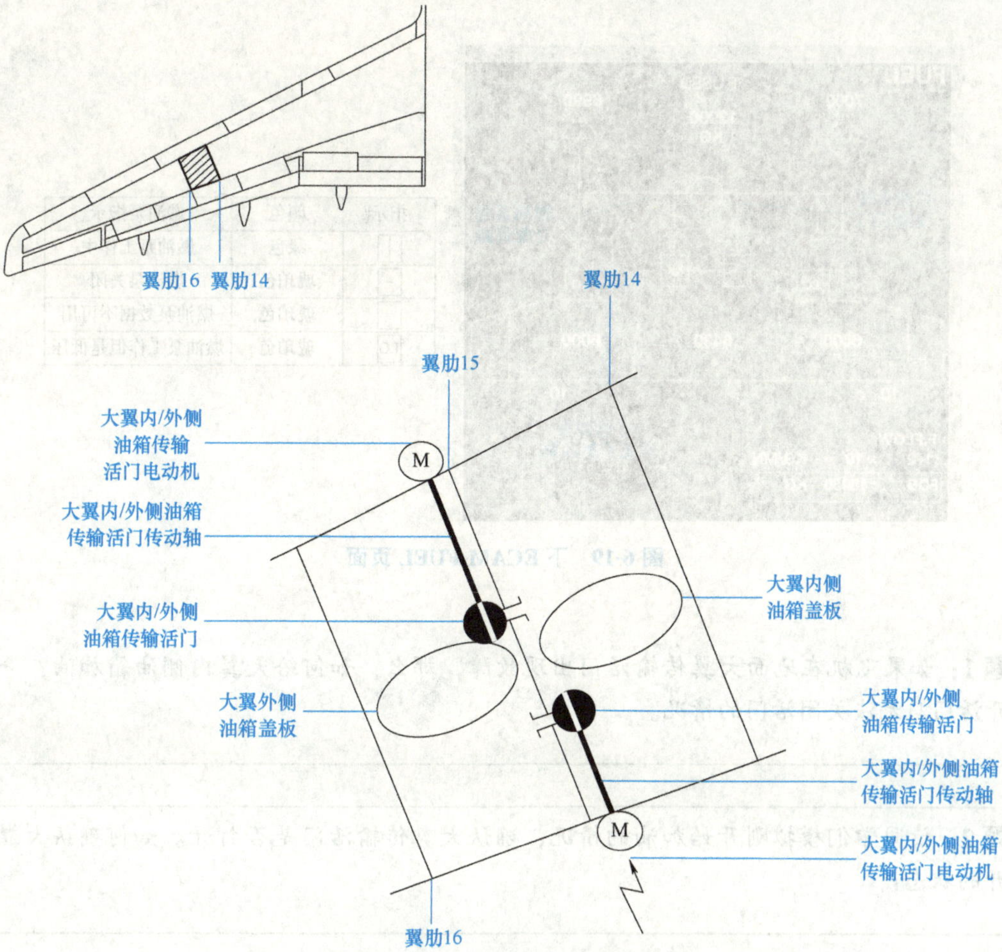

图 6-17　大翼传输活门位置

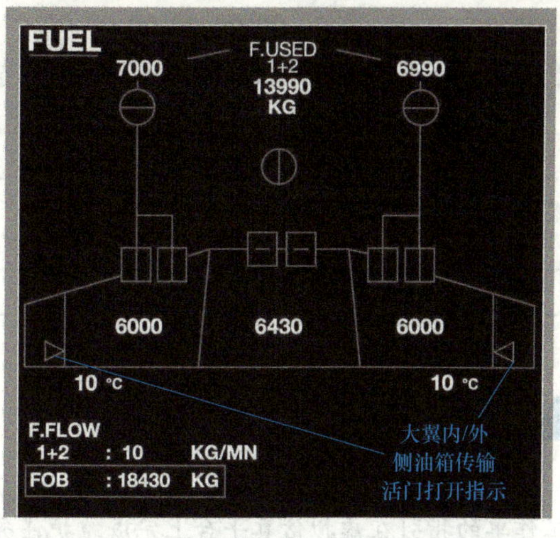

图 6-18　下 ECAM-FUEL 大翼油箱及大翼传输活门指示

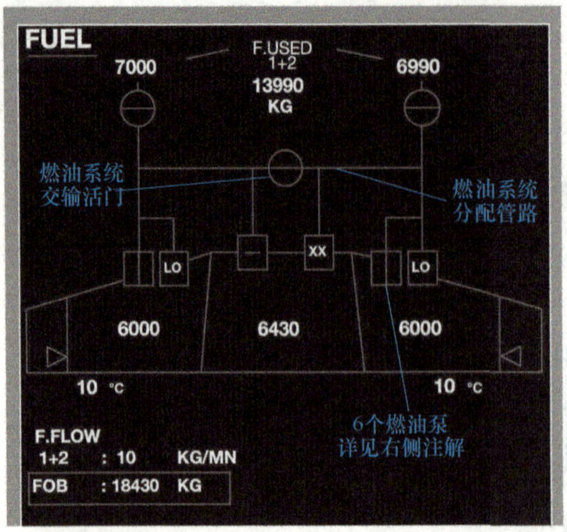

指示	颜色	燃油泵指示
‖	绿色	燃油泵工作中
–	琥珀色	燃油泵关闭
××	琥珀色	燃油泵数据不可用
LO	琥珀色	燃油泵工作但是低压

图 6-19　下 ECAM-FUEL 页面

引导问题 1：如果飞机在地面大翼传输活门出现故障，那么，如何给大翼内侧油箱加油？分别说出无法打开活门与无法关闭活门的情况。

____

____

引导问题 2：请同学们模拟刚开始加油的情况，确认大翼传输活门是否打开。如何确认大翼传输活门是打开的状态？

____

____

2. 识别操作危险源

引导问题 3：分析操作燃油系统前应检查哪些项目以避免造成人员和设备的损伤。

____

____

引导问题 4：如何避免操作燃油系统时造成的人员和设备损伤。

____

____

五、工作程序与标准

引导问题 5：请同学们根据工作单的指引在虚拟仿真平台上完成维护任务。

A320 飞机油箱间的燃油传输

<table>
<tr><td>机号</td><td></td><td rowspan="3">飞机维修工作单
JOB CARD
A320 飞机油箱间的燃油传输</td><td>工作单号</td><td>6-3</td></tr>
<tr><td>机型</td><td>A320</td><td rowspan="2">工作区</td><td rowspan="2">模拟机教室</td></tr>
<tr><td>工时</td><td>1 课时</td></tr>
</table>

<table>
<tr><td colspan="2">工作单内容</td><td>工作者</td><td>检查者</td></tr>
<tr><td>操作步骤</td><td>
一、模拟机准备
<table>
<tr><td>飞机状态</td><td>停在停机坪</td></tr>
<tr><td>地面电源</td><td>已连接</td></tr>
<tr><td>外接电源开关</td><td>ON</td></tr>
<tr><td>蓄电池开关 1 和 2</td><td>ON</td></tr>
<tr><td>发动机</td><td>未起动</td></tr>
</table>
二、工作准备
打开加油面板接近盖板 192MB
三、将左大翼油箱燃油传输到右大翼油箱
1. 在加油面板 800VU 上将 MODE SEL 电门置于 DEFUEL/XFR 位
<table>
<tr><td>在 800VU 上</td><td>橙色灯点亮</td><td>是□否□</td></tr>
</table>
2. 将 RIGHT REFUEL VALVES 开关置于 OPEN 位
3. 在面板 40VU 上按压 X-FEED 电门
<table>
<tr><td>X-FEED 电门</td><td>OPEN 和 ON 灯点亮</td><td>是□否□</td></tr>
</table>
4. 在面板 40VU 上按入 L TK PUMPS 1 电门
<table>
<tr><td rowspan="2">L TK PUMPS 1 电门</td><td>OFF 灯熄灭</td><td>是□否□</td></tr>
<tr><td>FAULT 灯瞬间点亮后熄灭</td><td>是□否□</td></tr>
<tr><td>下 ECAM 燃油页</td><td>L TK PUMP 1 符号从琥珀色横线变为绿色竖线</td><td>是□否□</td></tr>
<tr><td>下 ECAM 燃油页</td><td>右大翼油箱燃油量增多</td><td>是□否□</td></tr>
</table>
5. 在面板 40VU 上按出 L TK PUMPS 1 电门
<table>
<tr><td>L TK PUMPS 1 电门</td><td>OFF 灯亮</td><td>是□否□</td></tr>
<tr><td>下 ECAM 燃油页</td><td>L TK PUMP 1 符号从绿色竖线变为琥珀色横线</td><td>是□否□</td></tr>
</table>
6. 在面板 40VU 上按压 X-FEED 电门
<table>
<tr><td>X-FEED 电门</td><td>OPEN 和 ON 灯熄灭</td><td>是□否□</td></tr>
</table>
7. 在加油面板 800VU 上将 MODE SELECT 电门置于 OFF 位
<table>
<tr><td>在 800VU 上</td><td>橙色灯熄灭</td><td>是□否□</td></tr>
</table>
8. 将 RIGHT REFUEL VALVES 电门置于 NORM 位
四、结束工作
1. 关闭加油面板盖板
2. 给飞机电路断电
</td><td></td><td></td></tr>
<tr><td>分析</td><td colspan="3">请记录在完成任务的过程中哪些步骤出现了差错，并分析原因
1. 步骤：
原因与解决办法：
2. 步骤：
原因与解决办法：
3. 步骤：
原因与解决办法：</td></tr>
</table>

六、学习检验与反思

引导问题 6：请同学们扫描下面的二维码，通过答题检验此次典型工作的学习效果。

引导问题 7：请每位同学撰写学习反思，填入表 6-7 中，并与小组成员进行交流，看看是否达成学习目标？

表 6-7　学习反思清单

学习成就
请说说这节课你学习到了哪些让你觉得有用的内容。
合作学习
1）谈一谈你在团队合作完成任务的过程中做的哪些事情履行了自己的角色职责。 2）今后你会如何提升自己在小组中的表现？
学习体验
1）你对自己在本节课的学习情绪或状态满意吗？是否要做一些改变呢？ 2）你对于学习这门课是否更有信心呢？为什么？

七、业内延伸

越洋航空 236 号航班燃油泄漏事故

2001 年 8 月 23 日，越洋航空 236 号班机从多伦多起飞，飞往葡萄牙里斯本机场，机上共有 293 名乘客和 13 名机组人员。经过 4h 的飞行后，机上发生燃油泄漏，引发了驾驶舱的警告系统，飞机开始发出燃油不平衡的信号。起初，机长和副驾驶以为这只是一次常见的计算机错误，试图通过调整燃油平衡来解决问题，却无意中导致了另一侧油箱的燃油流向泄漏的发动机。

当燃油的异常消耗持续一段时间后，机组决定按照正常程序在亚速尔群岛的拉日什空军基地紧急降落。飞机右侧的 2 号发动机在燃油耗尽后熄火，机长宣布紧急状态，决定依靠左侧的 1 号发动机全力飞行。然而，单发飞行无法保持正常的飞行高度，飞机不得不下降到了 9150ft（1ft=0.3048m）。13min 后，1 号发动机也熄火，使得 236 号班机成为一架巨型滑翔机。失去动力的飞机仅依靠冲压空气涡轮（RAT）来维持最基本的操控和关键飞行仪表的显示。由于 A330 飞机采用的是电传操纵系统，飞行操作在这种情况下只能通过模拟方式影响控制舵面，同时制动系统的力度也有所不足。在这种关键时刻，机长负责驾驶飞机，副驾驶则监控着下降速率。机长计算出下降速度为 19.4kn，意味着飞机将在 15~20min 后迫降于海上。

然而，在这个危急情境中，机长在平视目标下发现了拉日什空军基地。此时，飞机处于 13000ft 的高空，距离机场仅有 8n mile。机长通过一系列回转、减速和降低高度的操作成功进入 33 号跑道的降落航向，并放下起落架。然而此时面对的问题是，飞机降落速度高达200kn，远超正常降落速度要求的120~140kn。在机上的乘客和机组人员多数人只是受了轻微伤，仅有两位乘客受了重伤，但均无生命危险。事后调查表明，此次事故是由于2号发动机漏油，而漏油是越洋航空维修人员错误安装导致的。

虽然调查报告中认为机长的错误操作是事故发生的原因之一，但这一操作在驾驶员训练中是被允许的。最终，飞机以滑翔方式成功降落在拉日什空军基地，创下了民航机滑翔飞行最长距离的纪录。这场危机没有造成任何人员死亡，飞机也只有少量损坏，事后机长受到英雄般的回归欢迎。

这次事件提醒我们，面对逆境和困难，只有冷静应对、果断行动，并发挥出自己的专业能力，才能战胜困难，取得胜利。

典型工作4　左1号燃油泵低压故障排除

一、工作情境与任务

工作情境： 现有一架飞机落地后，机组人员反馈在上ECAM显示“FUEL L TK PUMP 1 LO PR”故障信息，即左1号燃油泵出现低压故障，现须立刻对该燃油泵进行测试，查看是否出现故障，一旦确认，须对燃油泵部件进行更换。每个油箱一般有两个燃油泵，如果其中一个燃油泵故障，不会影响飞机正常供油，但如果同一油箱的两个燃油泵同时出现故障，则不允许放行。

任务难度： ★★★★★

工作类型： □日常检查　□日常勤务　□系统测试　☑故障排除　□M项放行维护

技能岗位： 系统工程师

任务内容： 请同学们分组在A320飞机虚拟维修平台上完成以下任务：

1）找到燃油泵低压故障隔离程序。

2）根据故障隔离程序排除燃油泵低压故障。

二、学习目标

知识目标： 能够找到故障信息并根据信息查找到故障隔离程序。

能力目标： 能排除燃油泵低压故障。

素质目标： 了解并遵守燃油系统工作的安全规章制度、防火防爆要求，清楚燃油泄漏紧急处理措施。完成燃油系统部件拆装时能够做好个人安全防护措施。

三、任务分组

请同学们选择在本次任务中扮演的角色，并填入表6-8中。

表 6-8 任务分组计划单

班级		组名		组长	
组员及任务分工					
角色	姓名	任务	角色	姓名	任务
总结者			检查者		
研究者			经营者		
记录员			支持者		
观察者 / 疑难解答者					

注：如果不清楚各成员角色的任务内容，请查阅表 1《团队角色分工表》。

四、工作准备

1. 燃油泵原理分析

燃油泵是将大翼内的燃油增压输送至发动机中，如图 6-20~ 图 6-22 所示。

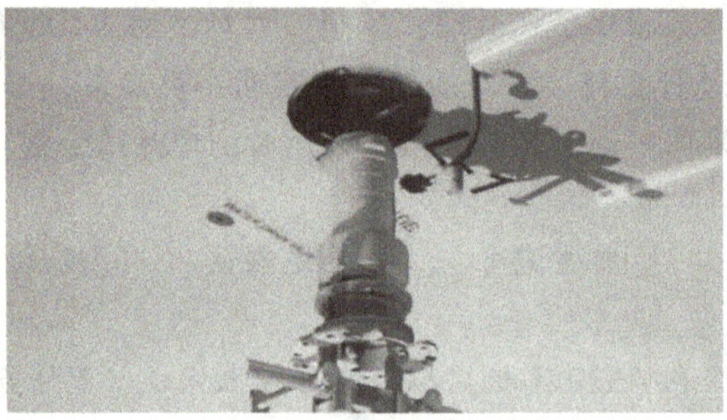

图 6-20　大翼燃油泵示意图

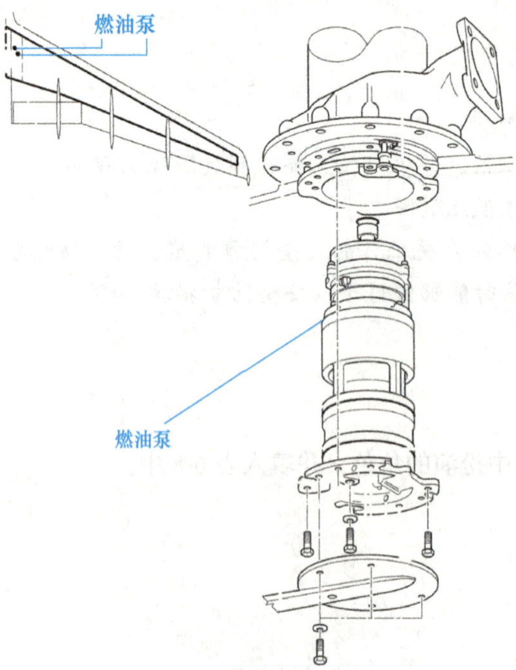

图 6-21　大翼燃油泵拆解示意图

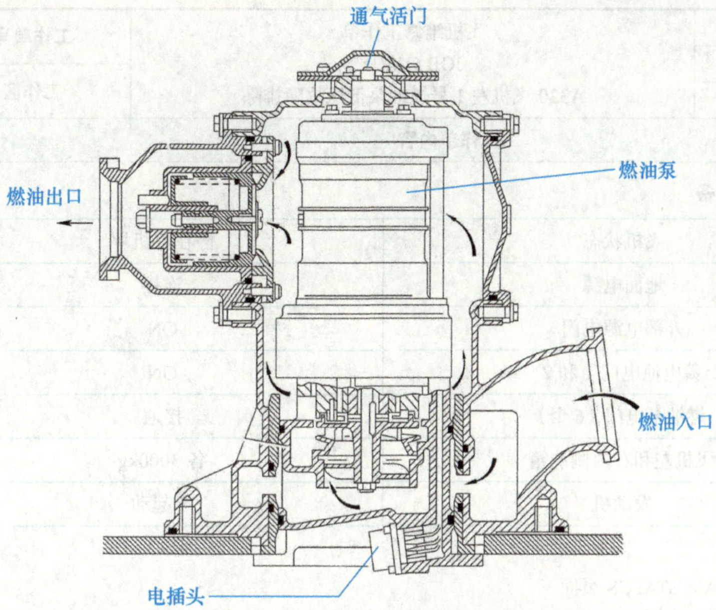

图 6-22　大翼燃油泵内部结构图

新型 A320 飞机有 4 个燃油泵，左、右大翼各有两个燃油泵，每个大翼中的两个燃油泵同时工作，将燃油供应至相应发动机中。燃油泵为叶轮泵。

旧型 A320 飞机有 6 个燃油泵，左、右大翼各有两个燃油泵，中央油箱中有两个燃油泵。正常情况下，优先使用中央油箱的燃油，通过大翼油箱燃油泵上面的顺序活门实现。燃油泵为叶轮泵。

2. 分析故障隔离手册，梳理排故思路

引导问题 1： 请按照“模块一”中 TSM 的查询方法，找到“FUEL L TK PUMP 1 LO PR”故障信息所对应的排故程序，并列出可能发生故障的所有部件。

____

____

引导问题 2： 请说出引导问题 1 所列出的可能发生故障的部件会如何影响燃油系统的工作。

____

____

五、工作程序与标准

引导问题 3： 请同学们根据工作单的指引在虚拟仿真平台上完成维护任务。

A320 飞机左 1 号燃油泵低压故障排除

机号		飞机维修工作单 JOB CARD A320 飞机左 1 号燃油泵低压故障排除	工作单号	6-4
机型	A320			
工时	1 课时		工作区	模拟机教室

	工作单内容	工作者	检查者
操作步骤	见下		

一、模拟机准备

飞机状态	停在停机坪
地面电源	连接
外部电源电门	ON
蓄电池电门 1 和 2	ON
燃油泵电门（6 个）	接通
飞机左和右内侧油箱	各 3000kg
发动机	未起动

二、工作准备

1. 检查下 ECAM STATUS 页面

下 ECAM STATUS 页面	无燃油系统 INOP 信息	是□否□

2. 设置“FUEL LEFT TANK PUMP 1 LOW PRESS”故障

上 ECAM 故障信息显示	FUEL L TK PUMP 1 LO PR	是□否□
下 ECAM 燃油页面	左 1 号燃油泵显示琥珀色 LO	是□否□

3. 在 MCDU 上打印航后报告

航后报告内容：

ECAM WARNING MESSAGES	28-21 FUEL L TK PUMP 1 LO PR
FAULT MESSAGES	无信息

操作步骤

4. 在 AirN@v 手册中搜索 TSM 任务

1）选择 Start Troubleshooting

2）选择 ECAM Warning

3）输入 28-00 FUEL L TK PUMP 1 LO PR，单击“Search”

4）在结果中选择 28-00 FUEL L TK PUMP 1 LO PR，单击“Open”

5）在结果选择 28-00 L TK PUMP 1，单击“Open”

6）在结果中选择 28-21 FUEL-MAIN PUMPS-LEFT TANK PUMP 1 SHOWS LO IN AMBER，单击“Open”

7）进入排故章节 28-21-00-810-801

三、故障确认

1. 确保下列跳开关闭合

面板	名称	标识	位置
121VU	FUEL/L WING TK PUMP1 SPLY	1QA	N23

2. 在下 ECAM 燃油页确保左大翼油箱含有至少 1000kg 的燃油

3. 在面板 40VU 上按出全部燃油泵的电门

在面板 40VU 上	全部燃油泵电门 OFF 灯亮	是□否□

4. 在驾驶舱 25VU 面板把 ANN LT 电门置于 TEST 位

在面板 40VU 上	全部灯亮	是□否□

5. 在驾驶舱 25VU 面板把 ANN LT 电门置于 BRT 或 DIM 位

在面板 40VU 上	全部灯恢复到初始状态	是□否□

（续）

	工作单内容	工作者	检查者
操作步骤	6. 在面板 40VU 上按入 L TK PUMPS 1 电门 L TK PUMPS 1 电门 | OFF 灯熄灭 | 是□否□ | FAULT 灯瞬间点亮后熄灭 | 是□否□ 下 ECAM 燃油页 | L TK PUMP 1 符号从琥珀色横线变为绿色竖线 | 是□否□ 如测试现象与手册不一致，则证明测试不通过，记录不一致的测试结果： **四、故障隔离** 1. 验证使用左 1 号燃油泵将左大翼油箱燃油串到右大翼油箱 1）在面板 40VU 上按出全部燃油泵的电门 全部燃油泵电门 | OFF 灯亮 | 是□否□ 2）打开加油站控制面板 192MB 3）在加油面板 800VU 将 MODE SELECT 开关置于 DEFUEL/XFR 位 4）将 RIGHT REFUEL VALVES 开关置于 OPEN 位 5）在面板 40VU 上按入 X-FEED 电门 X-FEED 电门 | OPEN 和 ON 灯亮 | 是□否□ 6）在面板 40VU 上按入 L TK PUMPS 1 电门 L TK PUMPS 1 电门 | OFF 灯熄灭 | 是□否□ | FAULT 灯瞬间点亮后熄灭 | 是□否□ 下 ECAM 燃油页 | 右大翼油箱燃油量增多 | 是□否□ 如测试现象与手册不一致，则证明测试不通过，记录不一致的测试结果信息： 7）在面板 40VU 上按出 L TK PUMPS 1 电门 L TK PUMPS 1 电门 | OFF 灯亮 | 是□否□ 8）在加油面板 800VU 上将 MODE SELECT 开关置于 OFF 位 9）将 RIGHT REFUEL VALVES 开关置于 NORM 位 2. 测量左 1 号燃油泵电插头 21QA-A 电压 1）在左大翼设置安全护栏 2）拆下左 1 号燃油泵接近盖板 3）目视检查左 1 号燃油泵 左 1 号燃油泵状态 | OK | 是□否□ 4）脱开电插头 21QA-A 5）按入 L TK PUMPS 1 电门后，测量以下插钉之间的电压 插钉 A-D 之间电压 | AC115V | 是□否□ 插钉 B-D 之间电压 | AC115V | 是□否□ 插钉 C-D 之间电压 | AC115V | 是□否□ 6）按出 L TK PUMPS 1 电门 3. 更换左 1 号燃油泵 21QA 1）在跳开关面板上断开下列跳开关，夹上保险夹 面板 | 名称 | 标识 | 位置 121VU | FUEL/L WING TK PUMP1 SPLY | 1QA | N23 122VU | LIGHTING/LANDING LT/L/CTL | 3LB | T05 | LIGHTING/LANDING LT/L/SPLY | 1LB | T04 123VU | L WING TK/PUMP 1 STBY SPLY | 11QA | AD12		

（续）

	工作单内容	工作者	检查者

操作步骤

2）拆下左 1 号燃油泵 21QA

3）在航材库（Maintenance Shop）中找到左 1 号燃油泵 21QA

4）安装左 1 号燃油泵 21QA

5）移除保险夹并闭合下列跳开关

面板	名称	标识	位置
121VU	FUEL/L WING TK PUMP1 SPLY	1QA	N23
122VU	LIGHTING/LANDING LT/L/CTL	3LB	T05
	LIGHTING/LANDING LT/L/SPLY	1LB	T04
123VU	L WING TK/PUMP 1 STBY SPLY	11QA	AD12

五、测试验证

1. 在加油面板 800VU 上将 MODE SELECT 开关置于 DEFUEL/XFR 位
2. 将 RIGHT REFUELVALVES 开关置于 OPEN 位
3. 在面板 40VU 上按入 L TK PUMPS 1 电门

L TK PUMPS 1 电门	OFF 灯熄灭	是□否□
	FAULT 灯瞬间点亮后熄灭	是□否□
下 ECAM 燃油页	L TK PUMP 1 符号从琥珀色横线变为绿色竖线	是□否□
下 ECAM 燃油页	右大翼油箱燃油量增多	是□否□

4. 在面板 40VU 上按出 L TK PUMPS 1 电门

L TK PUMPS 1 电门	OFF 灯亮	是□否□
下 ECAM 燃油页	L TK PUMP 1 符号从绿色竖线变为琥珀色横线	是□否□

5. 在面板 40VU 上按入 X-FEED 电门

X-FEED 电门	OPEN 和 ON 灯熄灭	是□否□

6. 在加油面板 800VU 上将 MODE SELECT 开关置于 OFF 位
7. 将 RIGHT REFUEL VALVES 开关置于 NORM 位
8. 关闭加油站控制面板 192MB

六、结束工作

1. 安装左 1 号燃油泵接近盖板
2. 移除左大翼安全护栏
3. 断开飞机电源

分析

请记录在完成任务的过程中哪些步骤出现了差错，并分析原因

1. 步骤：

原因与解决办法：

2. 步骤：

原因与解决办法：

3. 步骤：

原因与解决办法：

六、学习检验与反思

引导问题 4：请同学们扫描下面的二维码，通过答题检验此次典型工作的学习效果。

引导问题 5：请每位同学撰写学习反思，填入表 6-9 中，并与小组成员进行交流，看看是否达成学习目标？

表 6-9　学习反思清单

学习成就
请说说这节课你学习到了哪些让你觉得有用的内容。
合作学习
1）谈一谈你在团队合作完成任务的过程中做的哪些事情履行了自己的角色职责。 2）今后你会如何提升自己在小组中的表现？
学习体验
1）你对自己在本节课的学习情绪或状态满意吗？是否要做一些改变呢？ 2）你对于学习这门课是否更有信心呢？为什么？

七、业内延伸

1983 年 7 月 23 日，加拿大航空公司一架波音 767 飞机（注册编号 C-GAUN）从多伦多飞往埃德蒙顿，机上载有 293 名乘客和 13 名机组人员。然而，由于燃油计算错误，飞机在起飞前仅装载了原本所需油量的一半。这一错误在地勤人员、飞行员和飞机的计算机系统中都未被察觉。

起飞后不久，在巡航高度 41000ft 附近，飞机的燃油警报响起。飞行员试图修正左、右燃油平衡问题，无意中导致了燃油从泄漏的引擎流向另一侧油箱。随后，左侧引擎熄火，随即右侧引擎也停止工作。飞机失去了动力和电力，驾驶舱所有的电子仪表都失效。飞行员依靠冲压空气涡轮发电，维持最基本的飞行仪表和液压系统运作。由于无法发射飞行状态信号，飞机无法和空中交通管制中心建立联系。此时，飞机位于 35000ft 的高空，距离最近的温尼伯机场还有 104km。经过一段时间，维修人员发现燃料显示器故障，并试图修复。然而，在重新启动显示器前，签派员的出现打断了维修人员的工作，导致他忘记了执行修复操作。飞行员重新进入驾驶舱后，才发现燃料显示器完全不工作，无法进行操作。根据最低设备清单，飞行员得知不能在没有燃料显示的情况下起飞，但他认为可以通过手动计算燃料并使用燃料测量棒进行确认，确保飞机可以安全飞行。飞行员决定补充燃料并继续前往埃德蒙顿。

该事件的起因是地勤人员在公制容积和英制重量之间的换算上犯了错误，只加入了原计划所需燃料的一半。这一差错层层传递，从地勤人员到机组人员，没有人意识到其中的异常。

这个案例告诉我们精确计算和沟通的重要性，尤其在保障飞行安全方面。一个团队中的每个成员都有责任进行仔细检查和确认，以防止重大失误的发生。